主　编　缪旭芳

副主编　邵晓阳　路忠清

编　委　郦腊凤　施彩云　束　媛　刘程宇

统　稿　戴正兴

小学语文教学技能实训教程

江苏大学出版社
JIANGSU UNIVERSITY PRESS

镇 江

图书在版编目(CIP)数据

小学语文教学技能实训教程 / 缪旭芳主编. —镇江
：江苏大学出版社，2013.9
ISBN 978-7-81130-568-5

Ⅰ.①小… Ⅱ.①缪… Ⅲ.①小学语文课－教学法－
高等职业教育－教材 Ⅳ.①G623.202

中国版本图书馆 CIP 数据核字(2013)第 204544 号

小学语文教学技能实训教程

Xiaoxue Yuwen Jiaoxue Jineng Shixun Jiaocheng

主　　编/	缪旭芳
责任编辑/	李经晶
出版发行/	江苏大学出版社
地　　址/	江苏省镇江市梦溪园巷 30 号(邮编：212003)
电　　话/	0511-84446464(传真)
网　　址/	http://press.ujs.edu.cn
排　　版/	镇江新民洲印刷有限公司
印　　刷/	丹阳市兴华印刷厂
经　　销/	江苏省新华书店
开　　本/	718 mm×1 000 mm　1/16
印　　张/	18.25
字　　数/	359 千字
版　　次/	2013 年 9 月第 1 版　2013 年 9 月第 1 次印刷
书　　号/	ISBN 978-7-81130-568-5
定　　价/	35.00 元

如有印装质量问题请与本社营销部联系(电话：0511-84440882)

代　序

戴正兴[*]

　　正值《义务教育语文课程标准(2011年版)》颁布之际,《小学语文教学技能实训教程》出版了。

　　在讲台上站了一辈子的我,大部分时间从事小学语文教育的研究。1977—1979年曾参与全国小学语文教学大纲和语文教科书的编写。1982年又承担了江苏省师范学校《小学语文教材教法》的编写任务。因编写工作的需要,曾接触各种版本的小学语文教学法和语文课程论与教学论的专著。阅读此类教材,我发现从教学技能实训角度编写的教材相对较少,大多偏向于理论体系的构建。《小学语文教学技能实训教程》以实训为主,辅以理论支撑,在实训中讲理论、用理论,构建了"理实一体"的新框架。

　　作为该书的第一个读者,我觉得它有如下几个特点:

　　其一,该书是在国家教育部颁布的《教师专业标准》和《义务教育语文课程标准(2011年版)》的背景下编写的,教师专业标准的精神和语文课程标准的理念贯穿于全书的始终。

　　其二,充分体现"以学生生存和发展为本"课程理念,按"模块"方式编写,构建"做中学,学中做"的"工学结合"教学体系,将学生语文素养与能力拓展训练贯穿于每一环节,实现从知识传授向能力形成转变,从以教为主向以学为主转变。

　　其三,体现了开放性的架构,以培养适应新课程和新教材的新型教师为出发点,提供了较为直接的可供读者参考的新课程案例和资料,包括那些虽名不见经传但具有代表性和指导意义的教学实践经验。教材内容求实、求新。

　　本书富有个性特征,肯定也有不足之处。例如,由于水平、材料和篇幅等原因,像小学语文教学中的美育以及小学语文教学与非智力心理因素等内容,还有技能训练中的教学语言、教学机智、课堂板书等未能写入。期望在不久的将来能看到我国小学语文界有更加完善的著作出现。

---

[*]　全国知名小学语文教学研究专家

伴随着新时期教师教育模式嬗变,从传统师范办学模式向教师教育特色鲜明的应用型办学模式的转型步伐也加快了,各院校着力于培养具有实践能力和创造精神的应用型人才。人才培养模式的改革与探究,对优化课程设置、构建个性化教学体系提出了新要求。在这样转型背景下编就的《小学语文教学技能实训教程》,力求体现以下几点:

一是突显"工学结合"思想。"工学结合"是高等职业教育人才培养模式的显著特征,而教材是人才培养计划和课程标准的具体化,应体现人才培养模式。作为高职师范的一门专业课程,秉承"就业导向、能力本位"的高职教育理念,以专业技能培养为主线,以综合素质提升为核心,形成师范生所必需的就业能力和职业素养,形成"教、学、做一体"的课程教学模式。《小学语文教学技能实训教程》就是在这样的指导思想下编写的。

二是体现"理实一体"方略。现行的相关小学语文教学与研究的专业教材偏向于理论体系的构建。在课程实施教学中,实训教材可以帮助老师从零落的教学实训中整合形成一条有序的实训思路,以实训为主,理论支撑,有利于学生接受教学技能的系统训练。因此一套适合师范专业学生的实训教材很有必要,而针对小学语文教学从教学技能实训角度编写的教材相对较少。本书编者于多年的教学实施中已形成一套理论与实践紧密结合的做法,从《语文课程标准》解读到小学语文教材分析再到小学语文各环节的教学实施,多年教学方案日臻完善合理,教例丰富,为实训教材的编写做了很好的前期准备。因此,《小学语文教学技能实训教程》可以看作是一本校本教材,在实训中讲理论、用理论,体现"理实一体"的教学方略。

三是形成"动态训练"体系。"孩子们对我们有很多的要求,希望从我们这儿得到更多的知识。我们把调动他们的众多兴趣看成是我们对他们应尽的义务,每个聪明的孩子应当对我们发出惊叹:'你把我领进了一个大殿。'"英国著名教育家夏洛特·梅森在《教育是一种训练》中谈到教科书及其在教育中的作用时说到这段话,它带给笔者很大的启发。作为教科书,我们要给予学生的不仅仅是知识,不仅仅是静态的知识,而应该是在知识中包含着的能力、态度、情操、意志等综合性的内容,同时,这样的获取过程一定是动态发展的过程。因此,在《小学语文教学技能实训教程》这本教材的编写过程中,笔者引用夏洛特·梅森的"教育是一种训练"的观点,把训练意识强化在编写体系和内容中,形成互动空间,老师和学生、学生和学生、学生和教材、学生和语文实践等之间,都构成动态训练的关系,在多方互动"对话"中使师范生获取专业的知识和能力。

四是创建"微格教学"活动。本教材意在构建语文教师工作技能训练的操作体系,使职业技能训练逐步实现"做中学、学中做"的"教、学、做一体化"思想意识。本教材在每项工作任务中大体形成"工作任务—知识储备—工作示例—小组活动"的训练活动环节,尤其是在"小组活动"中引导学生思考、讨论、试教,用小团队合作学习的方式来相互促进。强化微格试教环节,微格教学可以为受训者提供大量模仿、巩固、练习的机会,做到理论与实践紧密结合,学生们通过上微型课、观看研讨、案例点评等专项训练,有效地提高课堂教学技能。

本教材由笔者,镇江高等专科学校的郦腊凤及邵晓阳老师,丹阳市荆林学校小学部的施彩云、路忠清、束媛、刘程宇老师共同编著。其中笔者编写了第一模块、第二模块、第三模块的第一个项目以及第四模块和第五模块,荆林小学的四位老师分别承担了第三模块的第二、三、四、五个项目的编写任务,郦腊凤、邵晓阳老师承担审稿和校对的工作,最后由戴正兴老师对全书进行了统稿工作。对于老师们的辛勤付出,在此表示衷心的感谢。

在教材编写中,镇江高等专科学校丹阳师范学院的普文07,08,09级的学生给予了大力支持和帮助。其中普文07级的韩俊、钱丽和普文08级的腾芸、卜兰、李慧等同学为本书提供了大量的实习案例,普文09级的黄春虹、罗涵等同学参与了资料的整理和编辑工作,在此对这些同学的积极参与一并表示感谢。

同时还要感谢镇江高等专科学校的教务处易向阳处长、夏川生副处长的积极扶持,感谢丹阳师范学院邵志广院长和吴春明副院长的关心和鼓励,感谢江苏大学出版社的编辑部汪再非老师和李经晶老师给予我们的充分信任和帮助。

编写工作历时一年之久,在本校同仁、同学和小学一线老师的直接积极参与中,这本教材才得以问世。希望这本"工学结合"教材能给在校的师范生以有益的技能学习,在有序的训练中形成初步的小学语文教学技能,为师范生未出校门先"入行"打下坚实的基础。本书在编写中,由于自身知识水平有限,还有诸多思考不周、不成熟之处,恳请方家指正。

缪旭芳

2013 年 7 月 4 日

目　录

绪论　小学语文教学工作技能概说 / 001

模块一　小学语文教材分析技能　　/ 006

引导与准备 / 006
工作与技能 / 007
　　项目一　小学语文教材总体分析技能 / 007
　　【工作任务1】　解读苏教版小学语文教材的编写特点 / 008
　　【工作任务2】　熟悉苏教版小学语文教材的编排内容 / 010
　　项目二　小学语文教材局部分析技能 / 014
　　【工作任务1】　分析小学语文教材的立意 / 014
　　【工作任务2】　分析小学语文教材的思路 / 021
　　【工作任务3】　分析小学语文教材的美 / 024
　　【工作任务4】　分析小学语文教材的语言 / 030
　　项目三　小学语文教材分析写作技能 / 036
　　【工作任务】　学会小学语文教材分析的写作 / 036
拓展与巩固 / 041

模块二　小学语文教学常规技能　　/ 044

引导与准备 / 044
工作与技能 / 045
　　项目一　备课技能 / 045
　　【工作任务1】　钻研教材 / 045
　　【工作任务2】　设计教学目标 / 051
　　【工作任务3】　编写教案 / 057

项目二　听课评课技能 / 068

【工作任务 1】　学会听课 / 069

【工作任务 2】　学会评课 / 075

项目三　说课技能 / 081

【工作任务】　学会说课 / 081

拓展与巩固 / 094

模块三　小学语文教学实施技能 / 096

引导与准备 / 096

工作与技能 / 098

项目一　汉语拼音教学技能 / 098

【工作任务 1】　检测汉语拼音知识 / 098

【工作任务 2】　熟悉汉语拼音教材的编排 / 101

【工作任务 3】　熟悉汉语拼音教学的内容、过程和方法 / 102

【工作任务 4】　汉语拼音的教学设计和试教 / 110

项目二　识字写字教学技能 / 113

【工作任务 1】　检测汉字知识 / 114

【工作任务 2】　熟悉识字写字教材的编排 / 117

【工作任务 3】　熟悉识字写字教学的内容、过程和方法 / 120

【工作任务 4】　识字写字教学的片段教学设计和试教 / 129

项目三　阅读教学技能 / 135

【工作任务 1】　检测阅读能力 / 136

【工作任务 2】　熟悉阅读教材的编排 / 139

【工作任务 3】　掌握阅读教学的内容、过程和基本思路 / 142

【工作任务 4】　掌握词语教学的内容和方法 / 146

【工作任务 5】　掌握句子教学的内容和方法 / 154

【工作任务 6】　掌握朗读教学的内容和方法 / 160

项目四　写作教学技能 / 164

【工作任务 1】　检测下水作文能力 / 164

【工作任务 2】　熟悉写作教材的编排 / 166

【工作任务 3】　熟悉写作教学内容和过程 / 169

【工作任务 4】　掌握作前指导的内容和方法 / 172

【工作任务 5】　掌握作文修改指导的内容和方法 / 178

项目五　口语交际教学技能 / 184

【工作任务1】　检测口语交际能力 / 184

【工作任务2】　熟悉口语交际教材的编排 / 187

【工作任务3】　掌握口语交际教学的内容、过程和方法 / 190

拓展与巩固 / 195

模块四　小学语文教学评价技能　/ 200

引导与准备 / 200

工作与技能 / 202

项目一　形成性评价技能 / 202

【工作任务1】　掌握即时评价技能 / 202

【工作任务2】　学做成长记录袋 / 207

项目二　终结性评价技能 / 212

【工作任务】　编制书面测试卷 / 212

拓展与巩固 / 224

模块五　小学语文教学研究技能　/ 226

引导与准备 / 226

工作与技能 / 228

项目一　熟悉教学论文的概念 / 228

【工作任务1】　分析教学论文的概念、特征及其类型 / 228

【工作任务2】　明确撰写教学论文的意义和作用 / 230

项目二　熟悉撰写教学论文的准备工作 / 232

【工作任务1】　思想准备 / 232

【工作任务2】　材料准备 / 234

项目三　掌握撰写教学论文的一般程序 / 236

【工作任务1】　提炼材料,选定论题 / 236

【工作任务2】　拟写提纲,写成初稿 / 238

【工作任务3】　确定标题,修改锤炼 / 243

【工作任务4】　掌握结构,规范成文 / 249

拓展与巩固 / 257

附录 A 《义务教育小学语文课程标准(2011 年版)》义务教育语文
　　　　课程标准 ／ 259

附录 B 项目训练评价表 ／ 278

参考文献 ／ 279

后记 ／ 281

绪 论

小学语文教学工作技能概说

对于师范生来说，自身专业素质的培养是非常重要的。师范生专业素质如何，直接影响着未来基础教育教师队伍的素质，关系亿万青少年的健康成长，关系教育改革发展的全局，关系国家的前途和民族的未来。其中，教学工作技能是教师素质的核心。因此，师范生需要通过专门训练来形成教学工作技能。

一、语文教师教学技能的研究发展

《教育大辞典》中把"技能"定义为："主体在已有的知识经验基础上，经练习形成的执行某种任务的活动方式。"

关于教师教学技能的研究盛行于 20 世纪 70 年代，伴随着教师专业化研究的推进，教师教学技能的研究被置于一个更广阔和更开放的视野中。但是究竟教师教学技能的定义以及到底教师教育的核心技能是什么，根据不同的教学技能观点及不同的教学技能分类，得出的结论也不一样。

语文教师的职业技能，有学者称之为"语文教师的基本功"。所谓"语文教师的基本功"，是指教师从事教育教学工作所必备的最基本的技能和技巧，主要内容包括"说、写、画、作"四方面。但这显然不能概括语文教师职业技能的基本内涵。

参照盐城师范学院乔晖老师在《近十年语文教师职业技能研究综述》一文里对语文教师职业技能的分类研究，语文教师教学技能研究可主要概括为以下三种类型：

一是侧重于师范生基本教学技能训练的分类研究。如上文有的学者谈"语文教师的基本功"提到的"说、写、画、作"，即说一口流利的普通话，能正确规范地书写钢笔字、粉笔字和毛笔字，会画教学简笔画，能根据教育教学需要制作教具、学具和运用录音、多媒体等教学设备。这显然不能体现语文学科的教学特点。

二是侧重于语文教学程序的技能训练的分类研究。例如，绍兴文理学院的王松泉认为，语文教学基本技能由四大方面二十余种技能组成：语文基本技能（阅读、写作、听话、说话、书法等），教学计划技能（教材处理、教法选择、教案编写、板书设计、教具制作等），教学实施技能（阅读教学、写作教学、听说教学、学法指导、复习指导、课外辅导等），教学评价技能（作业批改、考试考查、听课评课、教学调查、教学实验、教学总结、教学科研等)。王相文按"递加式"结构安排各项技能,主要有:把握教学大纲、分析处理教材、制订教学计划和编写教案的教学计划技能;导入、讲解、提问、应变、巩固、结束等课堂教学技能;制作简易教具,使用投影、幻灯、录音、电视、录像、计算机等教学媒体的技能;选择课外语文活动内容、设计课外语文活动方案、指导开展课外语文活动的方法等技能;考试、考核、教学评价和教学研究的技能。这两种研究结合语文教育的专业需要,突出了语文教师的职业特色,体现"以教师为主导,以学生为主体,以训练为主线"的理念,对于教师认识并形成基本的教学技能有很大帮助。

三是侧重于语文教学元素的技能培训的分类研究。例如,扬州大学的徐林祥等主编的《中学语文课堂教学技能训练》,把语文课堂教学技能训练分为四个部分:教材加工(设置目标、设计预习、重组、序化、编码、突破难点、捕捉阅读线索、选择作文范例),教师导学(组织教学、言语讲授、导入、板书、过渡、小结、结束、设疑与提问、应变、改造相异构想、留空白、运用态势语、设计变式练习),主体关怀(适度强化、帮助同化、设计先行组织者、引进近区、调节思维、导"悟"、点拨、激活、暗示、分布复习、引起注意),情境设置(运用实物、借助图画、运用音乐、言语美化、移植蒙太奇、运用现代化媒体、课件制作、组织讨论)。这一分类研究引进了国内外教学论、信息论、系统论的最新研究成果,从不同角度建立了语文教师职业技能结构体系,开始把计算机辅助教学技能作为重要技能,但网络教学技能没有提及。

二、小学语文教学工作技能的内容

小学语文教学工作技能的训练经历了由浅入深、由简单到复杂、由具体到概括、由形象到抽象、由部分到综合的循序渐进、循环往复的过程。这一过程体现了训练的阶段性、连续性和整体性,整个训练过程犹如一个知识与能力的网络。在这个网络中,既有基础知识和各项能力自身的纵向联系,又有基础知识与各项能力以及各项能力之间的横向联系。

本教材按照《义务教育小学语文课程标准(2011年版)》(以下简称《语文课标》)的指导思想,以及新时代对教师专业发展的新要求,形成"教、学、做一体化"的训练序列模块,突出实训,减少理论讲授,从教材分析到教学实施再到教学研究,以任务教学法、案例教学法和情境教学法为主要训练方法,突显"以教师为主导,以学生为主体,以训练为主线"的理念。以"模块"方式设置,完善个性化教学体系。

第一模块:小学语文教材分析模块。主要从教材的编排内容和特点入手,针对苏教版教材的语言、思路、立意和教材中的美进行认识的分析,学会写教材分析。这一模块是小学语文教学技能的形成中最基础的部分,对教材解读得准确与否,直接影响教学的质量和效果。

第二模块:小学语文教学常规模块。主要掌握备课与上课、听课评课、说课的内容、步骤和方法;培养学生的设计能力和教学的基本能力,初步掌握小学语文教学技能。

第三模块:小学语文教学实施模块。教师课堂教学能力是教师能力结构的核心,因而这一模块是整个实训的主体部分。主要就语文教学的五个基本板块——汉语拼音、识字与写字、阅读、写作、口语交际进行熟悉和掌握,能够根据《语文课标》、小学语文教材和小学生的实际情况,结合教学案例和视频,进行各项教学内容的备课、试教。对于综合性学习这个新增版块,因为还未形成一线教学的常态化,因此就不作为训练内容。

第四模块:小学语文教学评价模块。主要掌握形成性评价和终结性评价的内容与操作要领,形成正确的语文教学评价观。还有其他的评价方法有待于学生课后去丰富和充实。

第五模块:小学语文教学研究模块。让学生准确把握语文教育研究的动态,以写教学小论文为主要训练内容,来熟悉和掌握语文教育研究的一般步骤与基本方法,培养学生初步的教学研究能力。

这些模块构成了小学语文教学工作技能的整个体系,该体系注重理论与实践的结合,符合小学语文教师培养的基本规律,也符合学生的学习规律,有助于学生学好这门课程。

三、师范生小学语文教学工作技能的形成

师范生小学语文教学的工作技能,绝不是有限的专业课程的学习和训练就可以形成和驾驭的,应该从多种途径、用多种方法来进行。

1. 以理论知识作支撑

首先,师范生在校期间所学的课程,都给他们未来的教师职业奠定了良好的综合素养基础。其次,在专业课程的实训中,不乏专业理论知识的学习,如教育学、心理学、课程与教学论等课程,提供了"为什么这样教学"的理论支撑。再次,《语文课标》的理念和精神的吸纳,更是在实训中能与当前教学接轨的主要依据。最后,本课程在实训过程中每一模块所涉及的理论知识,能直接指导教学工作。

2. 以有序实训为主线

实践教学按照课程内容的设计,可以循序渐进、由易到难地安排以下一些活动:

(1)教例点评。教例的选取可以是网络资源和教学报刊,也可由小学老师直接提供。教例的类型可以是教学设计、教学实录,也可以是教学视频。

(2)听课评课。每个教学模块都会安排教学视频给学生增强感性认识,在学生观课的同时,学习做听课笔记;听完课后针对所讲理论进行教学点评,并形成点评的文字作业。

（3）微格试教。在试教环节，按小组进行教学片段的设计，到微格教室上课，并录像，针对试教情况进行点评，然后修改设计，再次试教。教案的设计可以从模仿起步，再进行自主设计。

（4）教育见实习。每学年安排教育见习，让学生用研究的心态去观摩实际教学；毕业生安排教育实习，要求每位学生上 10～15 节语文课，在实践中培养自己的语文教育教学能力。

（5）说课。这样的教学活动安排在第二模块中。先写好说课稿，再做成 PPT，最后做说课演练。这个过程主张从模仿起步。

（6）写教学小论文。学生在已经积累一定的理论基础知识和小学语文教学的感性认识后，可以对当前的小学语文教学进行思考和感悟。论文写作切入点要小，字数在 2000 字左右，可以就某个教例或某个热点话题谈自己的认识。

3. 以阅读实践为拓展

师范生专业知识的学习，不只在课堂，更来源于课外。实训只是对某一种方法的学习和运用过程，"教无定法"的语文教学，其丰富性和延展性不是一次次实训就能体现的。课外的阅读途径很多，可以是相关书籍，丰富的报刊，也可以是网络。目前，在小学语文界比较有权威性和代表性的期刊有《小学语文教学》《语文教学通讯》《教学月刊》《小学语文教师》《小学各科教与学》《语文建设》等，都是丰富的阅读资源。

同时，实践环节也需要加强。除了课堂实训、学校安排的教育见实习外，学生还需要自己主动到小学承担一定的教学工作。比如每学期末，可以主动到小学帮语文老师批改作业和辅导；每个周末可以辅导一二个小学生的语文学习；或者参与青少年活动中心的假期兴趣班的教学等。从不会时的模仿到会了以后的独自承担，这就是一个有益的学习过程。

4. 以反思评价为推手

美国经济法律学家波斯纳认为，没有反思的经验是狭隘的经验，至多只能形成肤浅的知识。教师教学实践过程是将理论运用于实践，积累经验的过程，而教学反思是连接理论与实践，提升经验的重要环节。比如，在一些实训步骤中体现了什么理论？为什么有些理论在实践教学的运用中有出入？为什么预设的内容和生成的课堂产生差异？小学生学习语文的效果怎么不是自己预想的结果？等等。

在专业技能的训练中少不了评价环节，无论是自己的评价、同学的评价，还是老师的评价，都会对自己的再一次训练产生影响。在评价中，倡导积极和肯定的评价，以鼓励为主。毕竟师范生的课堂教学技能训练还是"纸上谈兵"式的，没有真正的课堂和小学生做尝试对象，缺乏感性的课堂"质感"，当然就不会有实际效果。倡导积极评价，能给学生以信心，锻炼其走上讲台的胆识，而不是真正的教学能力。

因此,不必以"苛刻"的要求来对待。

以教学实训中的反思和评价为推手,在"理论—实践—反思—评价"中形成初步的语文教学工作技能。

随着时代的发展、课程改革的不断深入、教学技能培养要求的变化,小学语文教学工作技能的要求、内容、形式和方法等必然也会有相应的调整和变化。我们要与时俱进,在继承传统的训练体系中,吸纳新思想,不断更新,不断发展,不断开发和研制适合自己本校的实训教材和方法,它不仅是兴校之法,也是促进教师专业发展的重要途径。

模块一

小学语文教材分析技能

引 导 与 准 备

编者的话

　　分析小学语文教材是语文教师必备的一项基本技能,是教师"教"的能力的重要基础。师范生必须先从"教"的角度学习对教材的自我解读和处理,从中获得自己的感受、理解和体验,掌握"自主权",才能真正走进备课和上课环节。因此,师范生要练成多种小学语文教学技能,需要从分析小学语文教材开始。

模块目标

1. 掌握小学语文教材分析的方法和步骤。
2. 掌握小学语文教材分析的内容。
3. 学会写小学语文教材分析。

引导与思考

1. 分析一篇小学语文课文,你觉得应该抓什么?

2. 从教学的角度分析一篇课文与自己理解文章一样吗?

3. 小学语文教材分析与备课有什么不同?

<h1 style="text-align:center">工作与技能</h1>

项目一　小学语文教材总体分析技能

要点引导

　　小学语文教材是进行小学语文教学、实现语文教学目标的主要材料。《语文课标》指出:"教材编写应依据课程标准,全面有序地安排教学内容,设计教学活动,并注意体现基础性和阶段性,关注各学段之间的衔接。"目前,在新课标精神指导下,小学语文教材呈现"一纲多本"的状态。这些教材各有特色,江苏地区主要以苏教版教材为主。

　　小学语文教材特点的解读关键在于需把握《语文课标》所渗透出的新理念,还需引导学生把重点放在苏教版教材的编写特色上。

　　小学语文教材编排内容的解读需把握教材内容呈现的梯度和结构化的学习单元。

工作任务1　解读苏教版小学语文教材的编写特点

语文老师在使用小学语文教材进行教学时,首先需要对教材进行解读,形成自我认知和理解。这项工作任务是从总体上掌握小学语文教材的编写特点以及苏教版教材的特点,为之后对小学语文教材的具体解读服务。

达成目标

1. 了解小学语文教材的编写新理念和编写特点。

2. 熟悉和掌握苏教版小学语文教材的编写特色。

工作过程

(一) 出示任务

1.《语文课标》下的小学语文教材体现了哪些新理念?

2. 对照《语文课标》的"教材编写建议"部分,以苏教版教材为例,思考小学语文教材呈现了哪些特点?

3. 苏教版小学语文教材的自身特色有哪些?

（二）操作流程

1. 翻阅苏教版小学语文教材第一、第二、第三学段的内容,思考以上问题。

2. 分组交流。

3. 总结汇报。

（三）知识储备

1. 什么是小学语文教材?

小学语文教材的概念可以从三个层面理解:一是专指概念,指小学语文教科书（我们对小学语文教材进行实训,是就专指概念而言的）;二是特指概念,指与小学语文教学活动相关的材料,包括教科书、补充读物、教学指导用书、参考书、练习册、教学挂图、字词卡片、录音带、多媒体软件等;三是泛指概念,指所有能对小学生语文素养产生积极作用的材料,不仅仅是书面材料。

2. 小学语文教材和《语文课标》是怎样的关系?

小学语文教材是依据《语文课标》（以前叫教学大纲）确定的教学目标、编写建议编写的。《语文课标》是编写小学语文教材的指导性文件,也是重要依据,二者的关系非常密切。研究小学语文教材,必须研究《语文课标》,这对于用好小学语文教材有着现实的指导意义。

《语文课标》在"教材编写建议"部分从十个方面对教材编写作了全面系统的阐述,使小学语文教材的编写有本可依。

3. 小学语文教材编写需要体现哪些新理念?

根据《语文课标》,小学语文教材的新理念主要体现在四个方面:

一是"新"。教材编写的指导思想上,应以"邓小平理论和'三个代表'重要思想为指导,深入贯彻落实科学发展观,坚持以人为本"等;教材内容上,应具有时代气息,体现现代社会的思想观点等。

二是"实"。教材一方面在识字、写字、阅读、写作、口语交际等方面打好语文学习基础,另一方面让学生养成良好的语文学习习惯,掌握基本学习方法。

三是"活"。表现在教材内容活,要给地方、学校、教师、学生留有开发、调整、选择、拓展的空间;教材形式活,要采取学生喜闻乐见、灵活、开放的表现方式,使教材真正成为提高学生语文素养的"学本"。

四是"宽"。课程内容要宽,母语课程内容无时不在,无处不有,要树立"大语文教育观"的思想意识;教育、教学渠道要宽,丰富多彩的语文实践活动,教室之外、学校之外的语文学习,都是学生进行学习的渠道,特别要重视语文综合性学习的课题开发和实施。

这些新理念决定了小学语文教材具备以下特点:时代性、文化性、儿童性、规范性、开放性。

4. 其他版本的语文教材都有怎样的特色?

2011 年随着《语文课标》的颁布,以当年 9 月份由人民教育出版社、江苏教育出版、北京师范大学出版社分别出版的三套小学语文义务教育课程标准实验教科书影响较大。

★人教版教材的编写特色:

内容与编排:围绕专题整合教材内容;

课文编选:体现时代意识,贴近儿童生活;

呈现方式:富有亲和力,导学特色明显;

教材设计:体现开放性,注重广泛适用。

★北师大版教材的编写特色:

变动汉语拼音位置,采用多种识字方法,注意培养学生的独立识字能力;

采用主题单元呈现方式,整体推进,注意提高学生的语文综合素养;

注意学习策略,引导学生学会学习。

(四) 小组活动

以书面概括的形式分析苏教版教材的编写特色。

要求:要体现概括层次,分小节书写;

每一点概括后,需要有实例来说明;

要字迹清楚,书写整洁。

工作任务 2 **熟悉苏教版小学语文教材的编排内容**

在工作任务的完成过程中,应先从总体上熟悉苏教版小学语文教材的编排体系和编排内容,为对教材的具体分析和教学的具体展开做好必要的认知准备。

达成目标

1. 熟悉苏教版小学语文教材的编排体系。

2. 熟悉苏教版小学语文教材的单元构成和课文构成。

工作过程

（一）出示任务

1. 苏教版小学语文教材是按照什么体系编排的？

2. 苏教版小学语文教材选择了什么内容？内容编排上呈现怎样的特点？

3. 苏教版小学语文教材的单元和课文如何构成？

（二）操作流程

1. 选定一年级上册、二年级上册、四年级上册或其他册数，对以上问题进行思考。

2. 分组讨论交流。

3. 班级汇报。

（三）知识储备

1. 语文能力指什么？编排体系与语文能力有什么关系？

《语文课标》指出："语文学习应注重听、说、读、写的相互联系，注重语文与日常生活的联系，注重知识与能力、过程与方法、情感态度价值观的整体发展。"这里提到的"听、说、读、写"就是语文课程专指的语文能力。

语文课培养学生的能力可以分为一般能力和特殊能力。一般能力指心理发展过程中所需要的注意力、观察力、想象力、思维力和记忆力等；特殊能力指学习语文所需的识字能力、写字能力、听话能力、说话能力、阅读能力和写作能力。

这一结构可以用图 1-1 来表示。

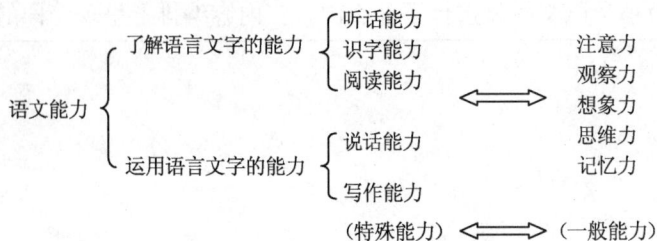

图 1-1　语文能力结构

苏教版教材的编排是以培养读写能力为主线进行编排的。按照这一主线，主要从两个方面考虑编排教材的"序"：一是儿童学习语文（字词句篇、听说读写）的规律；一是学生认识事物（由浅入深、由简到繁、由具体到抽象、由感性到理性）的规律。

2. 小学语文教材的单元是如何组合的？

教学单元之所以是一个相对独立的单位，是因为它特有的话语情景和教学功能。明确教材中的单元如何组合，形成一个什么样的结构，是教材分析的重要内容之一。

就现行小学语文教材看，多按主题分配单元，即共同组成一个文体类似或者主题内涵类似的语境。苏教版语文教学就是按照主题类似的语境编排单元的，一般一册书由七八个单元构成，每个单元安排三四篇课文，但是其内在的联系松散，强调单元每一篇的价值。而如人教版，强调单元内部和单元之间的内在联系。

3.《语文课标》不再提"文体"概念,在教材分析中是否就可以淡化"文体意识"?

从选文的文体角度看,苏教版教材的文体有童话、儿歌、故事、寓言、故事、儿童诗、记叙文、文艺性说明文、议论文、文言文、剧本、新闻稿等,文体类别很丰富。之所以选择这些文体,主要从阅读教学的学习要求、儿童语言的习得规律和儿童发展特点等方面考虑。

现行的语文教材不再以文体为单元进行编排,但在内容安排中还是有文体意识的,这就需要教师有文体意识,清楚每篇课文的文体,然后根据文体特点把握每篇教材内容和教学重点。

4. 小学语文教材内容编排呈现什么特点?

小学语文教材整体上体现循序渐进、螺旋上升的特点。

每册语文教材在整个教材体系中构成一个侧面,既具有特殊性,又有着内在的联系。因此,钻研教材时需从纵向和横向两方面把握。

纵向安排:语文教材一般从识字写字、阅读、写作、口语交际、综合性学习这五个板块,按一个总的设计来精心安排,每项内容依照由浅入深、循序渐进的发展线索,做出纵向安排。

横向安排:语文教材的五个板块并列呈现,在每册的编排中既有内在联系,又有互相的穿插配合。注重听、说、读、写的语文能力的形成和三个纬度的整体发展。

(四)工作示例

苏教版小学语文三年级(上册)第六单元教材分析:

第六单元是由三篇课文、一篇习作和练习6构成。

这三篇课文分别是《石头书》、《小稻秧脱险记》和《航天飞机》,这三篇课文都是介绍科技知识的课文。《石头书》介绍考古学知识,《小稻秧脱险记》介绍农业知识,《航天飞机》介绍现代科技知识。通过这些课文的学习,培养学生学科学、爱科学、用科学的思想。

习作要求学生学会从不同的角度,抓住事物的特点做具体介绍的方法,能给别人介绍自己的一种学习用品或小制作。

练习6的安排旨在增加学生的运用和积累:"处处留心"让学生区别理解多音字;"写好钢笔字"训练学生写好左高右低的字;"读读背背"让学生积累关于"风雨"的成语,学习竹石坚强不屈的品质;"口语交际"训练学生有序地介绍小制作的过程;"学写毛笔字"是训练学生写好带"折"的笔画。

(五)小组活动

1. 按要求完成工作任务。

2. 每组选定一册教材,从编排体系、编排内容、单元构成、课文构成等方面解读教材内容,把讨论结果制成小组合作小报。

　　小报要求:拟定小报名称和组别名称;

　　小报纸质:A4 纸;

　　版面尽量做到清楚新颖,字迹端正流畅。

工作小结

　　对教师而言,了解小学语文教材,分析教材的特点,其目的在于了解教材的编写意图,更好地研究掌握教材,加强教学意识,防止教学的随意性,从而有效地保证语文课标的目标和任务得到落实。

　　同时,通过对苏教版小学语文教材的分析,熟悉苏教版小学语文的编排特点和内容,为语文教学实训打下良好的基础,依本而训,使教学实训更贴近教学实际。

项目二　小学语文教材局部分析技能

要点引导

　　作为语文教师,首先必须熟悉教材,分析教材,在自我解读中获得自己的感受、理解、体验,然后才能抓要点进行备课和上课。掌握了理解的"主动权",才能更好地发挥自己的"主导"作用。

　　分析课文,一定要抓住教材的主要局部来进行。因此课文的立意、思路、内容美和形式美、语言等就是我们解读教材的重点,抓住了这些内容,就能为备课和教学提供必要的知识准备,达到有效教学。

　　实训任务据此确定为分析教材的立意、思路、语言和美(内容美、形式美)。

工作任务1　分析小学语文教材的立意

　　文章是客观事物的反映,写作是一种传情达意的活动,任何文章都不可能是无"意"之作。"意"在一篇文章中具有支配地位及主导作用。因此,掌握一篇文章的"意",也就抓住了文章的"魂"。小学语文教材的课文更是清晰地体现了以立意为主的原则,工于炼意,力求达到文与意的有机统一。

达成目标

1. 学会抓重点词、句、段概括文章立意的方法。

2. 了解小学语文教学中对教材立意的处理。

工作过程

（一）出示任务

认真阅读苏教版四年级上册《桂花雨》，思考讨论：

1. 这篇课文的立意是什么？

2. 课文的立意可以从文中哪些段落和句子表现出来？

3. 在下面《桂花雨》的教学设计片段中，教师是如何抓住立意进行教学的？

《桂花雨》教学设计片段：

六、体会感情。

1. 桂花给作者带来了童年的快乐，给一家人带来了天伦之乐，给全村人带来了丰收之乐。当作者念中学时到杭州，杭州有一处小山，全是桂花树。（读第5节）

2. [出示课件]可是母亲常常说——"外地的桂花再香，还是比不得家乡旧宅院子里的金桂。"

（1）是外地的桂花不香吗？

　　（不是，从哪儿可以看出）

（2）为什么就比不得家乡旧宅院子里的金桂呢？

　　（因为母亲爱家乡的桂花）

（3）母亲是不是仅仅只爱家乡的桂花？那么你们说说，母亲还爱家乡的什么？

（4）是呀,外地的桂花再香,还是＿＿＿＿。外地的山再清,还是＿＿＿＿。外地的水再秀,还是＿＿＿＿。母亲爱的是整个的故乡。

板书:热爱故乡

3. 母亲难忘桂花,作者也难忘桂花。所以作者说——

（出示）:"每到这时,我就会想起童年时代的'摇花乐'和那阵阵桂花雨。"

4. 齐读。

5. 读到这里,我们又体会到了作者的什么感情呢?

板书:留恋童年生活

——教例来源于 http://www.cszlf.net/html/117/97/97104/1.htm

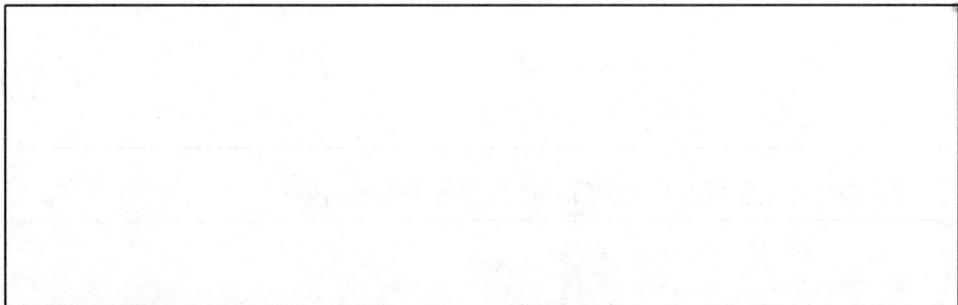

附:《桂花雨》课文

第11课 桂花雨

11 桂花雨

小时候,我最喜欢桂花。桂花树不像梅花那么有姿态,笨笨拙拙的。不开花时,只是满树茂密的叶子;开花季节,也得仔细地从绿叶丛里找细花。桂花不与繁花斗艳,可是它的香气味儿真是迷人。

桂花开得最茂盛时,不说香飘十里,至少前后左右十几家邻居,没有不浸在桂花

作者琦君,选作课文时文字有改动.

YU WEN 57

9 课文

香里的。桂花成熟时,就应当"摇",摇下来的桂花,朵朵完整、新鲜。如任它开过谢落在泥土里,尤其是被风雨吹打下来,那就湿漉(lù)漉的,香味差多了。

"摇桂花"对我是件大事,所以老是缠着母亲问:"妈,怎么还不摇桂花嘛(ma)!"母亲说:"还早呢,没开足,摇不下来的。"可是母亲一看天空阴云密布,云脚长毛,就赶紧吩咐人提前"摇桂花"。这下我可乐了,帮着在桂花树下铺竹席,帮着抱桂花树使劲地摇。桂花纷纷落下来,落得我们满头满身,我就喊:"啊!真像下雨!好香的雨呀!"母亲洗净双

58 YU WEN

（二）知识储备

1. 小学语文教材的立意怎样把握？

文意在文章中居于统帅地位，不论篇幅长短，不论运用的材料多少，都要接受文意的支配，以意选材，这是写作的一条基本原则；文章的结构也要受文意制约，以意为纲，结构全篇，这是写作的基本方法；语言是表达思想的工具，文辞轻重缓急的变化，是由文意以及表现的思想感情决定的，根据文意精选合适词语，更好表达文意，务求准确、深刻、有力度。因此，我们阅读一篇文章，从文章的选材、结构、词语等方面去把握文章的立意，才能准确驾驭文章的"灵魂"。而选材、结构、词语的确定最终体现在文章的逻辑段、自然段、句子和词语中。因此，要概括文章的立意，主要从文章的重点段落和重点词句着手进行。

2. 小学语文教材中都表现哪些方面的立意？

小学语文教材的选文从文意上来看，都很好地体现了语文学科的性质，基本符合《语文课标》的要求，体现了时代特点和现代意识，以及与生活的结合。

选文的思想文化内涵比较全面，蕴涵着热爱祖国、关爱他人、团结协作、自强自立、热爱科学、保护环境等丰富的思想感情因素，有助于学生树立正确的世界观、人生观、价值观；题材比较广泛，反映了城市生活、农村生活、学校生活、家庭生活等，有助于儿童通过语言文字认识大千世界。

3. 小学语文教学中如何抓住立意展开教学?

抓住教材的立意,即确立了理解教材的核心,教学的重点也就能很好地把握。一般教师把握住了文章的立意,就能把握住情感教学目标的设计和教学重点的确定。教学过程中对教学重点的理解和展开过程就是让学生理解文章立意的过程。因此小学语文教学中,对立意的体现主要是通过情感目标、教学重点以及教学的有效展开而实现的。

(三) 分析示例

【示例1】 苏教版五年级上册部分课文立意概括

《师恩难忘》作者通过对自己上一年级时,一位教学有方的田老师的回忆以及后来相遇时情景的描述,抒发了对老师的尊敬和感激之情。

《古诗两首》中《寻隐者不遇》以问答的形式,叙述"寻隐者不遇"这件事;《所见》向我们展示了牧童捕鸣蝉时动静结合、活泼有趣的画面。这两首诗通过语言和动作表现孩子天真无邪的特点,表达诗人对山林、田园生活的向往和热爱。

《在大海中永生》这是一篇通讯,根据新华社通讯《在大海中永生》,按照"飞向大海—撒向大海—告别大海"的线索摘写而成,表现了"为人民无私奉献的人永远活在人们心中"的文章主旨。

《高尔基和他的儿子》文章通过记叙高尔基和他 10 岁儿子之间发生的"栽花赏花"与"写信教子"两件生活小事,反映了高尔基父子间的亲情,表现了高尔基育子先育心的"爱"的教育艺术。

【示例2】 语文教学中立意的体现——体现在教学目标和教学重点的设计中

以苏教版六年级下册《天游峰的扫路人》为例:

《天游峰的扫路人》写的是作者在攀登天游峰时遇到一位扫路的老人,通过与老人交谈,深刻地体会到老人热爱生活、热爱工作、自信乐观、豁达开朗的生活态度,表达了作者对老人深深的敬佩之情。

【教学目标】

1. 指导学生有感情地朗读课文,在朗读中品味,感悟作者对天游峰扫路人的敬佩之情。

2. 通过对课文的朗读品味,体会天游峰扫路人自强不息的精神和自信、豁达、开朗的生活态度。

【教学重点】

引导学生透过文中对人物的外貌、语言、动作、神态的描写,感受"在天游峰扫路的老人是一个怎样的人"。

【教学难点】

指导学生朗读品味,体会课文中老人话语中所蕴含的人生哲理。

【示例3】 语文教学中立意的体现——体现在教学重点的实施展开中

《天游峰的扫路人》第二课时教学设计(部分)

丹阳市荆林学校小学部 路忠清

(三) 走进老人

过渡:作者和老人进行了怎样的心灵沟通呢? 请大家找一找文中老人的语言,用波浪线画出来。同桌互相交流一下,这到底是一位怎样的老人? (学生画,交流)

(出示)"不累,不累,我每天早晨扫上山,傍晚扫下山,扫一程,歇一程,再把好山好水看一程。"他说得轻轻松松,自在悠闲。

1. 从老人的这句话中你体会到了什么? (他很热爱自己的工作,很喜欢自己的工作,不觉得累)

从哪儿体会到的? (不累,不累,扫一程,歇一程,再把好山好水看一程,轻轻松松,自在悠闲)

2. 同学们,你们觉得扫路的工作累不累? (累)是的,而且老师觉得天游峰的扫路人比一般的扫路人更累,你们同意吗? 从哪儿可以看出来?

(出示)我抬头望了望在暮色中顶天立地的天游峰,上山九百多级,下山九百多级,一上一下一千八百多级。那层层叠叠的石阶,常常使游客们气喘吁吁,大汗淋漓,甚至望而却步,半途而废。可是这位老人,每天都要一级一级扫上去,再一级一级扫下来……我不禁倒抽了一口气。

(1) 哪些词语让你感到累? (顶天立地、九百多级、层层叠叠、气喘吁吁、大汗淋漓、望而却步、半途而废)(在课文中点出词语)

(2) 我们来比赛读读看,看谁能让老师听了也抽口气。指名读。齐读。

3. 还可以从哪儿感受到?

(出示)天游峰——武夷山第一险峰。九百多级石梯,像一根银丝从空中抛下来,在云雾中飘飘悠悠,仿佛风一吹就能断掉似的。那天,我终于顺着这根银丝上了峰顶,心里好不得意。

(1) 说说为什么? (因为天游峰高、险)(板书:险)

哪儿具体写出了它的险? (第一险峰、九百多级、像一根银丝、飘飘悠悠、风一吹就能断掉)能读出它的险吗?

(2) (出示天游峰图片)同学们看,这就是天游峰,想说什么?

(3) 把我们的感受一起读出来好吗? (齐读)

过渡:面对如此险峻的天游峰,能爬上去已经很不容易了,这一边爬一边扫,该有多累呀！可老人却觉得——（指读：不累不累）为什么呢？

（4）（引读）他——扫一程,歇一程,再把好山好水——看一程。

（5）是呀,老人把自己喜欢的感情融入其中,不觉得累。（带着喜欢的感情读）

（6）所以老人说得——？（板书：轻轻松松、自在悠闲）能轻松悠闲地读一读老人的话吗？（指导朗读）指名读。

过渡：老人还说了什么？

（出示）老人摇摇头,伸出了七个指头,然后悠然地说："按说,我早该退休了。可我实在离不开这里：喝的是雪花泉的水,吃的是自己种的大米和青菜,呼吸的是清爽的空气,而且还有花鸟做伴,我能舍得走吗？"

1. 从这段话中你又读懂了些什么呢？（老人舍不得走、这儿的生活环境好）

2. 引读："老人喝的是——老人吃的是——老人呼吸的是——而且还有——"

3. 这样的生活老人当然会舍不得。他爱这儿的山,爱这儿的水,爱这儿的空气,爱这儿的一切。所以老人会说得那么——（点：悠然）。你能悠然地读一读老人的话吗？（指导朗读）指名读。

4. 是的,老人已经与天游峰融为了一体,即使自己已是 70 岁的高龄,却依然对扫天游峰乐此不疲,悠然自在。实在是令我们敬佩,让我们怀着敬意再一次读出老人的悠然与不舍。（齐读）

过渡：老人还说了什么？

"三十年后,我照样请您喝茶!"说罢,老人朗声大笑。

（1）你认为老人能活到一百岁吗？（老人天天这么扫,很勤劳,能活到 150 岁；山上空气清新,能活到 100 岁；自信,豁达）

（2）是的,人的心情、意志也能使自己延长寿命。这是一位充满自信,豁达开朗的老人！（板书：充满自信、豁达开朗）

（3）让我们读出老人的自信和豁达来！齐读。

（四）小组活动

1. 小组合作,完成工作任务。

2. 对照示例 2 和示例 3,讨论：示例中哪些教学环节的设计与教材的立意是相关的？

_____

_____

_____

_____

3. 选定一册语文教材,选择不同文体的课文各一篇,进行立意概括和找出体现立意的重点词、句、段。

4. 上网查阅相关课文的教学设计等资料,试分析语文教学中对教材立意的体现和把握。

5. 每个人选定讨论过的一篇课文,从立意概括、对应句段、教学中的立意体现这三个方面进行文字阐述,形成书面作业。

工作任务2　分析小学语文教材的思路

要读懂一篇文章,一定得边读边思考,边思考边概括,边概括边梳理,想想每部分各讲了什么,各部分是怎么连接起来的,重点在哪里,有一条什么主线在贯穿,是按什么思路行文的。

达成目标

1. 学会把握文章的写作思路。

2. 了解语文教学中如何抓住思路进行教学。

工作过程

(一) 出示任务

1. 你知道如何把握一篇课文的思路吗?

2. 选定小学语文教材中的一个叙事单元,看看能否梳理出这几篇课文的思路?

3. 语文教学中如何抓住课文的思路进行教学？

（二）知识储备

1. 文章的思路有何特征？

思路也叫"文脉"。文章的思路主要表现为三个特征：

贯通性——即一篇好的文章都体现一线贯穿、一脉相承的特点,这主要是作者从写作的素材中选取体现内在联系的点作为组织材料的线索的缘故。

程序性——课文先后有序,条理分明,依次展开,按序排列,体现一定的写作顺序。

严密性——文章的上文和下文,此层和彼层,或由叙到议,或由景到情,或潜伏后应,始终保持思维的严谨和周密,因果相连。

正是作者清晰的思路,决定了行文的通畅、有序、严谨。

2. 文章的思路有哪些类型？

李伯棠先生说过："一篇文章,是按一定的逻辑法则组织起来的。"这一定的法则,就是文章的章法,具体体现了作者的思路。据此,小学语文教材的思路,可以作以下分类。

纵向型思路,包括三种类型：按时间顺序谋篇的思路；按空间位置转移谋篇的思路；按事情发展先后顺序谋篇的思路。

横向型思路,包括两种类型：分头写事物几个方面情况的思路；分头写某一个人物几件事的思路。

纵横交错型思路,即指上面两种思路融合在一篇文章中。

总分型思路,包括三种类型：先总后分的思路；先分后总的思路；先总后分再总的思路。

此外还有叙议结合型思路、点面型思路、并列型思路、开合型思路、转接型思路、反复型思路、宾主型思路、对比型思路、抑扬型思路、归纳型思路、演绎型思路等。

叶圣陶先生说："大凡读一篇文章,摸清作者的思路是最要紧的事,按作者的思路去理解,理解才能透彻。"他又说:"作者思有路,遵路识斯真。"探求作者思路的目的,在于真切地领会文章的意思。

3. 如何把握一篇文章的思路?

具体可以考虑以下几步:

(1)辨明文体,选准角度。划分层次,就是要以一定的标准对文章进行内容上的归类整合。不同文体用以划分类别的标准不同,如记叙性文体,可根据人或事的不同,根据时间、空间的变化来划分;议论性文体,可从总体上根据引论、本论来划分,也可以按论证结构(并列、总分、层进)来划分;说明性文体,应紧扣说明对象,根据其特定的说明顺序,或按时间、空间顺序,或按事物自身的构成部分,或按事件发展顺序,或按事理逻辑(由轻到重、由简单到复杂)来划分。

(2)辨明重要的文句。文章中的有些句子,如领起句、过渡句、前后照应句、结构相似句(包括文中反复出现的文句),往往能体现文章思路,为学生划分文章段落层次提供了重要依据。

(3)寻辨标志性词语。有些文章,为了表达清晰,往往用一些标志性的词语来表明上下文内容间的关系。找出这些词语并仔细区别其代表的意思,有助于学生对文章结构进行分析。可以作为标志性词语的有:表顺序的词;关联词;指代词;表范围的词;表类别的词。此外,还有文中不同地方反复出现的同义词或近义词。

4. 如何把握住思路进行教学?

作为语文教师必须在摸清作者思路的基础上,根据教材的特点、重点和难点,遵循学生认识事物的规律,合理地设计自己的教学程序,引导学生沿着作者的思路,由浅入深、由表及里逐步理解课文。

一般来说,语文老师利用文章的思路进行教学,主要体现在三个教学节点:一是整体感知环节,通过分段等方式帮助学生理清文脉;二是教学重点的展开环节,紧扣文章的思路来帮助学生理解文章的重点;三是浓缩的板书,通过板书让学生一看就知道文章写了什么,怎么写的。

(三)工作示例

【示例1】　整体感知环节疏理文章思路

以苏教版四年级上册《鸟的天堂》第一课时为例:

初读课文,理"线索"。

1. 引导质疑,提示题意:文中"鸟的天堂"指什么?在哪里?为什么称为"鸟的天堂"?通过质疑,激活学生的思维,激发学生的兴趣。

2. 初读,理线索。在学生质疑的基础上,让学生通过自读,整体感知课文,同时着重思考以下问题:作者几次去鸟的天堂,分别是在什么时候,每次看到了什么?

【示例2】 紧扣思路理解教学重点

以苏教版六年级上册《桂林山水》为例：

围绕"桂林山水甲天下"这个中心句设置问题，引导学生精读课文：

1. "甲"是什么意思？

2. 作者用哪些具体的景物来突出这个"甲"字？

3. 桂林的山究竟有哪些特点？

4. 桂林的水又有哪些特点？

这些问题的设置，推动学生去寻读课文内容，让学生在阅读中了解到：整篇课文都是围绕着这个"甲"字来写，用了先总后分的叙述方式，以下的内容都是"甲"字的具体化和形象化。

【示例3】 苏教版四年级上册《九色鹿》板书设计

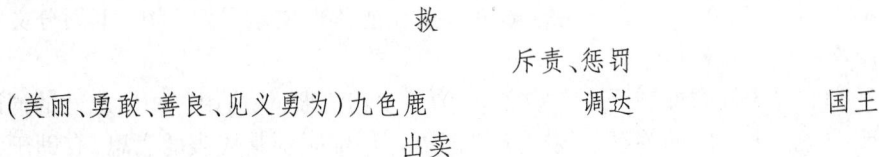

救

斥责、惩罚

（美丽、勇敢、善良、见义勇为）九色鹿   调达   国王

出卖

（四）小组活动

1. 小组讨论交流：以上三则示例如何体现课文思路与语文教学的关系？

_____

_____

_____

2. 选定一册语文教材的一个单元，小组讨论每篇课文的思路类型，并记录下来，进行班级交流。

_____

_____

_____

3. 每组成员各搜集一篇课文的完整教学设计，讨论在教案里如何紧扣思路来设计教学内容？并形成讨论记录。

⏰ 工作任务3 分析小学语文教材的美

小学语文教材中蕴含着自然美、社会美与艺术美，成为小学语文教学领域中实施美育的重要基础。《语文课标》明确指出在语文学习过程中，要培养学生"健康的审美情趣"。美，丰富多彩，千姿百态；美，是和谐，是人的本质力量的感性显现，也是探究小学语文教材的一把很重要的钥匙。

达成目标

1. 感受教材选文的文质兼美的特点。

2. 明确语文教学对审美教育的要求。

工作过程

（一）出示任务

1. 小学语文教材的美体现在哪些方面？

2. 如何在语文教学中进行审美教育？

（二）知识储备

1. 小学语文教材的美体现在哪些方面？

《语文课标》在"教材编写建议"部分指出："教材选文要文质兼美，具有典范性，富有文化内涵和时代气息。"那么文质兼美到底指的是哪些呢？质，指的是教材反映了什么，即文章的内容，小学语文教材的内容主要表现为自然美和社会美；文，指的是课文是怎样反映的，即文章的形态，小学语文教材的形态美主要表现为艺术美。

2. 课文中的自然美可以从哪些方面体现？

高山流水、朝霞彩虹、花鸟虫鱼等客观世界中进入审美范畴的自然物的美，就是自然美。在语文教材中描写大自然的文章，给学生带来了赏心悦目的审美享受。

我们在欣赏小学语文教材中的自然美时,可以从自然景物的形态、色彩、音响等不同的角度去体验。形态美,是自然景物的造型和姿态的和谐构成;色彩美是自然景物的各种颜色的和谐构成;音响美,是自然界各种声响的和谐构成。

不过,学生对教材中自然美的欣赏不仅要见其形,而且要会其神。因为作者在描绘这些景物的同时,融进了人们的审美经验、美学思想,正如车尔尼雪夫斯基所说:自然界"只是因为当作人和人的生活中的美的一种暗示,这才在人们看来是美的"。这就是所谓的"人化的自然"。

3. 如何去看教材中的社会美?

社会美指存在于社会生活各个领域的所有事物的美。社会美的核心是人的美,它包括人的情感美、节操美和智慧美等。如情感美包括亲情(母爱、父爱、兄弟情、爷孙情、夫妻情等)、友情、陌生人的关爱之情等,节操美有人的不屈不挠的意志、廉洁正直的品德等人性美、人格美,智慧美包含着人的辨析判断、发明创造的能力美。

4. 艺术美是一种怎样的美?

艺术美是指文学家、艺术家通过集中、概括、典型化的手法去反映和表现生活的一种形象的美。小学语文教材中的艺术美可以从意境美、意趣美和传神美的角度来看。

意境美往往体现在散文、诗歌等文体中,是情与景、意与境融合的美,值得我们用心品味、细细感悟。

意趣美可以说是"有趣的美",是美感中很重要的组成部分。可以是情趣、童趣、真趣、机趣、志趣、谜趣、理趣、谐趣、野趣、奇趣等,不同的趣,构成了不同课文的情调、兴味。

传神美在不同类型的课文中表现为:叙事性的文章往往运用"外貌表现法"、"行动表现法"、"言语表现法"等传神地塑造人物形象;诗歌以抒情为主,以意境取胜,同时也有音乐美的传神效果;散文巧于设"眼",精心结构,形成"形散神聚"的特点,这里的"眼"营造出了特定的意境。

5. 语文教学中如何让学生发现美、感受美,得到"美"的熏陶?

作为语文老师,必须在教学意识上解决两个问题,其一是审美的内容。在教学中,应有意识地引导学生发现美的形象、美的意境、美的语言乃至美的结构,从内容到形式进行美的探求。其二是遵循学生审美规律。学生的认识总是将由浅入深、由表及里、从感性到理性的这种认识的规律反映在审美活动中,从理解到想象,从体验到评判,因而教学时必须遵循这个规律。

（三）工作示例

苏教版五年级上册《高尔基和他的儿子》教案设计（主体部分）

【教学提示】

课文通过苏联文学巨匠高尔基在意大利的卡普里岛上休养时,和他10岁儿子之间发生的"栽花赏花"、"写信教子"两件生活小事,反映了父子间的亲情和高尔基育子先育心的拳拳爱心。写法上由浅入深、寓理于事,值得细细品味。

【教学目标】

1. 能正确、流利、有感情地朗读课文,背诵课文。

2. 学会3个生字,理解有关新词。

3. 理解高尔基给儿子写信的含义,初步懂得"人生快乐在于付出"的道理。

【教学重点、难点】

理解高尔基给儿子信的含义,初步懂得"人生快乐在于付出"的道理。

【教学流程】

（一）引出话题

1. ——课件（文字）

"给",永远比"拿"愉快。——高尔基

这是前苏联作家高尔基的一句名言,你了解他吗?

——课件（图片+文字）高尔基头像

高尔基:(1868—1936年)前苏联作家,无产阶级文学和苏联文学的奠基人。他出身贫苦,幼年丧父,11岁就为生计在社会上奔波,当过装卸工、面包房工人,贫民窟和码头成了他的"社会"大学的课堂。在长达40余年的创作生涯中,高尔基写下了大量的小说、剧本、传记、政论,也留下许多优秀的散文作品。

高尔基为世界文化作出了杰出贡献,是个伟大的作家。

2. ——课件（文字）高尔基和他的儿子

今天,我们一起来学习高尔基和他的儿子之间发生的故事。

（二）初读了解

1. 请同学们自学生字,注意读音和字形,把课文读通顺、流利。

◎动画提示:自读课文

2. 检查读——请9位同学按节轮流朗读,其他同学仔细听:他们是否读准了生字,读通了句子。

◎动画提示:检查朗读

3. 请同学们默读思考:课文写了高尔基和他的儿子之间发生的哪几件事?

◎动画提示:默读思考

同学们明白了吗？课文写了高尔基和他的儿子之间发生的两件生活小事:2—5自然段写了"栽花赏花",6—9自然段写了"写信教子"。

——课件(文字)　栽花赏花　写信教子

高尔基说,"给",永远比"拿"愉快……儿子给了高尔基什么,高尔基又给了儿子什么呢？为什么他们都感到愉快呢？就让我们一起来仔细读一读课文。

(三)感受子爱父

1. 先请同学们认真读一读2—5自然段,找出表现儿子爱父亲的句子。

◎动画提示:画出句子

2. 让我们一起来交流

◎动画提示:体会句意

(1)——课件(文字)

有一年,高尔基在意大利的一个小岛上休养,他的妻子带着儿子前来探望他。

从"探望"一词中可看出,高尔基在意大利休养,而他的家在苏联,千山万水隔不断父子情深。

(2)——课件(文字)

高尔基的儿子只有10岁,还没有镢头高。来到爸爸身边以后,他顾不上休息,一直在忙着栽种各种各样的花草。假期很快过去了,他告别爸爸,跟妈妈一起回家去了。

A 这段话共三句,主要写高尔基的儿子。"只有……还……"看出他的儿子年龄小、个儿小、力气小;我们从"顾不上……一直……"看出高尔基的儿子不顾长途劳累,心中想到的只有父亲,只是希望他的爸爸身体早日康复,完全忘记了自己的疲惫;"各种各样……"写出了花草的数量多、种类多,也意味着高尔基的儿子在有限的假期里付出的劳动多。

B 想象:临行前……

——课件(文字)

高尔基的儿子望着满院亲手栽种的花草,幸福地笑了,他仿佛看见_____请同学们想象。

◎动画提示:想想说说

(3)朗读体会

从这里的字里行间,我们深刻地感受到高尔基儿子对于父亲深藏于内心的爱,"此时无声胜有声",在他忙碌的劳作中透露着对父亲这份沉甸甸的爱。请同学们把这种感情用朗读表现出来。

◎动画提示:感情朗读

在儿子的期待之中,春天到了……

3.　——课件(图片)出示春天花开的图片

——课件(文字+音乐)

春天到了,儿子种的花全都开了。春风吹来,姹紫嫣红的花儿轻轻摇晃着,散发出阵阵芳香,引来了一只只蜜蜂。

请你配上音乐,把这一节美美地读一读。

(眼前的这一切正是高尔基的儿子要给父亲带来的惊喜,那父亲呢?)

4.　——课件(文字)

傍晚,彩霞染红了天空。高尔基坐在院子里,欣赏着儿子种的花,心里有说不出的高兴。瞧,那些盛开的花朵多像儿子红扑扑的脸庞啊!

(高尔基"心里有说不出的高兴",感受到了儿子的爱,见花如见子,仿佛看到了"儿子红扑扑的脸庞",心中有多少话语要对儿子诉说呀!请同学把高尔基此时丰富的情感朗读出来)

◎动画提示:朗读体会

(四)感受父爱子

1.　高尔基把内心的激动汇聚于笔端,写下一封意味深长的信。请同学们默读课文的7—9自然段,说说你的感受。

◎动画提示:谈感受

(是的,这封信语重心长,寓意深刻,高尔基育人育心,循循善诱,谆谆教诲,寄语儿子:"给",永远比"拿"愉快,要做有益于社会的人。)

2.　——课件(文字)

"你回去了,可是你栽的花留了下来。我望着它们,心里想:我的儿子在岛上留下了美好的东西——鲜花。

"要是你无论在什么时候,什么地方,留给人们的都是美好的东西,那你的生活该会多么愉快呀!

"那时候,你会感到所有的人都需要你。你要知道,'给',永远比'拿'愉快……"

请大家特别注意这里标点符号:前两节运用的两处半引号表示引用了信中的自然段。

——课件(文字)

"你回去了,可是你栽的花留了下来。我望着它们,心里想:我的儿子在岛上留下了美好的东西——鲜花。

"要是你无论在什么时候,什么地方,留给人们的都是美好的东西,那你的生活该会多么愉快呀!

最后一节在信中也是一个自然段,但因为本文引用的部分结束了,所以是全引号。

——课件(文字)

"那时候,你会感到所有的人都需要你。你要知道,'给',永远比'拿'愉快……"

儿子收到高尔基的信以后,心中会怎样想? 他会怎么理解这句话的含义呢?

——课件(文字)

"给",永远比"拿"愉快。

请大家在学习小组内讨论。

◎动画提示:小组学习

请同学们说说儿子收到信以后心中会怎样想呢?

◎动画提示:一起说说

(高尔基的儿子读了父亲的信,心潮起伏:"父亲是多么了解我呀,他欣赏我一心栽种的鲜花,给予我充分的肯定。而且,从我种花的小事中看出其中的意义,饱含期待:希望我时时处处给人们创造美好的东西,增添生活的意义。告诉我人生的快乐在于付出,而不在于索取,希望我做一个有益于社会的人。这才是父亲最深的爱啊!")

——教例来自 http://www.520xy8.com/sjbwz/201304/71894.shtml

(四)小组活动

1. 认真阅读上面的教例,小组思考讨论:

这篇文章的社会美是什么?

_____

_____

这位老师是如何设计教学环节让学生感受美的?

_____

_____

2. 自选一篇课文,解读教材中的美,并形成书面作业。

3. 播放优秀老师的教学视频,小组讨论分析:该篇教材的美体现在哪些地方?老师在教学中如何引导学生感受美?

工作任务4　分析小学语文教材的语言

《语文课标》指出:"语文课程是一门学习语言文字运用的综合性、实践性课程。"小学生学习语文,即是借助语文教材,逐步掌握祖国的语言文字,不断提高自身的语言素质,且能够运用这一工具,形成语文素养,促进自身发展的过程。

达成目标

1. 学会分析小学语文教材中的语言特点。

2. 了解小学语文教学中学生的语言学习和运用的方法。

工作过程

（一）出示任务

1. 我们该从哪些方面来分析小学语文教材中的语言特点？

2. 试分析苏教版三年级上册《东方之珠》这篇课文的语言特点。

3. 在小学语文教学中,怎样进行语言文字的学习和运用?

（二）知识储备

1. 小学语文教材中的语言特点有哪些？

选编入小学语文教材的选文，在语言上都是经过精改、锤炼的，因为它具有规范作用，关系到学生良好的语言素质的养成。因而在语言上形成了一定的特点：

语言求真。在于求简明，防拉杂；求自然，忌雕饰；求新鲜，去陈词。

修辞求诚。求准确，准确用字，准确遣词，准确标点；求明晰，思想明晰，感情明晰，事理明晰；求生动，比状生动，描绘生动，造境生动。

2. 分析教材语言时应抓住哪些地方把握语言的特点？

文章是由字组词，由词组句，由句组段，积段成篇的。分析文章的语言，不是每段文字、每句话、每个字都要关注，而是抓住主要的段落、重点的句子、关键的字词来分析把握，不能面面俱到、字字落实。因此分析某篇课文的语言，应读出这篇课文在语言上是重在生动形象，还是重在准确简洁，抑或是重在自然新鲜，这样的特点是通过哪些词语、句子体现出来的。这样就能较好地把握文章的语言特点和重点的词句段，以便在教学中体现。

3. 小学语文教学中如何引导学生进行语言的学习和运用？

语文课的第一要素是语言，语文老师的第一要务是带领学生学习和运用语言，离开语言，语文课就不再是语文课了。语文课上的语言学习，其实就是对学生进行语言文字的训练。

这里所说的训练，主要着眼于语言的运用和积累，目的在于思维能力和语言运用能力的提高，也包含着对语言知识的领悟和语言规律的发现。老师一般要明确应该抓哪些语言点进行训练，重点的词句、难理解的词句，都是可以根据教学需要和学情来确定的。对语言训练的形式和方法可以多样，造句、比较、填空、描绘、想象、朗读和表演等都可运用。

（三）分析示例

【示例1】《鸟的天堂》语言分析

语言大师巴金的文章，流畅自然，朴实生动，富有热情。《鸟的天堂》一文更是如此，其语言准确生动，朴素优美，简洁洒脱，富有节奏感。

1. "太阳落下了山坡，只留下一段灿烂的红霞在天边，在山头，在树梢。"

连用三个"在"，读着时那么有节奏，那么诗意，作者的心情是那么惬意。

2. "拿起竹竿一拨，船缓缓地动了，向着河中央流去"、"白茫茫的水上没有一点波浪，船平静地在水面上流动"、"一个朋友拨着船，让它缓缓地流到河中间去"、"当小船向着高塔下面的乡村流去时"等句子中的"流"字在全文中共出现4处，缓缓的——平静地——流去，这份懒懒的惬意，让人神往。

3. "一簇簇的绿叶伸到水面上"、"一部分树枝垂到水面，从远处看，就像一棵大树斜躺在水面上一样"等这些句子使人感觉树也和人一样惬意,树与河之间有一份默契。

4. "起初周围非常清静。后来忽然起了一声鸟叫。我们把手一拍,便看见一只大鸟飞了起来,接着又看见第二只,第三只。我们继续拍掌。很快的这棵榕树就变得热闹了。到处都是鸟声,到处都是鸟影。大的,小的,花的,黑的,有的站在枝上叫,有的飞起来,有的在扑翅膀。"写群鸟嬉戏,以词为句,长短错落,生动热闹,给人以急促的动感。作者又用"连环"、"顶真"等写法,"看清楚了这只,又错过了那只,看见了那只,另一只又飞起来了"。读时就给人以"应接不暇"的感觉。作者又较多运用排比、复迭的句子,体现热闹欢腾的景象,给人以美不胜收的感觉。

5. "看清楚这只,又错过了那只,看见了那只,另一只又飞走了。一只画眉飞出来,给我们的拍掌声一惊,又飞进了叶丛,站在一根小枝上兴奋地唱着,它的歌声真好听。"众鸟纷飞,感动那份自由,那份幸福,那份快乐。感动鸟与树,鸟与人的,还有整个自然的和谐之美;更感动于作者对整个自然、对生命、对自由的热爱。

【示例2】 《鸟的天堂》语文教学中的语言训练

1. 天边的红霞——

(品读重点句子):"太阳落下了山坡,只留下一段灿烂的红霞在天边,在山头,在树梢。"从"天边的红霞"感受天堂的天空之美,读中感悟"在……在……在……"的音乐美。

2. 宁静的小河——

(品读重点句子):"拿起竹竿一拨,船缓缓地动了,向着河中央流去。"

"白茫茫的水上没有一点波浪,船平静地在水面上流动。"

"一个朋友拨着船,让它缓缓地流到河中间去。"

"当小船向着高塔下面的乡村流去时……"

抓住"流动"、"流去"、"流到"等词语进行感情朗读,在读中感悟天堂的小河之美,感受作者置身小舟上那懒懒的惬意。

3. 天堂中的大榕树,大榕树上的鸟儿——

先重点围绕个性感悟,概括特点:

(1) 鸟的天堂里树和鸟各有特色,如果请你在这两者之间择其一的话,想做一棵南国的大树还是栖息在树上的一只小鸟?

(2) 找到课文中描写树或鸟的相关内容读一读,体会各自的特点,找一个词语概括并写下来。

(学生朗读——概括并自己写在笔记上,尽量不重复)

(3) 刚才咱们是各自写自己的感受,现在赶紧看看伙伴们的理解,有什么问题要问?(修改不合适的词语,理解另类感受)

(4) 哪些同学是选择做榕树的? 请你们联系具体的课文内容,把自己的特点介绍给大家,比一比谁的介绍最有说服力。

(随机展开重点句段的品读)

① "大、独木成林、盘根错节……"

(数字感受"大、独木成林":一公顷,一万平方米,200个教室)

(图片感受"盘根错节",朗读课文第7自然段)

② "枝叶繁茂、生机勃勃、美丽、绿意盎然……" (品读课文提升理解)

(品读重点句子):

"现在正是枝叶繁茂的时节。这棵榕树好像在把它的全部生命力展示给我们看。那么多的绿叶,一簇堆在另一簇上面,不留一点缝隙。翠绿的颜色明亮地在我们的眼前闪耀,似乎每一片树叶上都有一个新的生命在颤动。这美丽的南国的树!"

——"似乎每一片树叶上都有一个新的生命在颤动",这是怎么一回事? 是什么让巴金爷爷有这样的感受呢?

——小鸟,你们天天生活在这棵大树上,你能说说你的感受么?

(学生感悟预设)——(随机指导朗读,加深体会)

a. 也许当时吹过一阵阵微风,这些绿叶在风中不停地摇动……

b. 也许是小鸟们躲在大榕树上,只是偶尔扑扑翅膀。当小鸟扑翅膀时,绿叶就晃动起来,让作者感觉到了"生命的颤动"。

c. 绿色是生命的象征,作者看到这每一片绿叶,绿得鲜亮,绿得发光,情不自禁地发出感叹。

d. 也许在阳光的照耀下,人们眼前有一些绿色的光点在闪烁,所以感受到了"生命的颤动"。

……

(教师小结)美丽的南国的树! 想再次感受一下这样的美丽么?

(课件播放录像感受)(朗读感受)

(5) 哪些同学是选择做小鸟的? 请你们联系具体的课文内容,把自己的特点介绍给大家,比一比谁的介绍最有说服力。

(随机展开重点句段的品读)

① 热闹非凡、多姿多彩、千姿百态……

(品读重点句子)

"到处都是鸟声,到处都是鸟影。大的,小的,花的,黑的,有的站在枝上叫,有的飞起来,有的在扑翅膀。"

(课件"群鸟鸣叫"情境感受,交流表达,朗读第12自然段)

② 活泼可爱、歌声动听、热情……

（品读重点句子）

"一只画眉鸟飞出来，给我们的拍掌声一惊，又飞进了叶丛，站在一根小枝上兴奋地叫着，它的歌声真好听。"

——小画眉，你为什么那么兴奋？你在说什么？（理解"人兴奋，鸟兴奋"，小鸟把来这里的人们当作了前来做客的朋友）

——咱们一起再读读课文，体会那份幸福、快乐。

（四）小组活动

1. 小组讨论交流：示例 2 中，老师是怎样抓住语言点进行课文内容的理解和语言训练的？

_____

_____

_____

2. 小组讨论三年级上册《东方之珠》的语言特点，形成记录文字。

_____

_____

_____

3. 选择一份《东方之珠》教学设计，试分析其教学过程中的语言训练环节。

_____

_____

_____

4. 看《东方之珠》教学视频，感受老师对学生在语言训练上的引导，并形成点评作业。

工作小结

通过以上 4 个任务的实训，我们应该可以驾驭和把握一篇课文的立意、思路、美和语言。抓住了这些，小学语文教学的基本方向和内容就不会出错。小学语文教学的关键在于学生对于这些内容的掌握，并不是就文章来分析文章，而是需要学会方法，用方法去面对不同的课文，举一反三，活学活用，这样，才能根本掌握自我解读文章的方法。

项目三　小学语文教材分析写作技能

要点引导

　　所谓课文分析，就是对课文中融合的景、完整的事、立体的人、整体的概念等进行类分，找出其组成部分的本质属性和彼此之间的关系，从而更清楚更深刻地理解课文。培养课文分析能力是我们设计教学目标的重要参照，赋予"分析"准确、具体的内容，把这项训练落实到位，对训练教学基本功来说是首要的，也是必要的。

　　结合前两个项目训练，本项目旨在通过完成工作任务，学会对小学语文教材分析的写作。

工作任务　学会小学语文教材分析的写作

　　前面两个实训项目只是从教材的全面到部分和不同分析角度进行的口头训练，是分散的训练。将以上分析的内容形成一个完整的分析过程，就需要从一个切入点，按照有序的思路，有总有分地书写下来。这样，一篇课文是如何进行自我解读的，就可以借此一目了然，由此判断你对课文究竟理解到什么程度，有没有理解得片面甚至有错误，能否为下面的备课和上课做好铺垫等。

达成目标

1. 学会对小学语文教材进行整体分析。

2. 能进行小学语文教材分析的写作。

工作过程

（一）出示任务

1. 对一篇课文进行教材分析，应从哪些方面着手？

2. 请尝试写出苏教版四年级上册《桂花雨》的教材整体分析,字数在 300 ~ 400 字。

（二）知识储备

1. 教材分析应遵循哪些原则?

在教材分析实践中,应注意体现如下原则:

目的性原则。分析课文的目的,就是"教学"。在分析中倡导"四路"意识,即文路、编路、教路、学路。文路就是要从作者的意图出发理解内容,编路就是要考虑编者安排的意图,教路就是提倡施教意识,学路就是在解读中需要考虑学生因素。

整体性原则。分析的整体性不仅要求对课文的整体认识和把握,而且要求在分析过程中也要体现整体感。所谓对课文的整体认识和把握,就是对篇章结构整体和内容因素整体要进行认识和把握,所谓在分析过程中也要体现整体感,就是要注意分析基点和全文的逻辑结构或情感结构上的联系接通。

情感性原则。分析课文,不是干巴巴的枯燥结论,而是一个情感运动过程。无论是对课文整体的慎思,还是对局部的细析,分析时的情感体验是客观存在的,也是理解课文所至关重要的。老师应借助情感的力量,打动自己,这样才能打动学生的心。

辩证性原则。首先体现为对一些节选课文,用联系发展的观点进行分析;其次要坚持"两点论",既尊重课本,又不迷信课本。

2. 教材分析可采用怎样的步骤?

教材分析过程可以按照"整体—部分—整体"这一思路来进行。

初识整体。分析伊始要着眼于课文整体,初步形成完整鲜明的总体印象。可采用"四读"法达到初识整体的目的:外读——留心作者简历、写作背景、学习重点、自学提纲等,认真揣摩;通读——把课文一气读完,把注意力集中到对课文内容的感知与再现上,力求形成整体印象;熟读——进一步熟悉课文内容,概括课文内容;捕读——捕捉关于全文信息的内容,如重点段、中心词句、形象生动的句子等。

局部分析。这是分析课文的关键一步。结构分析——涉及分段、概括段意、思路、主次等。要素分析——不同体裁的课文要素不同。如小说的人物、情节、环境,游记散文的游踪、风貌、观感等,记叙文的时间、地点、人物、事件,说明文的说明顺序、方法,议论文的论点、论据、论证方法,寓言的故事形象和寓意,等等。表里分层——先是通过词句等语言符号的分析感受形象、途径、画面或情节等,再通过体味、揣摩和分析理解内容所包含的内在意义。章法分辨——章法是指一章中各句的安排方法,常见的有层叠、详略、抑扬、宾主、虚实等。

整体升华。局部分析后,还需要来一番思维操作,达到真正的整体综合,让文道、分总、表里、主客等方面合拢起来,让内在的中心通贯全篇。可以从两个方面总结:一是从课文整体的外围透视内核,学会"因文悟道";二是从课文整体的中心反观体表,学会"缘道释文"。

3. 教材分析可以从哪些切入点展开?

一般来说,教材分析可以从以下切入点展开:

文眼法。文眼是文章艺术构思的凝聚点,分析课文时抓住了文眼,就等于抓住了理解全文的钥匙。

文体法。可以借助文体特点来展开分析。如分析记叙文,应抓六要素;分析诗歌着力从意境体味感情,领会节奏韵律的美;分析散文应抓住景物特征和感受;分析说明文要抓住说明对象的本质特征、顺序和方法;等等。

文脉法。实际上就是循着作者的思路,逐步进入文章的内在天地。文脉是阅读分析课文的本质。

文题法。标题是文章的"窗口",与中心总是存在直接或间接的联系,因而通过标题这扇"窗户"可以触及文章的中心。由于文章标题类型的多样化、灵活化、艺术化,决定了使用文题分析法时常和其他方法有关联。

文技法。文章的思想内容,是需要运用艺术技巧来表现,从艺术技巧入手,不仅有助于理解内容,而且对课文特点和作家风格都能有所把握。

（三）工作示例

【示例1】 苏教版二年级下册《欢乐的泼水节》

【分析说明】

"泼水节"是西双版纳傣族人民的传统节日。这一天,人们要到外面互相泼水,唱歌跳舞,尽情欢度。本文正是描叙这一节日盛况。值得注意的是标题中的"欢乐",修饰"泼水节",传达了傣族人民难以抑制的欢乐心情,同时也是文章中心的鲜明揭示。因此,分析这篇文章宜围绕揭示中心的词语"欢乐"来进行。

【课文分析】

这篇课文记叙了傣族人民欢度泼水节的情景,充分表现了傣族人民在这一天相互泼水和唱歌跳舞的欢乐心情,令人难忘。

全文围绕"欢乐"这一中心依次展开。

1. 开篇简要交代傣族人迎来欢乐节日。

火红的凤凰花开了,这正是泼水节所处的美丽春季,人们迎来了一年一度的泼水节。"迎来"二字表现了傣族人民翘首期盼、热烈欢迎的态度,心情何等愉快啊!而"一年一度"则显示了这一节日十分难得、不容错过,含有珍惜、重视的意思。为什么? 因为这一节日会带给人们无穷欢乐,使人难以忘怀啊!

2. 接着具体描写泼水场面,是全文重点。

先写人们早早来到大街上,"早早"一词反映了人们欢乐、急切、盼望已久的心情。而"提着桶,端着盆",表明人们早已做好泼水准备,到时候才能尽兴欢乐啊!

接着写早已准备好了的清水,在这清水里或"滴上香水",或"撒上花瓣",说明用水十分讲究,因为这是吉祥如意的象征,这水显然满贮着人们的欢乐之意,否则哪会连水都如此精心准备呢?

续写人们泼水场面。泼水开始了,大家"互相追赶"着泼水,向衣领里"灌",向身子上"泼",几乎是放开手脚,无所顾忌了,表现了人们尽情欢乐的情景。"老人、孩子、姑娘、小伙儿","人人脸上笑开了花",说明了不分男女老少,都来参加,人数很多,而"人人"则表示无一例外,"笑开了花"充分体现了人们欢乐无限,十分尽兴。

结尾交代泼水节的象征意义,正因为它象征着吉祥、如意、幸福,所以引来众多人员的参加,人人都非常投入。"怎么能不高兴"的反问句,进一步突出了人们的欢乐心情。

3. 收尾时略写了泼水节的其他活动。

先描写环境气氛——地上铺满了火红的凤凰花花瓣,空中回响着欢乐的象脚鼓点。"地上"、"空中"不只是空间转换,而且表明"欢乐"无所不在,而"铺满了"、"回响着"则显示了热烈程度,既与开头凤凰花遥相呼应,又把环境气氛渲染得如火如荼,令人神往。

次写人们的其他活动——唱歌、跳舞、赛龙舟、放烟花等,这样约略点示,既保证前面泼水场面的描写重点突出,又引发读者想象活动的欢快热烈的场面。"直到深夜还不肯离去"的交代和上文人们"早早地来到大街上"的描写相互照应,进一步突出人们在泼水节上欢乐无限。

范例引导

这则教材分析是从哪个切入点展开? 如何展开的?

【示例2】 学生实例:苏教版五年级上册《黄山奇松》教材分析

镇江高专丹阳师范学院 蒋婷 普文08班

《黄山奇松》是苏教版小学语文五年级第九册的第一篇描写祖国壮丽河山的写景散文,课文以生动的笔墨描写了黄山奇松美不胜收的各种姿态,抒发了作者对黄山奇松的赞叹和喜爱。这篇课文采用比喻、拟人、排比的修辞手法，以生动的笔墨描写了黄山奇松的各种姿态。

文章写了黄山的三大奇松，全文共3个自然段。每个自然段为一段，分别写了人们对黄山奇松的情有独钟，三大奇松的各种姿态以及三大奇松让黄山更秀美，全文紧扣"奇"来对黄山松进行描写，文字生动，意境优美。

1. 解题，紧扣"情有独钟"

黄山有四绝——奇松、怪石、云海、温泉，而人们唯独对黄山奇松情有独钟。下文由此展开，人们为什么对黄山情有独钟。

2. 质疑，黄山奇松"奇"在哪？

朗读课文第2自然段，体会黄山奇松的"奇"。首先是迎客松，抓住"质感有劲，饱经风霜，郁郁葱葱"这些词，写出了迎客松的郁郁葱葱，充满生机，生命力之旺盛。其次，运用比喻、拟人的手法写迎客松，"如同好客的主人伸出手臂"写出了迎客松的好客。接下来是描写陪客松，抓住"巨人"一词，写出了陪客松的高大，接着用拟人的手法，"在陪同游人观赏美丽的黄山风光"写出了陪客松的热情。最后写送客松，抓住"天然盆景"，作者把送客松比作天然盆景，说明送客松是没经过加工的，是天然的。

3. 总结留疑

总说了作者为什么对黄山奇松情有独钟，描写了黄山奇松的各种姿态，抓住"屹立"一词，写出了黄山奇松的挺立，抒发了作者对黄山奇松的热爱和赞叹。

拓展思考

这则实例的分析哪些地方分析比较到位，哪些地方还写得有欠缺？

（四）小组活动

1. 针对上面的任务《桂花雨》，小组讨论该篇课文的立意、思路、内容美、语言特点和重点词句段，形成记录文字。

立意：_____

_____

思路：_____

_____

内容美：_____

_____

语言特点：_____

_____

重点词句段：_____

_____

2. 根据所讨论的主要内容,尝试写这篇课文的教材分析,字数 300~400 字。

工作小结

　　通过对小学语文教材从编排特点到编排内容的熟悉,再到具体的立意、思路、语言、教材中的美等特色的分析,最后重点的词语、句子、段落进行解读和分析,这就是教材分析的过程,由此形成教材分析的文字稿,其实就是对以上内容的整理和疏通。这样就能为后面的语文教学提供一个准确的教材定位。因此小学语文教材分析一定要做到正确解读,突出重点,才能很好地为小学语文教学服务。

拓展与巩固

观念先行

　　请查阅资料后,将答案填写在下面横线上。
　　1. 大语文教育观思想

_____

_____

_____

　　2. "用教材教"

_____

_____

_____

_____

考察思考

　　1. 实地考察:选择一所当地小学,了解语文老师对教材的解读、把握和使用情况,写出一份分析报告。
　　2. 思考:《语文课标》提倡校本课程的开发,你如何看待语文教材和校本课程教材的关系?

巩固练习

一、名词解释

1. 小学语文教材

2. 语文能力

3. 小学语文教材蕴含的社会美

二、填空

1. 小学语文教材的特点有 _____、_____、_____、_____、_____。

2. 课文分析需要找准切入点，可以用_____、_____、_____、_____、_____等方法进行。

3. 课文分析的基本步骤是：_____。

4. 语文能力是指_____;语文课程应致力于_____。

三、简答

1. 苏教版教材的编写特色是什么?

2. 分析一篇课文的立意应从哪些方面着手?

3. 你如何认识小学语文教材的艺术美？

4. 小学语文教材分析与小学语文备课是怎样的关系？

模块二

小学语文教学常规技能

引导与准备

编者的话

　　小学语文教学常规,指的是在小学语文教学过程中,经常运用的、最基本的工作程序,一般包括备课、上课、听课、评课、说课、批改作业、辅导、考查和写教学笔记等项目。师范生做好这些项目,是落实小学语文教学基本功训练,完成小学语文教学任务,提高教学质量的基本环节。

　　本模块的训练主要侧重在备课、听课、评课和说课项目。上课项目尽管是教学常规中的重要环节,但是在模块二的学习中师范生未深刻体会上课的具体过程,在常规训练中只需做一般要领的认知,具体的操作要与小学语文教学实施模块结合起来进行。

模块目标

1. 熟悉小学语文教学常规,掌握小学语文教学的一般程序;
2. 重点掌握备课、听课、评课、说课的操作要领。

引导与思考

1. 小学语文教学常规包括的项目很多,你认为主要有哪些项目? 为什么?

2. 在小学语文教学常规中,你认为最重要的是项目什么? 为什么?

工作与技能

项目一　备课技能

要点引导

要想上好语文课,课前必须做好一系列准备,这些准备统称为备课。一般包括熟悉《语文课标》、钻研教材、了解学生、确定教学目标、选择教学方法、编写教案等方面。

备课是提高课堂教学质量的关键性的环节,最主要的是解决"教什么"和"怎么教"的问题。

编写教案是备课的最后环节,教案是全部备课工作的直接产物。

工作任务1　钻研教材

《语文课标》在"教学建议"部分指出,教师"应认真钻研教材,正确理解、把握教材内容,创造性地使用教材"。钻研教材是备课工作的关键环节,是确定教学目标和教学方法的重要依据,也是教学得以顺利展开的基本保证。钻研教材应当按照从整体到局部的顺序进行。

达成目标

1. 掌握对整组教材进行教学分析的过程和方法。
2. 掌握对单篇教材进行教学分析的过程和方法。

工作过程

（一）出示任务

讨论交流：苏教版三年级上册第二单元。

1. 本单元是如何构成的？

2. 如何对本单元进行教学分析？

3. 以《北大荒的秋天》为例，试对本篇课文进行教学分析。

附:《北大荒的秋天》课文

（二）知识储备

1. 老师在钻研教材时应该做好哪些准备工作?

老师在备课时的准备贵在平时的用心积累。处理一篇课文的备课工作,首先老师需要具备以下一些知识的铺垫:

熟悉《语文课标》——主要熟悉《语文课标》的总目标和所教年级的阶段目标,要特别注重阶段目标对教材分析的指引。阶段目标虽不是针对具体的教材的分析,但是它为老师的备课指明了方向。同时还需要关注"教学建议"和"教学评价"的相关表述。

通读全套教材——备课时对教材的认识需要有整体观和全局观。语文老师不仅要熟悉自己所教年级的教材,更需要对全套教材的内容安排做到心中有数。在本年级的教学中需要考虑上下年级教学内容的衔接,同时对全册教材需要从教材的建构、内容和教学要求等方面做整体了解。

从熟悉《语文课标》到通读全套教材,再到熟悉一册教材,从整体上有了全面认识后,就为顺利进行一组(单元)教材、一篇课文的教学打下了基础。

2. 备课时为什么要了解学生? 从教学的角度怎样了解学生?

是否了解学生的情况,关系到能否有效地凭借教材进行语文文字训练,能否顺利完成教学任务。老师在教学中要想做到深浅适度,切合小学生的实际,就必须了解自己的教学对象,加强教学的针对性。

了解学生可以从两个方面入手:

了解学生的基本信息。如学生的思想、生活和学习情况,学生学习语文的态度和方法,学生课外阅读和其他语文活动的情况,学生智力发展情况,等等。

就一篇课文来说,需要了解课文的思想内容有哪些是学生已经掌握的,哪些和学生学过的课文有联系,哪些和他们的生活实践、情感体验有联系,哪些是距离学生实际生活较远而难以理解的,课文哪些表达形式是学生熟悉的,哪些是他们生疏的,哪些语言文字他们容易读懂,哪些是比较难以理解的,等等。

(三)分析示例

【示例1】 单元整体分析:苏教版五年级上册第一单元分析

课文安排

第一单元共选编3篇课文,用不同的文学体裁反映孩童生活的内容。第一篇文章是回忆性的记叙文,第二篇文章是演讲稿,第三篇则是古诗。

《师恩难忘》作者通过对自己上一年级时,一位教学有方的田老师的回忆以及后来相遇时情景的描述,抒发了对老师的尊敬和感激之情。文中对小诗描绘的画面与田老师所编的故事既有区别又有联系,充分体现了田老师"口才、文笔都很好"的高超教学技艺。教学中,要抓住重点,分几个层次,让学生在丰富多彩的语言实践活动中细细体会。同时,田老师的教学方法对我们今天的语文教学不无启迪:持之以恒,用语言本身的魅力激发学生对语文的热爱,必然会获得成功!

《陶校长的演讲》这篇演讲稿要求学生每天从健康、学问、工作、道德四个方面问问自己,以此激励和鞭策自己不断进步。演讲,是在群众集会或者重大的会议上,就某个问题或某个事件说明道理、发表讲话。从本质上说,演讲稿属于议论文文体。明白了这一点,我们就知道陶校长的"四问"实际上阐明了他的四个观点。教学时,根据文本的特点,可以采取先扶后放的办法,重点指导学习第二自然段,然后放手让学生自学。因为演讲在今天的生活中很有生命力,所以老师还要结合学生实际,开展相应的语文实践活动。

《古诗两首》中两首古诗均是五言绝句,语言清新、平白、简易。《寻隐者不遇》以问答的形式,叙述"寻隐者不遇"这件事。《所见》向我们展示了牧童捕鸣蝉时动静结合、活泼有趣的画面。这两首古诗通过语言和动作表现孩子天真无邪的特点,表达诗人对山林、田园生活的向往和热爱。教学时,可抓住"问"和"见"来整体把握。

习作安排

本单元的习作练习是"写一写你的老师"。在习作引导中以课文《师恩难忘》

作为切入点,并延伸学生习作范例《我的班主任》,指明写作的具体要求,抓住具体事情来写。这样的安排体现了"读写"结合的思想,让学生通过课文的学习学以致用。

练习安排

在"语文与生活"和"诵读与欣赏"板块,都安排了与诗歌有关的内容,有童趣,有生活的情景,是学生学习古诗后的延伸和拓展。教学中应注重联系生活实际,注重诵读。

口语交际的安排内容是"学会请教"。这是五年级学生走向社会和生活的开始。注重语文实践活动,发展自己的能力,这部分教学与《陶校长的演讲》可以结合起来。本册教材在后面的单元中安排了口语交际部分形成系列社会生活的实践活动,如"学会拒绝"、"小小新闻发布会"、"设计一条公益用语"等。这部分的内容可以在模拟的生活情境中来学习。

小提示

1. 一个单元中的各篇课文要在相似的话语情境中,围绕共同的教学目标组合在一起,形成一股合力。

2. 明确教材中的各种要素如何组织,形成一个什么样的结构,是教材分析的关键。

3. 要通过对一组教材的研究,了解语文文字训练的重点、要求。

4. 在单元分析中,可以初步考虑各篇课文的教学侧重点和几篇课文之间的联系点。

5. 苏教版在高年级的单元设计中,体现了"读写"结合的思想。

【示例2】　单篇分析:苏教版五年级上册《师恩难忘》

1. 扣题导读

本文题为"师恩难忘",那么"恩"在哪里?作者"难忘"的又是什么呢?我认为"难忘"有两个层次:浅层次的是田老师四年里讲了上千个引人入胜的故事;深层次的是田老师在作者"幼小的心田里,播下了文学的种子"。而这点也正是"恩"之所在!为什么这样说呢?因为作者同班这么多学生,也同样听了上千个故事,但有他那样的文学造诣的有几人?正是因为有了田老师播撒下的这些"种子",才引领着作者走进了文学殿堂,取得累累硕果!作者原题为"老师领进门"恐怕意即在此。正因如此,作者对田老师也就格外感激,对这份恩情也就格外难忘。这同样是课后第三题所要探究的。因此,我觉得有必要向学生介绍刘绍棠先生,特别是要了解刘先生所取得的文学成就,"知人论世"理解起来就容易多了。

2. 品词析段

《师恩难忘》是根据我国著名作家、当代乡土文学的举旗人刘绍棠先生的作品《老师领进门》改写的。文章叙述平实,语言质朴、情感真挚。在刘先生的悠悠回忆中,爱讲故事、善讲故事的田老师的形象便悄然树立在我们面前。

这篇课文通俗易懂,可以抓住一些关键词,如:娓娓动听、身临其境、引人入胜。寥寥数笔生动形象地勾勒出田老师绘声绘色讲故事的情景,引导学生去体会这些词语,感悟其中蕴藏着的作者感情。

课文的最后3段是作者回忆田老师上课情景后的感想,语言浅显却耐人寻味,从不同的侧面抒发了作者对田老师感激、敬佩、赞美之情。第7节写出了田老师像一个辛勤的播种者,播下又多(上千个故事)又好(引人入胜)的种子,为作者开出绚丽的文学之花奠定了基础。第8节用自己的行动写出了作者对田老师的敬重。第9节倾吐出作者对田老师浓浓的敬意,"百年树人"是对老师工作艰辛的赞美和伟大的赞美。因此,需要引导学生在静悄悄的阅读中去体会品味。

3. 揣摩写法

本文的写法也颇具特色:(1)抓住最能体现人物特点的事例来写。(2)田老师讲了上千个故事,而作者只具体写出了其中一个故事,虽没有面面俱到,但通过这一个故事就能感受到田老师所讲故事的精彩,给人留下深刻的印象,这叫"点面结合"、"以少胜多"。(3)除了通过"娓娓动听"、"引人入胜"等词句直接写出田老师讲故事的精彩,还通过"我"沉醉其中的反应来衬托,正面和侧面描写相结合。这些不正是写人文章的一般写法吗?需要引导学生领悟这些基本的表达方法,再引导学生将这些方法转移到对课前作文的修改中,活学活用,及时巩固。这样的"读写结合"不但扎实了一篇课文的学习,又可顺带着完成习作,提高效率。

> 单篇文章分析的基本方法:
> 1. 通读全文,初步了解课文的语言和内容。
> 2. 理清课文结构,把握作者思路,理解课文思想情感。
> 3. 研究作者是怎样运用语言文字表达思想内容的,明确课文内容的特点。
> 4. 研究课文中有哪些语言文字的训练点。
> 5. 基于以上分析,理清课文的教学目标和教学重点。
> 6. 有效利用教学参考书和其他教学参考资料。

小提示

特级教师陆继椿总结他备课的体会：

钻研教材不同于自己平时读书。

在反复阅读课文过程中，我总围绕大问题思考：文章写了什么内容？思路怎样？好在哪里？最主要的特色是什么？作者为什么要这样写？要突出什么作为读写的例子？读写教学如何进行？有没有教学中可能遇到的疑点和难点？怎样引导学生解决？文章有无不足之处？

我坚持独立思考，没有心得决不看教学参考书。

（四）小组活动

1. 对苏教版三年级上册第二单元的教材钻研任务进行再讨论。

2. 小组合作：写出单元分析内容和《北大荒的秋天》课文分析内容。

_____

_____

_____

_____

_____

3. 上网查阅相关单元的教材分析，比较自己在分析中的得失。

_____

_____

_____

_____

工作任务2 设计教学目标

课堂教学目标是指课堂教学活动预期要达到的学习结果。《语文课标》在"总体目标与内容"部分指出："课程目标从知识与能力、过程与方法、情感态度与价值观三个方面设计。三者相互渗透，融为一体。目标的设计着眼于语文素养的整体提高。"

达成目标

1. 学会从知识与能力、过程与方法、情感态度与价值观三个方面制定课文教学目标。

2. 学会评价一篇课文的教学目标。

工作过程

（一）出示任务

1. 思考：你认为制定一篇课文的教学目标的依据是什么？

2. 请你评价《北大荒的秋天》的教学目标。

（1）能力目标：能正确、流利、有感情地朗读课文，背诵课文。

（2）知识目标：学会本课生字。

（3）情感目标：通过对课文的诵读感悟，知道北大荒是个美丽富饶的地方，培养学生热爱祖国的思想感情。

3. 请你试着为《北大荒的秋天》设计教学目标。

（二）知识储备

1. 什么是教学目标？如何理解？

教学目标就是指通过教学活动,学习者在知识与能力、过程与方法、情感态度与价值观等方面发生的预期变化。确定教学目标,一是要了解课程标准各学段目标,二是明白所在单元教学目标,三是清楚课文教学目标,四是落实每一课时的教学目标。

2. 确定一篇课文的教学目标的依据是什么？

一篇课文的教学目标的制定,不同的老师根据不同的情况,会制定出不同内容的目标。这就需要我们能有一个统一的制定标准,表述语言可以不同,但是达成的主要目标要大体一致。

一篇课文的教学目标的制定,主要依据《语文课标》对该学段的目标定位、单元教学目标、课文后面的练习题和学生的语文学习情况等方面来确定。其中课文后面的练习题是重要参照的依据。

3. 怎样制定教学目标是恰当的？

一般教学目标的制定,是从知识与能力、过程与方法、情感态度与价值观三个方面来确定,但是需要做到全面、具体、突出重点。

全面:就是要考虑这三个方面在一篇课文中的体现,此外还包括智力因素(如观察、记忆、思维、想象等)和非智力因素(如意志、兴趣、习惯等)。"全面"不是一定要在每篇课文的教学目标的制定中面面俱到,而是要在思考中注意到目标制定的全面性。

具体:就是在目标的表述上要清楚明白,不是笼统表述。如"掌握本课生字词"的表述就过于笼统,应该明确到掌握哪几个生字词,理解哪些词语、句子等。对于教学要达到什么程度,也要提出具体的操作要求。

突出重点:上面全面思考的结果就是在一篇课文里应突出哪些目标,三个方面的整体发展落实到每篇课文里是各有侧重点的。

4. 教学目标的表述怎样做到具体？

这里简单介绍两种表述。

行为性目标的陈述:即利用预期学生学习后将产生的行为变化来陈述目的。如"能概述课文大意"应陈述为"通过分析课文的段落、归纳段意,能概述课文大意"。

表现性目标的陈述:即规定学生应参加的活动,但是不精确到每个学生应从中习得什么。如"激发热爱祖国美丽风景的意识",用表现性目标可以这样陈述:"能带着喜爱的感情,声情并茂地朗读《九寨沟》一文,并在小组内谈谈自己的读后感。"

（三）分析示例

《师恩难忘》的教学目标三例。

【示例1】

（1）正确、流利、有感情地朗读课文。

（2）学会本课8个生字,理解由生字组成的词语。会用"娓娓动听"和"身临其境"两个词语造句。

（3）通过对课文语言文字的朗读品味,体会作者对老师的感激和怀念之情。

【示例2】

（1）正确、流利、有感情地朗读课文,并理解含义深刻的句子。

（2）认识并正确、规范地书写本课的生字,理解由生字组成的词语。

（3）体会作者对老师的感激与怀念之情,培养学生尊师、爱师、亲师的感情。

【示例3】

知识与能力:

（1）会读会写本课生字。

（2）通过朗读课文,理解"身临其境"、"起承转合"、"娓娓动听"等词及句子"十年树木,百年树人"、"无心插柳柳成荫"的意思。

过程与方法:

（1）通过多种形式的朗读,让学生理解课文内容。

（2）通过学写摘录笔记和阅读名句格言等,学习积累词句的方法。

情感态度与价值观:

初步体会"师生"间感情的珍贵,明白老师对自己教育的良苦用心,从而以百倍热情投入到学习中,回报老师的付出。

点评

三例教学目标都体现了共同的目标达成,如掌握生字、感情朗读、情感体会。但是在各自的表述上却有不同:

示例2中,"理解含义深刻的句子"是哪些句子,表达不清楚。语言表述:"培养学生尊师、爱师、亲师的感情"中,"培养"一词的表述不是从"学"的角度,而是从"教"的角度,在现在的教学目标表述里不提倡这样的用词。一般可以用"能……"、"列举……"、"概述……"等用语,体现"学生是学习的主人"理念。

示例3中,从三个方面来制定教学目标,共制定了5个目标,显得太全面。首先教学目标的制定不能人为割裂成"知识目标"、"能力目标"、"情感目标"等这样的表述,因为一条目标里,涉及的不仅有知识,可能还有能力或者其他方面。如"正确、流利、有感情地朗读课文"这一目标里,就涉及知识、能力、情感三个方面,如何规定它属于什么目标呢? 其次5个教学目标能否都在课堂里有效实施呢? 这篇课文制定5个教学目标过多了,学生也不宜全部掌握到位。

相比较而言,示例 1 的教学目标制定较为科学准确。每一个目标都有可操作的程序体现在其中,如"通过对课文语言文字的朗读品味,体会作者对老师的感激和怀念之情",这个目标里对老师情感的体会是通过"朗读品味"来做到,具体易操作。同时语言表述也很简洁、到位。

> 制定教学目标应注意:
> 1. 教学目标的行为主体是学生;
> 2. 目标陈述尽量避免模糊性,力求准确、具体,便于测量;
> 3. 目标中所反映的学习结果应具有明显的层次性。
> 4. 一篇课文的教学目标一般制定 3～5 个,分配到每课时有 2 个目标左右。
> 5. 制定教学目标,需要考虑学段因素。

（四）小组活动

1. 小组评价自己制定的《北大荒的秋天》教学目标,并做及时修改。

2. 请你分析以下教学目标的不合理之处。

【案例一】《古诗二首》教学目标:
（1）培养学生有感情地朗读课文及背诵。
（2）培养学生的想象能力。
（3）培养学生学习古诗词的兴趣。

【案例二】
（1）认知目标:学会本课的 11 个生字(其中"韧"字只识不写),理解生词。
（2）技能目标:能正确、流利、有感情地朗读和复述课文。
（3）情感目标:
a. 通过有感情地朗读和复述课文,了解演讲的特点,明白为什么要做到"每天四问"，培养学生不断激励和鞭策自己的好习惯；

b. 积极主动地探索新知。

3. 请制定苏教版三年级上册《西湖》的第一课时、第二课时教学目标。

附:《西湖》课文

课文

6 西 湖

杭(háng)州素有"人间天堂"的美称。西湖，就是镶(xiāng)嵌在这天堂里的一颗明珠。

站在柳丝轻拂的西湖边放眼远眺(tiào)，只见湖的南北西三面是层层叠(dié)叠、连绵起伏的山峦(luán)，一山绿，一山青，一山浓，一山淡，真像一幅优美的山水画。平静的湖面，犹如一面硕(shuò)大的银镜，一群群白鸥掠过湖面，在阳光下一闪一闪的，好看极了。

围绕着西湖的是一圈树木织成的绿色

银边。十里明湖中，葱绿的孤山显得格外秀美典雅。孤山东边的白堤和西南的苏堤，就像两条绿色的绸带，轻柔地漂浮在碧水之上。湖心的三个小岛——小瀛(yíng)洲、湖心亭、阮(ruǎn)公墩(dūn)，掩映在绿树丛中。明净的湖水晃动着绿岛和白云的倒影，仿佛仙境一般。在这如画的西湖边走一走，看一看，怎能不令人心旷神怡(yí)呢！

月光下的西湖，又是一番景象。夜幕初

工作任务3 编写教案

编写教案是备课的最后一个环节,是上好课的基础。编写教案需做到科学合理,准确无误,重难点突出,使用起来方便顺手。教案编写的质量如何,直接影响到每一节语文课的教学效果,因此必须认真对待。

达成目标

1. 掌握教案编写的主要环节。

2. 学会教案编写的基本格式。

3. 体验教案编写中的语言表述。

工作过程

(一)出示任务

1. 经过对教材的钻研、解读,最后怎样形成一份完整的教案?

2. 以下是一份实习生的教学简案的设计,你认为有什么问题?

《英英学古诗》教案

第一课时

【教学目标】 初读课文,学会本课生字,理解词语。

【教学重点】 掌握生字词。

【教学过程】

一、谈话导入

同学们,谁能背一首古诗给大家听听。今天我们要学习的课文的一个小学生把在校学习的一首古诗背给奶奶听的。

二、板书课题

英英学古诗

三、初读课文

1. 看图出示投影片

学生说图意

小结:画面上是英英和奶奶正在说话。

2. 自学课文

(1) 教师讲述对话的书面形式。

(2) 借助拼音轻声读课文,画出不认识、不理解的词语。

(3) 会读本课生字,识记字形。

(4) 理解下列词语

故乡　明亮　意思　不由得　家乡　唐代

3. 检查自学效果

(1) 出示字词:

教　一首　故乡　静夜思

(2) 指名读准每个带点的字音。

(3) 了解词语掌握情况:

故乡　唐代　不由得

4. 通读课文

轻声读课文。指出:文中人物名只默记心中,不读出来。

5. 理清脉络

课文中英英和奶奶各说了几次?

(英英三次,奶奶二次)

每次各人都说了些什么?

小结:英英和奶奶的对话里有说有应,有问有答。内容完整,层次清楚。

第二课时

【教学目标】

1. 能正确、流利地朗读课文,背诵《静夜思》。

2. 认识对话的书面表达形式。

3. 激发学生学习古诗的兴趣。

【教学重难点】　读懂诗的意思。

【教学过程】

一、学习《静夜思》

1. 板书课题,解释诗题。

"静夜"意思就是"静静的夜晚","思"就是"想念"的意思,合起来"静夜思"就是在静静的夜晚有着深深的思念。

2. 看图。

出示投影片《静夜思》。

(1) 图上出现的是什么人? 你从哪里看出来的?

(2) 从图上看,他正在做什么?

3. 学诗句。

(1) 指名读《静夜思》。

(2) 这首诗有几句? 现在我们逐句来学习。

第一句

(1) 指名读。

(2) 这句诗,英英是怎样理解的? 请默读英英第二次说的话再回答。

(3) 为什么英英知道这是秋天的夜晚呢?

理解"霜"、"疑是"。

第二句

(1) 指名读。

(2) "举头望明月"中的"举头"是什么意思? 为什么要"举头"?

(3) 想象一下,诗人抬头望明月会有什么样的感受?

指名读英英对全诗的解释。

齐读《静夜思》。

4. 朗读指导。

二、朗读课文,练习背诵

1. 揭示板书,引导背诵。

2. 分两个大组,交替背诵。

三、写字指导

点评

3. 什么样的教案才是合格的教案? 试说说你的看法。

4. 怎样编写《北大荒的秋天》一课的教案?

(二)工作示例

【示例1】 苏教版一年级下册:《这儿真好》

丹阳市荆林学校小学部 束媛

【教学目标】

1. 认识本课生字词,精读课文,理解课文内容,朗读感悟。

2. 了解小熊是怎样找到朋友的,知道"这儿"好在哪里,教育学生从小要懂得爱护环境。

【教学重点】

1. 读书感悟小熊是怎样找到朋友的,知道"这儿"好在哪里。

2. 写好"连"、"忙"二字。

【教学难点】

让学生通过读书感悟到找朋友和种树之间的联系,明白保护环境的重要性。

【教学过程】

一、复习导入

今天这节课我们继续学习——《这儿真好》。上节课我们初学了课文,老师来考考你们把课文中的词语掌握得怎么样了? 先看一遍。

出示词语:

一座　　天空　　云呀云　　不说话

一年　　大象　　连忙　　　高兴极了

(先按顺序读词语,再指名让一学生当小老师领读)

老师:大家读得真棒! 词语考试通过了,下面老师来考考你们把课文掌握得怎么样了?

二、精读训练

1. 自读课文第1段,读完想一想:你读懂了什么?

老师:(黑板上贴荒岛图,出示词语"荒岛")什么叫荒岛? 海中间的一块陆地就叫岛,岛上什么也没有就是荒岛。现在岛上有一只小熊。(在岛上贴小熊图)还有人吗?

老师:孤零零是什么意思?

老师:你有过孤单的时候吗? 那时候你是什么样的心情?

老师:你能带着这种心情来读这个词语吗? (出示词语:孤零零,指名读)老师把它放到句子中去你还能读好它吗? (出示句子:小熊感到孤零零的,每天睡觉都梦见跟许多朋友在一起玩。)

2. 老师:小熊多难过呀! 他多想要朋友呀,你看谁来了? (课件出示白云图,指名学生读第2自然段)课文中有一个词能看出来小熊非常想找到朋友? (连忙)

老师:换一个词语可以怎么说?

老师:谁来帮小熊问一问云? (指名学生有感情地读课文,读好"连忙"的语气和小熊急于想找到朋友的心情)

3. 老师:可云儿是怎么回答的呢? 一起看课文第3段。(学生齐读课文,回答)云儿是什么意思呢? 你明白了吗?

过渡:看来,要想找到朋友,得马上行动起来。小熊跟小朋友一样聪明,说干就干,请大家读一读它是怎么做的。

(出示第二句话:小熊明白了,他在岛上种呀种,种了许多小树苗。)

谁来读一读,评一评,提醒学生一边读一边想象一下种树的情景。

评价:(1) 请大家注意这个"种呀种",要想把小树种好可不容易,得做哪些事,吃哪些苦? 比较有"种呀种"和没有"种呀种"的区别。

(2) 注意:许多

老师:小熊可吃了不少苦,流了不少汗。一年,两年,小树苗长大了,(课件出示漫山遍野、绿叶成荫的画面)你看了有什么感觉? 带着这种感觉读好这两个词。

5. 老师:小岛变得这么美,小熊有没有找到朋友呢? 自己读课文的第4、5、6自然段。(学生读课文)老师在课文中找到这样两句话:(出示"啊,这儿真好! 我就住在这儿吧!"和"啊,这儿真好! 我们就住在这儿吧!")这里的"我"和"我们"指的是谁?

老师:谁来做这只小鸟,读一读小鸟的话。

出示:一只小鸟飞来了:"啊,这儿真好! 我就住在这儿吧!"

(真是一只快乐的小鸟。注意两个感叹号了吗,小鸟来到这儿可开心了,谁能再开心一点。如果加上动作和表情,会更棒的!)

许多小鸟飞来了,都在这儿住下了。还有其他小动物呢,谁愿意来读一读?

出示:远处的小鹿啊,小象啊,小猴啊,也都划着船来了:"啊,这儿真好! 我们就住在这儿吧!"

老师:还会有哪些动物也来呢? 它会说什么呢? (学生说动物,说课文中的句子,进行角色体验)

6. 现在你就是这些小动物中的一个,谁来说一说你为什么要把家安在这儿啊?

出示:我是( ),因为这儿( ),所以我要把家安在这儿。

(自己先练着说一说,再指名回答)

植树造林还有更大的好处呢! (老师补充说明植树造林的好处)

小岛上现在可热闹了,小熊天天可以和朋友尽情玩耍,他高兴极了,让我们一起读一下最后一小节。(学生齐读第6段)

三、总结延伸

现在这儿满山是绿树,遍地是鲜花,环境多美呀,勤劳的小熊把荒岛变成了绿岛,它创造了这么美好的环境,也为自己赢得了朋友。如果我们来到这儿,也一定会情不自禁地赞叹——(读题)这儿真好! 小熊想给现在的小岛取个名字,谁来帮它想一个好听点的名字。

提示：美丽岛、可爱岛、动物岛、森林岛、快乐岛、幸福岛……

四、学习生字

1. 出示生字：连　忙

2. 让学生讲这两个生字的偏旁和结构。

3. 说说写这两个字的注意点。

4. 老师示范写，学生描红、临写。

5. 给这两个生字分别找朋友——组词。

五、板书

16　这儿真好

荒岛

植树↓造林

幸福岛

……

【教后反思】

《这儿真好》是一篇童话故事，描写了居住荒岛的小熊感到孤单，想寻找朋友，在云朵的提示下营造树林，终于迎来许多朋友的故事。由这个故事生动形象地告诉了我们要创造美好的生态环境、建设可爱的绿色家园，以及改善环境、保护环境的重要性。

一、学生是学习的主人

在课堂教学中，我把读书的主动权还给学生，点燃了学生的读书热情，适时自读感悟，全身心地投入读书活动中。借助学习背景，通过角色体验，展开丰富的联想，完全融入了情境之中，使学生真正成为学习的主人。实践证明：只有把学习的主动权还给学生，让全体学生投入其中充分参与活动，才能让学生的自主性、独立性和独创性充分显现出来。

二、在品味词语中训练语感

词是语言文字的最小单位，表达一定的意义且能独立运用。理解词语是理解感悟文本的基础。训练学生品味词义，领悟词情，在具体语言环境中感受用词的准确生动，是训练语感的重要途径之一。如对"孤零零"、"种呀种"、"漫山遍野"、"绿叶成荫"、"高兴极了"等词语的理解，或结合生活实际，或创设情景，或朗读，或表演……让学生充分感受小岛环境的变化、小熊心情的变化。

三、创设良好情境

心理学研究表明：人在轻松和谐的环境里，思维才表现得最活跃。相反，在压抑的环境里，在禁锢的课堂教学气氛中，是很难产生创造性思维的。动画的演示，创设了"小熊找朋友"的情境，提供轻松、和谐、愉快的空间，吸引了学生的注意力，激发了学生的情感,使他们愉快地进入学习。

在教学过程中,运用动画演示,创设了与课文相和谐的情境。随着"一大片树林"的呈现,学生渐入佳境,学生的思维活跃起来,各种美妙情景随之而来:小草、鲜花、小河、果树……学生来到"荒岛"上,进入"小熊"的角色之中,深刻体验小熊的"孤单、渴望朋友"的心情。懂得"寻找朋友"与"植树造林"之间的联系:改善、美化环境对于寻找朋友的积极意义。

最后,学生在各种小动物的角色扮演中充分体验到美好的环境给大家带来的欢快、愉悦之情。

正是这种良好的情境,使得学生思维自由飞翔,学生的想象能力、创造能力得到充分发挥。通过逐步层层体验,最终升华明理,知道改善环境、保护环境的重要性。

【示例2】 教案编写的基本格式

1. 课题

2. 教学目标(包括知识目标、能力目标、情感目标)

3. 教学重点、难点

教学重点:

教学难点:

解决办法:

4. 教学方法

(主要指课堂提问、讨论、启发、自学、演示、演讲、辩论、难点的突破、重点的突出、例题的选择等)

5. 教学过程

课堂导入:

讲授新课:

(包括教学环节、教师活动、学生活动、教学板书、作业安排等)

(教学内容是整个教案的主体部分,既体现出教学活动的逻辑程序,又要划分出若干环节或步骤,并考虑到它们的时间分配、具体方法的应用,相互间的衔接、过渡,以及教学过程与板书的协调,等等,充分反映出教师教学设计思想,体现了教师的教学经验和风格)

6. 课后小结

(课后小结是教案执行情况的经验总结,目的在于改进和调整教案,为下一篇课文的讲授设计更好的教学方案。应全面审视教学过程,特别注意对意外发现、点滴收获,以及因个别疏漏而及时补充的方法等方面内容的撰写)

【示例3】　表格式教案格式：

《课题》教案

单位：_____年级：_____设计者：_____时间：_____

课　题		课　型		案　序	第×课时
教学目标					
教学重点					
教学难点					
课前准备(教具、活动准备等)					
教学过程					
教学步骤	教师活动		学生活动		设计意图
一、导入 二、新授 三、总结 四、拓展					
板书设计：					
作业布置：					
教学后记：					

（三）知识储备

1. 教案的构成要素有哪些？

教案的编写没有固定格式，但是一篇完整的教案需要包含的要素有：课题、教学目标、教学重难点、课时安排、教学过程、板书设计、作业安排等。

其中教学目标、教学重难点、课时安排等属于一篇课文在教案编写中的整体设计，而教学过程、板书设计、作业安排等就是围绕前面的整体设计而进行的具体展开。

在这些要素里，有一些要素是必不可少的，如教学目标、教学重难点、课时安排、教学过程等。还有些要素是在教案编写中根据需要补充进来，如教学设想、教具准备等。教学方法和学习方法可以突显在教案格式里，也可以隐藏在教学过程中。

2. 教案编写有哪些形式？

从教案形式上，可以分为详细教案、简明教案和微型教案。

详细教案又称详案。这种教案内容要周全和具体，甚至对每一个教学环节所需时间都要有大致的安排。这种教案便于系统记载教学内容,全面把握教学过程,适宜于经验不足的实习老师和新上岗的老师。

简明教案又叫简案或教学提要,是对详细教案的简化。它往往只写出教学的最基本内容,篇幅短小,适用于经验丰富的老师。

微型教案也称卡片教案。这种教案把教学内容尽量简化,只将最基本的教学步骤或必要的板书写在卡片上。上课时可以同时看到教材和教案要点,防止遗漏某个环节。对于经验丰富的老师来说,结合课本上的备课和运用微型教案卡片,教学也能得心应手。

3. 教案和学案有什么区别?

教案的编写,往往是以自我为中心,以教材为内容,注重的是对学生知识性的传授;而学习方法的习得,相对于学案就少得多。在运用教案的过程中,教师往往注重的是老师教的方法与过程,突出的是"教什么、怎么教"。

学案不同于教案,学案是在教师钻研了教材之后,要充分站在学生的角度编写出自学提纲式的学习课文的步骤,并要给学生提供操作方法。它引导学生循着老师所指的路线,一步一步独立地学习课文,突出的是"学什么,怎么学",使学生在学习中不仅知其然,而且最好能知其所以然。两者区别如表 2-1 所示。

表 2-1　教案和学案的区别

项目	教案	学案
目的	为教师上好课,预设教学方案	为学生自学,提供指导学习方案
性质	着眼于如何"教" 侧重于使学生"学会"	着眼于"学" 侧重于使学生"会学"
角色	侧重教师主导	侧重学生主体,主动地"学"
表达	界面规整,表达严整,多用书面语	界面亲切,表达生动,多用口语

教案要从重视教师"教"的构思转向重视学生"学"的引导。教师的职责不仅在于"教",更在于引导学生"学",学生不仅要"学会",更要"会学"。教师备课要突出引导学生学习的过程设计,根据"学"的特点,设计教的方案,教案也应体现学习方法的指导。

(四) 小组活动

1. 请你分析下列教案设计片段有什么问题? 如何修改才好?

【案例一】　实习生的《燕子》第 1 段教学设计

(1) 指名读第一节。

(2) 燕子长得什么样? 课文是从哪几方面来写燕子的? 你觉得燕子美吗?

(3) 齐读课文第一节。

【案例二】　实习生的《普罗米修斯》导入设计

导入,引导学生回顾故事大意:

同学们,今天我们继续来学习第三十一课《普罗米修斯》。上节课我们已经初读了课文,现在请快速浏览一遍课文,并试着完成老师出示在屏幕上的问题。(故事中出现了哪几位天神? 你能根据他们的名字简单地把故事串联起来吗?)

1. 板书天神的名字。

2. 引导学生更加简洁地概括文章大意。

【案例三】　《桂花雨》教案节选

品读"浸"

老师:当你读这句话时,哪个词突然冒出,给你留下深刻印象?

学生:浸。

老师:好好品品这个"浸"字,轻轻读,慢慢读,读出"浸"的味道来。

老师:杭州小山的桂花香飘十里,为什么家乡的桂花不用"飘"呢? 用上"飘"读读。想想为什么?

学生:用"浸"更体现出桂花的香气。

学生:体现出桂花香气散发的地方更多。

学生:桂花香气时间比较久。

老师:有多久?

学生:全年。

小贴吧

　　师范生对于教案的编写仅是停留在"纸上谈兵"的阶段,目的不是为了教学,而是指向教案编写的实训,因而他们对于教案编写缺乏真正的课堂感,在编写中出现一些误区是可以理解的。但是我们不能因此而不思改进,要积极获得模拟的课堂效果,甚至利用实习环节走进真实的小学语文课堂,用自己的教案去尝试上课。在实践中发现问题,解决问题,教学技能才能得到有效的提升。

2. 请认真阅读刊物中所选的教案设计,运用所学知识进行点评。

_____

_____

_____

3. 小组讨论,各自撰写《北大荒的秋天》的课时教案。

要求:格式完整、编写规范。

4. 到小学了解教案编写的情况,并观摩小学语文老师的教案,思考自己教案编写方面的欠缺和不足。

_____

_____

_____

工作小结

备课技能的获得并非一日之功,而是需要多方面素养的形成做铺垫。作为一名小学语文老师,在备课中最主要的是对教材的解读和准确定位,这就需要以自身的文学素养作支撑,需要写作知识作辅助,同时还需要考虑学生接受程度,了解学生的心理等。因此,小学语文老师应该是一个杂家,各方面都要懂一点,都要多接触。

个性化备课是备课的较高境界,是值得倡导的。但是作为师范生,首先要做到对教材的准确解读,在具体的操作中应该从模仿起步,在学习他人的做法中获得自己的认识。

项目二 听课评课技能

要点引导

听课和评课是教学工作中一项经常性的活动,也是教师提高教学能力的途径之一。对师范生来讲,听课、评课的目的是为了学习和提高。听课之后,一定要认真进行评析,可以与上课老师进行交流和沟通,被肯定的优点、经验,要吸收到自己的教学中去。

在听课和评课的技能训练中,要学会在听课时,结合上课内容,观察老师和学生,做好听课笔记;能运用一定的理论知识对老师的上课进行恰当的评价。

工作任务1　学会听课

对于师范生来说,时常观摩他人的教学,有利于积累教学经验。上课老师的课堂调控、师生互动、教学语言等,都会对自己的教学感性认知产生积极影响。

达成目标

1. 掌握听课的要领。

2. 学会做听课笔记。

工作过程

(一) 出示任务

1. 你认为作为学生的听课和作为老师的听课,不同点在哪些方面?

2. 听课的前、中、后需要做哪些工作?

3. 听课中需要做听课笔记,与你平时做的学习笔记相同吗? 听课笔记需要记录哪些内容?

（二）知识储备

1. 听课有哪些类型？

听课的主要类型有观摩型听课、检查型听课、鉴定型听课、研讨型听课、诊断型听课、相互型听课等。师范生的听课主要以观摩型听课为主。

2. 听课需要做怎样的准备？

听他人的课，应以虚心学习的态度，事先做好充分准备，保证听课效率。

听课前可以从以下方面做准备：

一是心理准备。对于刚刚涉足教学的师范生或新教师来说，不管听谁的课，都应该持虚心学习、积极思考的态度，做好心理上的准备。

二是资料准备。每次听课前，准备好《语文课标》、本册教材、相关教学参考资料、听课笔记本等，准备在听课时用以对照、翻阅和记录。

三是备课准备。在听课前，应潜心钻研教材、教法和教学思路，看看自己的理解和教学设想与上课老师有何不同，以便做到心中有数，取长补短。

3. 我们应该怎样听课？

在听课过程中，要关注老师和学生的表现，注意在教学全程中，边看边记边想，听懂教学环节和教学步骤，领会老师的教学思路。

听课的过程也是看课的过程，要充分发挥视觉功能，认真观察每一个细节。一看教者的教态、仪表、神情、站位等；二看教者的板书是否合理、工整、优美；三看教具的出示是否有效；四看学生的活动、发言、朗读、听课状态等是否积极主动。

4. 怎样写听课笔记？

听课笔记包括两个主要方面：一是教学内容；二是教学评点。

（一）记录基本情况

主要包括：听课的时间、科目、年级、上课教师、课题名称、第几课时

（二）记录教学内容

（1）记录导入环节

① 导入的方式

② 导入的内容

③ 导入的时间分配（基本控制在 5 分钟之内）

（2）记录"研读文本"的环节

① 记录研读的内容

文本中的一些重点的字、词、句子、段落，文章的主题，表达方法，写法（首尾呼应、借物喻人、写作顺序）这方面的内容要详细记录下来。

② 记录研读的方式

重点字、词的处理方法；

重点语句、段落的探究、体会；

朗读的指导方法、文本涉及的一些重点表达方法、写法研读的方式、体会表达效果的方法等。

③ 记录教师的行为

A. 记录执教教师在教学过程中引导学生学习文本时，布置的相关学习任务、重点的问题、学习的方式等。

B. 记录教师精彩的评价语。

C. 记录教师在课堂上的调控能力。

D. 记录教师的教态。

④ 记录学生的活动

A. 记录学生参与情况。

B. 记录学生的自主学习的内容、状态、效果。

C. 学生合作学习、积极探究的内容、状态、效果。

⑤ 记录教师采取的教学手段(图片、多媒体、配乐……)

⑥ 记录板书设计

⑦ 记录作业布置

（3）记录时间的分配(主要记录各个环节的时间分配)

（4）记录教学评点

教学评点可采取间评(随时记录)和总评(综合分析后形成的建议或意见写在听课本上)的形式进行记录。

听课记录通常有三种形式:第一种是简录,简要记录教学步骤、方法、板书等;第二种是详录,比较详细地把教学步骤记下来;第三种是记实。

附:表格式的听课笔记模板

课题			听课人	
老师		班级		时间
听课内容			随感	
板书设计				

（三）工作示例

《蚂蚁和蝈蝈》听课记录

一、复习导入

1. 认读词语。

2. 完成选字填空。

二、精读训练

1. 读句子。

2. 了解蚂蚁和蝈蝈在夏天都干些什么？自由读第1、2段。

（1）想象一下"夏天真热"的情景，用自己的话来描述一下。

（2）这时候蚂蚁们在干什么呢？它们是怎么干的？（搬粮食、背、拉、满头大汗）

（3）天气这么热，蚂蚁为什么不休息，还在满头大汗地搬着粮食？

谁来用赞扬的语气读一读第1自然段？（重点突出：真、背、拉、满头大汗）

学生齐读第1自然段。

3. 指名读第2自然段。

（1）这里的笑是什么意思？想象一下，蝈蝈是怎样笑话蚂蚁的，它会对蚂蚁说些什么？

（2）蝈蝈自己这时候在做些什么啊？

（3）读出它们的神气。读出悠然自得的感觉。

（出示：蚂蚁：搬粮食——有的背，有的拉，个个满头大汗；蝈蝈：乘凉——有的唱歌，有的睡觉，个个自由自在。）

（4）"有的……有的……"把它们在夏天的表现写得活灵活现。

分角色读：全体女同学读第1自然段，男同学读第2自然段。

三、学习第3段

1. 冬天到了，到蚂蚁家去看看，在干什么？

2. 去蝈蝈在的大树下去看看。用"有的……有的……"句式说话。

3. 学习成语：有备无患，防患未然

人无远虑，必有近忧

【评：将本单元练习中的四个成语与这篇课文相结合，这样灵活地处理教材，既使学生加深了对课文中心的认识，又使学生轻易地理解了这四个成语，这种方法也是提高效率的表现。】

四、写字指导：汗、洞、冷

1. 记忆字形：汗，干活就会流汗，所以是三点水旁；洞，水帘洞的洞，是有水的，所以也是三点水旁；而冷，指的是气温很低，三点水被冻掉了一点，所以变成了两点水。

【评:指导学生从意思上形象地记忆字形,给听课教师留下了深刻印象,相信学生也一定会牢牢记住。】

2. 范写,学生描红。

示例分析

从这位老师的听课记录可以清晰地看出上课老师的教学思路,而且记录很详细,不仅记录四个教学环节,还记录每一个环节的步骤,同时对于有些环节还做了及时点评。

（四）小组活动

1. 根据上面的认知,点评实习生的听课笔记。

三年级上册《掌声》听课笔记

一、导入

怎样欢迎客人？紧张吗？

二、精读课文

1. 从前的小英怎样？

自读第一小节

出示来信中的一段话:"我永远……"

小英是一个怎样的孩子？

哪些词语让你感出"孤独"？

"默默":怎样的是"默默"？

"总是"、"一角"

谁能把她的"默默"的样子读出来？

出示:"我永远也忘不了……"

2. 现在的小英是什么样子了？

这时的小英表现得怎么样了？（勇敢、阳光、自信）

谁能把她的"活泼开朗"读一读？（齐读）

3. 默读第2、3、4自然段,用"—"画出描写小英的句子,细细体会小英的心情。

出示语句:"小英犹豫……红了"

小英为什么要把头低下去？

谁能把小英的这种"害羞"读出来？（自读、指读）

小英为什么"犹豫"？生活中你有没有犹豫的时候？

你能体会到这种心情吗？

慢吞吞、眼圈儿红了

她上去了吗？学生读"小英在……注视下……"

"注视"是什么意思？包含着什么？

你会对她说什么？

在小英万般无奈的时候,是什么给了她勇气？

快速读,用"～"划出"掌声"的句子

一共响了几次？（2次）

谁来读第一次？

第二次掌声:谁来读？

(出示)"我永远也忘不了……"

4. 作者也被感动了,他写下了下面这段话:"是啊……"（齐读）

你觉得掌声还是鼓掌的声音吗？你还觉得是什么呢？

"支持"你把"掌声"换成"支持"读一读

"鼓励"……

附板书:

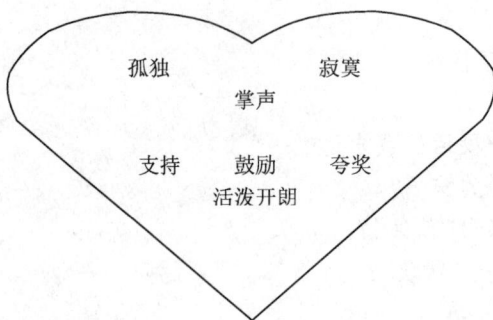

点评

2. 特级教师孙双金的《推敲》(苏教版五年级上册)教学视频听课活动。

（1）认真阅读《推敲》这篇课文,解读课文的内容、思路和写作特色。小组思考讨论如果你来教学,可以确定怎样的教学目标和教学重点？

（2）听课。

要求:能听出老师上课的思路,一节课由几个环节构成,每个环节如何展开教学,关注老师在课堂里的组织、语言和板书,学生的学习活动,以及课堂氛围和师生互动等。在看课的同时形成听课笔记。

(3)小组成员交流听课笔记,讨论哪些地方需要理清思路? 哪些地方需要补充和完善?

工作任务2　学会评课

每次听完课后,都应该展开评课活动。在评课中,相互学习和交流,加深对教学理论知识的理解和运用,探求教学的方法和手段,开阔自己的眼界。

达成目标

1. 掌握评课的基本标准。

2. 学会用标准评价小学语文教学。

工作过程

(一)出示任务

1. 听课后的评课可以从哪些方面展开?

2. 请评析特级教师孙双金的《推敲》这节课。

（二）知识储备

1. 评课可以从哪些方面展开？

评课可以采取两种形式：一种是间评，把师生双方活动后所产生的反馈，随时记录下来；一种是总评，就是将对间评综合分析后所形成的意见或建议记在记录本上。待课后与执教者互相交流，取长补短。

评课的方面包括：（1）教材处理与教学思路、目标；（2）教学重点、难点、关键；（3）课堂结构设计；（4）教学方法的选择；（5）教学手段的运用；（6）教师素质；（7）教学思想；（8）其他。

可以着重从以下四个方面来评析：

（1）明确的教学目的。一篇课文、一个课时，每一步都要明确具体。

（2）明确的教学重点。突破重难点，内容要正确。

（3）恰当的教学方法。教学受教学目的、教学内容的制约；要符合规律——语文本身的规律、学生认知的规律。

（4）合理的课堂节奏。教学内容：重点，重锤敲打；非重点，一笔带过；教学情感：注重高低交替，浓淡相接；教学结构：动静交替、讲练结合、手脑并用；教学语言：有张有弛，有高有低。

2. 评课的方法有哪些？

整体法。即整体的、全面的评析。也就是从教学理念、教材处理、教学目标、教学重难点、教学方法、"双基"教学、师生关系、教师素质、教学效果等方面进行全方位的评价分析。

片段法。即对教学中某个片断从某个方面进行针对性的评析。通过突出对某个片断的评析，窥其一点，来反映整堂课的情况，节省评析时间。

探讨法。是对课堂里出现的某些新事物（如新教法、新思路等）或某些把握不住的问题进行探讨性评析。运用这种方法，有利于学术氛围的形成和新思想、新方法的确立，也有利于改变自己的错误或模糊的认识。

特色法。就是对课堂中某些与众不同、新颖独特的好做法和新创举进行评析。特色法有利于鼓励教师走教学创新之路，有利于发现教师的新经验、新模式。

经验总结法。就是对优秀教师、老教师的教学经验进行总结评析。运用经验总结法，需要能够认识到授课者的经验是什么，还需要认识到这种经验是否可行和实用，是否以现代教学理论作指导。这样的方法，有利于听课者学习和借鉴，从而提升自身的教学质量。

表格法。即根据好课的标准，制定一个比较科学、全面的课堂教学评价表格或细则，来评价一堂课的优劣。下面例举一种表格式的课堂评价标准。

评价内容	评价指标	评价等级		
		A	B	C
教学目标	符合《语文课标》和教材的基本要求,教学目标明确、具体、多元化。			
教学内容	形成合理的知识结构,突出重点,难易适度,联系学生生活和社会实际。			
教学策略与方法	围绕目标创设灵活的、有助于学生学习的情境,营造民主、平等、互动、开放的学习氛围,激发学习兴趣。			
	善于引导学生主动学习、合作学习,指导具有针对性、启发性、实效性。			
	学生认真参与学习、评价活动,积极思维,敢于表达和质疑。			
	根据教学实际选用恰当教法,为学生学习设计并提供合理的学习资源。			
教学效果	学生获得的基础知识扎实,在学会学习和解决问题方面形成一些基本策略和能力。			
	学生在情感、态度、价值观等方面得到相应的发展。			
教师素养	正确把握学科的知识、思想和方法,重视教学资源的开发与整合。			
	有较为丰富的组织和协调能力,有教改创新精神,有独特良好的教学风格。			
	现代教学技术手段设计应用适时适度,操作规范熟练。			
	语言准确、有感染力,板书工整、合理。			

(左侧合并单元格:分项评价)

总评价:

重点评价	印象最深环节	我的建议

3.《语文课标》下的评课有何变化?

语文课程的基本理念:全面提高学生的语文素养,正确把握语文教育的特点,倡导自主、合作、探究的学习方式,努力建设开放而有活力的语文课程。语文课程的四大基本理念构成了完整的语文教学指导思想。因此在新课程标准的指引下,语文课的评价也在发生着改变。其中关注教学理念成为评课中的新起点,具体的体现在:

① 关注教师在执教过程中,学生是否在轻松、和谐的课堂气氛中进行学习。

② 课堂上,体现"以生为本"的课程理念,从开课到结课,自始至终都要体现教师对学生的尊重、激励、赏识。

③ 是否重视了学生自主学习能力的培养。

④ 是否重视了合作学习能力的培养。(生生合作、师生合作,是自主学习的更高层次。合作学习是否有效? 是否流于形式?)

⑤ 是否重视学生探究实践能力的培养。(是否改变了学生机械接受学习的现状。)

小贴吧

名师好课观

孙双金老师:好课像登山(节选)

我认为好课像登山,这是我的"登山"理论。

登山的乐趣在过程中,上课的乐趣也在过程中。好课特别强调让学生经历过程,经历由不知到知的过程,经历由不会到会的过程,经历由不能到能的过程。让学生的思维和情感经历"山重水复"、"柳暗花明",体验"豁然开朗"的快乐。学习虽然艰辛,但乐在其中,其乐无穷。

贾志敏老师:让课堂充满活力(节选)

好课,从感觉上来说,可用"累"与"不累"来区别:

如若听课者始终被精彩的课堂教学活动所吸引,精神专注、积极投入,没有丝毫"累"的感觉,那么,无疑,这是一堂好课。反之,听者焦虑不安,时而抬腕看表,时而交头接耳,等待着下课钟声响起,那么,这样的课是不能列入好课之列的。

(三) 工作示例

【示例1】 《蚂蚁和蝈蝈》评课示例

阅读课就是教师指导下的读书课。在本课的教学中,教师引导学生不离课文、不离读书,从课文中质疑,又在课文中寻找答案,让学生在读中求懂,在读中学习,在读中获得读的能力。

读,贯穿本课教学的始终,读的方式多,读的面大,读的要求又逐渐提高,使学生在反复诵读中,读出课文语言所描绘的形象,读出语言文字中所蕴含的情感,读出语言文字所包含的深刻寓意。

本课的特点之一是学生学得较活,原因是教师指导有方,课堂上洋溢着和谐、欢快的气氛,给学生提供了一个畅所欲言的外部环境。

【示例2】　《掌声》评课示例

本节课的主要特色有以下几点:

1. 教学思路——清晰严谨

《掌声》一课的教学紧紧围绕这四步进行:(1)读第4自然段,找出课文写的两次掌声。(2)品读小英上台演讲前的表现,体会两次掌声给小英带来的变化。(3)结合小英演讲后变化,进而理解掌声的内涵。(4)拓展阅读小诗,升华掌声的内涵。

这一教学思路,比较清晰地反映了文章的脉络,围绕掌声的内涵设计教学环节,自然而合理。

2. 教学语言——优美工整

最后瞿老师出示的是一首自己写的小诗,可以看出瞿老师的语言功底——优美而工整。在整堂课中我们可以听到瞿老师优美工整的过渡语与小结语:"只有短短的几步路。可是要走完这几步路,对于小英来说该有多难啊。每走一步,小英的内心都在痛苦地挣扎。""这是期待的掌声、这是安慰的掌声,这是鼓励的掌声!我们有太多太多的话想对小英说,此时,千言万语都汇成了热烈、持久的掌声,他们什么也没有说,只是用自己的方式表达了对小英的鼓励、支持、理解……"

3. 教学细节——扎实有效

在整个教学过程中,留给我印象最深的是朗读的指导。瞿老师的朗读指导扎实有效。如练读"轮到小英的时候,全班同学的目光一齐投向了那个角落,小英立刻把头低了下来",这段话。

老师:读读这句话,体会她的心情,你能读好吗?

指名读

老师:你认为这样读比较好。

指名读

师:上一堂课我们知道小英是个自卑、忧郁的孩子。平时,总是默默地走向那个角落,她不愿别人看到她走路的样子,她害怕别人注视的目光,而这时全班同学把目光一齐投向了那个角落。谁再来读。

在练读时,不只是从朗读技巧上读好,更让学生走进人物的内心世界,体会人物的感情。

【示例3】　《欢乐地泼水节》评课示例

第2自然段是课文的重点部分,具体生动地写了泼水的欢乐场面。在教学过程中,朱老师能够突出文章的重点,抓住文章的重点段落、重点句子、重点词语进行教学,贯彻了以读为本的教学原则,通过学生的自读、感悟,来加深学生对课文内容的理解。

朱老师在教学过程中运用了现代化的教学手段,将傣族人民泼水的录像片段放给小朋友看,使学生如临其境,这样学生对课文内容的理解就更加深刻了。学生看完后,朱老师设计了这样一个问题:"录像很精彩,如果你在泼水节现场,你会把水泼在谁身上呢?"巧妙的提问,引起了学生的积极思维,也激起了学生说话的欲望。这一环节的设计,不仅可以培养学生的说话能力,更能加深学生对傣族人民过泼水节时泼水的意义的理解。

请你说说

以上三则点评示例分别从什么角度展开? 从中你的体会是什么?

(四) 小组活动

1. 请用一种评课方法,来评价孙双金老师的《推敲》这节课。

_____

_____

_____

_____

2. 下面是实习生在听完《掌声》课后的点评,请分析这些点评是否恰当。

【点评案例一】

这位老师上课时,语言清晰,教态自然,能调动学生的学习积极性。教学内容丰富,注重朗读,让我们读懂了课文。

【点评案例二】

这位老师上课思路很清楚,抓住中心句展开教学,围绕"掌声"形成三个环节,教学内容层次清晰。学生在课堂上能积极思考,主动表达,与老师和课本互动,很好地体现了对话理念。老师上课亲切自然,语言表达非常清晰。教学中老师还注重了教学的深度挖掘,通过换词的方式,让学生理解"掌声"的真正内涵。

_____

_____

_____

_____

_____

_____

工作小结

　　作为小学语文老师,不仅自己要上好课,还应该博采众长,通过听课、评课的方式汲取他人的教学之长,或者以他人的教学不足作为借鉴,从而来提升自己的教学水平。通过这些技能的训练,师范生也可以形成心中的教师榜样,以模仿他们起步,获得对语文教学的感性认识。

项目三　说课技能

要点引导

　　说课是指教师在备课的基础上,面对同行、专家,以语言为主要表述手段,系统而概括地解说自己对具体课程的理解,阐述自己的教学观点,表述自己具体执教某一内容的教学设想、方法、策略,以及组织教学的理论依据等。

　　本项目主要涉及写说课稿、做说课 PPT 和说课三个步骤的训练内容。说课稿和说课 PPT 都是为说课服务的,最终以说课的形式表现出来。

工作任务　学会说课

　　好的说课能把理论和实践有机结合起来,它融备中说、说中评、评中研、研中学为一体,是优化课堂设计、共享教学资源、提高教师教学能力的一种有效途径。

达成目标

1. 会写说课稿。

2. 会做说课 PPT。

3. 能按要求进行说课。

工作过程

(一) 工作示例

苏教版三年级下册《庐山的云雾》说课设计

一、教材分析

　　《庐山的云雾》是苏教版小学语文三年级上册的一篇讲读课文。全文层次分明,共4个自然段,采用总分总的结构方式。第1自然段总写庐山云雾神奇美丽,接着第2、3自然段分别具体描写了庐山云雾的两个特点:千姿百态和瞬息万变。

第4自然段再总写人们对庐山云雾的喜爱与流连。作者以优美明快的语言,比喻、联想等手法,描绘了庐山云雾千姿百态、瞬息万变的景象,字里行间流露出作者对庐山、对祖国山河的热爱之情。

(本文是一篇脍炙人口的佳作,所写景物特点鲜明,给人身临其境的感觉。同时,文章语言优美,情景交融。根据这篇课文的特点,我确定了以下教学目标:)

1. 学会本课生字新词。

2. 正确、流利、有感情地朗读课文,背诵自己喜欢的部分。

3. 感悟庐山云雾的奇幻美丽,激发学生热爱祖国山河的思想感情。

4. 学习第2、3自然段的写法,仿写家乡的云雾。

二、教学重难点

1. 抓住重点词句,读懂段落内容,体会庐山云雾的神奇、变幻多端。

2. 体会作者的写作方法,练习仿写。

(本文语言优美,情景交融,为丰富学生语言积累与情感体验提供了很好的凭借。因此我把"感悟庐山云雾的奇幻美丽,激发热爱祖国山河的感情"作为本课的教学重点。同时由于学生语言水平的限制,要在这么短的时间,掌握一种构段方式,写出一处景物不是一件容易的事,因此"仿照第2、3自然段的写法,写一处景物"是教学难点。)

三、教具准备

一段舒缓的音乐,庐山云雾的多媒体课件或插图,自制生词卡片。(借此激发学生的学习积极性,突破重难点。)

四、说教法、学法

学情分析:

在这一篇课文中,学生初步接触"总分"这种构段方式及排比、比喻这种双重表现手法,本文教学要求学生勤动脑、动手,会与别人交流,能有感情地朗读课文。但学生普遍读书不注意感情或掌握不够,也没养成与人交流探索的习惯。还有就是学生很少出远门,根本不知庐山云雾到底是什么样子的,所以要画出不同姿态的云雾也不容易。

总的来说,本课的教学我准备采用"以学习者为中心"的参与式教学法。努力营造轻松愉悦的学习氛围,激发学生想象,为学生提供自主探究、合作交流的机会,使学生真正成为学习的主人,学会交流与合作,培养学生的合作精神和解决问题的能力。具体方法如下:

实物教学法。通过课件(或插图)、生词卡片等创设情景,增强直观性,激发学生想象力和学习兴趣。

小组合作学习。通过二人小组和四人小组合作交流,突破教学重点、难点,培养合作精神。

迁移法。课文的第 1、2、3 自然段结构相同,均为总分结构,在第 1 自然段学习后,请学生利用同样的学习方法学习第 2、3 自然段,既实现了自主探究,又帮助学生体会了作者的表达方法。

五、说教学过程

在整个的教学过程中,我安排了以下环节:

(一)复习旧知,情景导入

1. 同学们,老师想请大家猜一首诗的诗名:"日照香炉生紫烟,遥看瀑布挂前川……"这首诗描绘了庐山瀑布的壮丽景象,其实庐山还有更美的景象呢,想听老师说说吗?

(这是一首学生在二年级上册中学的诗,相信不等老师说出第二句,学生就能一口说出诗名——《望庐山瀑布》,以此达到复习旧知、激发学生学习的自信心,调动积极性的目的。)

2. 播放轻音乐,请学生选择一个舒服的姿势闭眼倾听、想象,教师有感情地朗读课文。(这样的导入设计旨在促进新旧知识的联系,激活学生的好奇心及求知欲,激发学生想象,培养学生的倾听能力。)

(二)听、说、读、写结合,整体感知

1. 请两三个同学说说自己头脑中出现的最美画面。

2. 选择自己喜欢的方式阅读全文,感兴趣的地方多读几遍。

3. 仔细观察课文插图,勾画出相对应的语句。

4. 同桌合作识记生字词,你指我认。

5. 教师运用生词卡片检查部分学生的读音是否准确。

(此环节的设计目的是让学生初读课文,扫清字词障碍,听、说、读、写结合,整体感知课文,同时培养学生的倾听能力、口头表达能力、合作能力、独立阅读能力和仔细观察事物的能力。)

(三)精读课文,自主探究

(教学每一自然段时,在自主合作探究中理解重点词句,理解课文内容。)

主要的教学步骤为:

1. 指名朗读,引导学生进行朗读自评、互评。

2. 勾画出自然段的中心句,讨论景物特点。

3. 小组合作学习:找出文中的比喻句,体会作者的表达方法和效果,理解"千姿百态"、"瞬息万变"、"流连忘返"等词的含义。

(四)回归整体,美读全文

1. 练习有感情朗读,要求读出赞美之情,教师巡回随机指导。

2. 指名朗读自己最喜欢的部分(鼓励已经记住的同学背诵),自评、互评,指出朗读的闪光点,提出小建议。

(此环节的主要目的是提高学生的朗读水平,培养学生的语感,帮助学生体会作者的思想感情,激发学生对祖国山河的热爱之情。同时可以满足、照顾到学生的个体差异,既保护学生的自尊心,又让特长生得到表现。)

(五) 扩展延伸,学科整合(任选一题)

1. 喜欢写作的同学请仿照作者的表达方法写写家乡的云雾。

2. 请班上的小画家把你最喜欢的文中描绘到的景色画下来,别忘了涂上颜色。

3. 搜集描绘、赞美祖国河山的资料(如文章、歌曲等)等到下一节课时交流。

(本课拓展作业的安排力求面向不同层次学生的发展,满足不同兴趣、爱好学生的需求,促进学科的整合。借此方法深化文章主题,进一步激发学生对祖国大好河山的热爱之情)。

板书设计:

千姿百态:像绒帽　　像玉带
　　　　　 像大海　　像天幕

14. 庐山的云雾
　　(神奇)

瞬息万变:眼前的 —— 刚刚是 —— 转眼
　　　　　 明明是 —— 还没等 —— 又变成

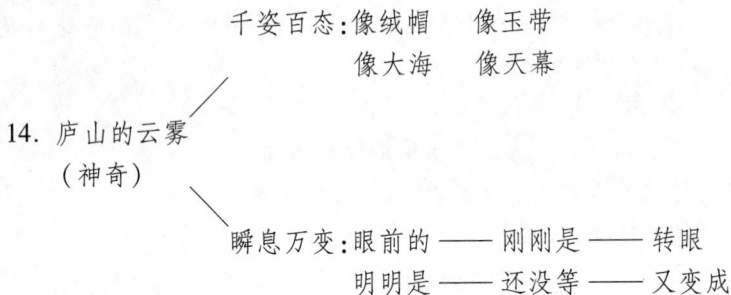

(为了集中学生的注意力,突出教学重点,一目了然地展现出教学的主要内容,整个板书我努力做到简洁明了,以加深学生的印象。)

六、设计理念

在这篇课文的设计里,我坚持以读为本,让学生充分地朗读课文;以读促写,学生通过品读课文,掌握写作方法,产生写作的欲望,做到读写结合。同时在学习的过程中培养学生的阅读、写作能力;培养学生的语感,发展学生的思维;培养学生的想象力,积累和运用语言的能力。

附:《庐山的云雾》课文

课文

3 庐山的云雾

景色秀丽的庐山,有高峰,有幽谷,有瀑布,有溪流,那变幻无常的云雾,更给它增添了几分神秘的色彩。在山上游览,似乎随手就能摸到飘来的云雾,漫步山道,常常会有一种腾云驾雾,飘飘欲仙的感觉。

庐山的云雾千姿百态。那些笼罩在山头的云雾,就像是戴在山顶上的白色绒帽;那些缠绕在半山的云雾,又像是系在山腰间的一条条玉带。云雾弥漫山谷,它是茫茫的大海;云雾遮挡山峰,它又是巨大的天幕。

庐山的云雾瞬息万变。眼前的云雾,刚刚还是随风飘荡的一缕轻烟,转眼间就变成了一泻千里的九天银河;明明是一匹四蹄生风的白马,还没等你完全看清楚,它又变成了漂浮在北冰洋上的一座冰山……

云遮雾罩的庐山,真令人流连忘返。

(二)出示任务

1. 根据《庐山的云雾》示例,思考讨论。

(1)从示例可以看到,语文课说课要说什么?

(2)说课稿与教案有什么不同?

（3）说课稿中的语言表达有什么特点？

（4）有了说课稿，该怎么面对专家、同行来说呢？

2. 该怎样把说课稿做成 PPT 来辅助说课？

（三）知识储备

1. 说课要说什么？

说课的内容和步骤包括以下四个方面：

一是说教材。

教材的地位：从地位、结构、内容、教育意义等方面论述本节教材在本课（书）中的地位和作用。

教学目标：根据课程教学大纲的要求、学生特点、生活经验、认识问题的层次、程度、学生发展的需要等方面制定出学习目标。

教学重点、难点：从教学内容、大纲要求、学生实际、理论层次、对学生的作用等方面找出确立重点、难点的依据，确定教学的重点和难点。

二是说教法与学法。

依据教学大纲的要求，主要说明老师"怎样教"以及"为什么这样教"，和学生"怎样学"以及"为什么这样学"。具体说明将在课堂设计中运用哪些方法，用到哪些教具。这里可以从宏观上说一下，具体详细的内容放在下一个教学程序里说明。如：参与式、讨论式、互动式、体验式、研究性学习、谈话、对话、辩论、调查、情景模拟、亲历体验、小活动等。

三是说教学过程。

主要说明与演示教学设计的具体思路，课堂教学的结构安排和优化过程，以及教学层衔接与教学环节转换之间的逻辑关系。包括教学的基本环节、知识点的处理、运用的方法、教学手段、开展的活动、运用的教具、设计的练习、学法的指导等，并说明设计的依据。

四是说板书。

一般正规的说课如果在时间允许的情况下，要在说教学程序的过程中写出板书提纲的。如果时间很紧张，可以提前写在一张大纸上，张贴在黑板上或进行展示。若能够配合讲解适时出示板书或提纲，可达到调控学生、吸引注意、使师生思路合拍共振的目的。

2. 说课的几种基本变式简介。

"点、线、面、块"式说课是在说课向纵深发展、研究不断深入阶段，萌生并异彩纷呈的一组说课形式。它是"四大块"这一基本模式的基本变式群。

变式一：说"点"，也称为"点式"说课。

这里的"点"就教材而言，包括重难点、拓展点、创新点等；就教学设想和教学安排方面，包括导入点、切入点、突破点等。

变式二：说"线"，也称为"线性说课"。

"线性说课"一般分为说主线和说辅线两种类型。说主线包括说教学设计、说教学程序、说个案等。教学设计是教学活动的核心和教师关注的焦点，作为一条教学的主线单列出来说课。说"辅线"，包括说板书设计、说课件设计及应用等。

变式三：说"面"，也称为"层面说课"。

"层面说课"可以是说学情、说目标、说教学策略、说拓展练习、说课堂评价、说课后反思、说教育故事等。

变式四：说"块"，也称为"块状说课"。

"块状说课"主要指说课程（某一学科）、说教材（某一学段、某一册、教材整合等）、说单元（某一单元、某几单元等）、说模块（语文识字教学、口语教学等）。

3. 说课的基本特点是什么?

(1) 理论性

不但要求教师说出"教什么"和"怎样教",更要求说清楚"为什么这样教"。"为什么这样教",就是"说理",它使得说课十分必然地带上了很强的理论性。因为要对"为什么这样教"作出解释,教师就必须综合运用《语文课标》、教育学、心理学和教学法等教育教学理论知识去阐明其中的道理。

(2) 合理性

说课中的教学环节设计必须要符合教学实际。也就是说,不仅要说出来,而且要在课堂教学中能够实施。无论是对教材的分析处理,还是对教学方法的选择创新;无论是对教学手段的筛选应用,还是对评价手段的探究实践等,都必须说出合理的依据,摆出充分的理由。

(3) 综合性

说课需要说课者从教材、教法、学法、教学手段、教学程序、评价方式、板书设计甚至精彩教学片段等多方面说明自己的操作办法和实施理由,其综合性既体现在说课环节的多样化,也表现在说课者素质的全面化等方面。

(4) 灵活性

说课,所说的是针对教学正常实施的情况。然而,我们在教学实践中,难免会遇到备课时意料之外的情况,比如对学生情况的估计偏差,对教材内容的分析欠缺,对实际生活的联系不紧等。这种情况下就需要教师在说课中体现对临场异常情况的处理办法,也就是针对具体学情,采取行之有效的措施。

4. 说课的基本程序和基本要求是怎样的?

基本程序:

(1) 自我介绍(序号、姓名、单位、教材版本、课题等);

(2) 按照某种模式说课(一般用 10～20 分钟);

(3) 结束(简要概括说课内容)。

基本要求:

(1) 说课者的风度要求(庄重的仪表、自信的气质、礼仪的举止)。

(2) 说课者的语言要求:

① 语言表述要准确、流畅、生动、形象,富有激情和节奏感,避免程式化,体现教师的投入;

② 综合运用多种语言和语调(如专业语言、肢体语言、描述性语言等)。

说课时常用的措辞有:"我这样设计(或确定)的依据是……";"我之所以这样做,理由是……";"假如学生……,我将……";"这样做的好处是……";等等。

(3) 说课内容的要求:

① 要求内容正确、有序、连贯,结构完整、系统;

② 要求内容有详有略,重点突出;

③ 要有创造性和灵活性。

（4）说课与上课相统一的要求。

5. 说课和上课的区别有哪些?

（1）对象不同:上课的对象是学生;说课的对象主要是同行。

（2）内容不同:上课是向学生传授知识、培养能力、熏陶情感的一种教学行为过程;说课是向同行分析教学内容,研讨教学设计的一种教学思维过程。

（3）研究侧重点不同:上课侧重于研究"教什么"和"怎样教",主要是指教学过程的实施;说课更侧重于研究"为什么这样教",主要是指为备课过程说理由,摆依据。

6. 说课要注意哪些方面?

（1）是说,不是读、背,也不是讲。

"说课"不等于读课,教师不能拿着事先写好的材料去读,或者把它背出来。因此,教师在说课时,要紧紧围绕一个"课"字,突出"说"的特点,完成说的过程。"说课"不等于讲课,教师不能视听课对象为学生去说。

（2）要注意说课重点的分配。

就师范生的说课,一般规定在 10 分钟左右。10 分钟内怎样安排几个说课内容,哪个环节需要几分钟,都要估计到。一般说教学过程的几个步骤不需要面面俱到,应该选择重点步骤来说。

（3）要注意说课 PPT 的辅助作用。

说课 PPT 是为说课服务的,在说课中不要被 PPT 牵引。因而 PPT 在制作过程中不要太具体,尤其是理论部分还是靠自己说出来而不是显示在 PPT 中读出来,只要把重要的几个环节和步骤体现在 PPT 中即可。

（四）小组活动

1. 小组讨论交流,完成以上任务。

2. 下面是一位实习生的说课稿。请对照相关理论来进行点评。

苏教版二年级上册《青蛙看海》说课稿

一、说教材

我说课的内容是苏教版国标本第三册第 9 课《青蛙看海》。《青蛙看海》是一篇童话故事。叙述了长期生活在湖边的青蛙,在苍鹰的指引下,跟着松鼠一个台阶一个台阶地跳,最后终于到达山顶,看到了大海的事。虽然这篇文章文字表面浅显易懂,但文字中所蕴含的道理(只要脚踏实地,一步一个脚印,坚持不懈地刻苦努力,就一定能达到理想的彼岸)却是深厚的。这也正是二年级学生理解的一个难点。二年级学生理解水平还很有限,读了课文学生能够体会山高,但是与小青蛙爬山难却联系不起来。因此我在课前先让学生尝试跳台阶,感受小青蛙爬山的不易。从真实的体验中让学生领悟文中所蕴涵的深刻道理。在学生有所感悟的基础上,让学生自己总结出青蛙为什么能看到海的原因,进一步深化对课文的理解。

教学中我以"青蛙心情的变化"为主线:苍鹰的指引让青蛙看到了目标,可是山是那么高,青蛙失去了信心,感到非常失望;松鼠的出现和鼓励却给青蛙带来了希望;在松鼠的指引和陪伴下,青蛙通过一步一步的努力,最终实现了看海的愿望。

本课着重要达成的目标是:通过朗读、表演来体验青蛙登山看海的艰辛,懂得只有不怕困难、努力想办法去解决并能坚持到底就能取得成功的道理。

二、说教学流程

(一)板画体验,感受山高

(板画:高山)这高山,对于小青蛙来说,确实是高不可攀。体会山高其实也是让学生看到青蛙登山的艰难。教学中我就抓住"天哪,这么高的山!"这一句话让学生反复朗读,由此感悟青蛙惊讶、害怕、担心的心理。让学生用动作来演示一下"吸了口凉气"来帮助学生体会青蛙的忧愁与无奈,让学生真切地了解青蛙当时的心情——失望。

(二)实践体验,突破难点

就在青蛙深感失望的时候,松鼠出现了,在松鼠的鼓励与陪伴下,青蛙经历了看到海的辛苦。为了让学生也能深切地体会到这一点,我从四个方面着手:

第一,生活体验。课前先让学生尝试跳台阶,感受小青蛙登山的不易。

第二,情景体验。把课前的体验带到课堂中来,让学生跟着青蛙一起来跳一跳,我们跳78下,如果累了可以休息一会儿。之所以让他们跳78下,一是让他们感受跳一两下是容易的,但是要跳那么多下,并不是件容易的事。二是因为我们学校教学楼一共有78个楼梯,刚才只不过跳了教学楼的四层楼那么高,跟直插云霄的山相比,青蛙还要跳好长时间呢。这样以表演来帮助学生理解课文,深切地体会青蛙为了看海付出的努力。

第三,文字体验。在学生有所感受的基础上,顺理成章地出示课文第11自然段,引导学生读好这一自然段。理解"一级一级地往上跳"、"累了……渴了……"等词句的含义。从文字中加深学生的体验。

第四,动画体验。课件欣赏小青蛙和松鼠登山的动画。将课文内容以动画的形式显现于学生面前,生动形象的画面使他们深深记住课文内容。再次深切地感受小青蛙坚持不懈地登山看海的精神。

(三)创设情境,升华体验

　　以"小乌龟也想去看海,可它一想到路途中会遇到那么多困难,有点退缩了"为话题,让学生用一句话来鼓励小乌龟。通过这样一个情境的创设,让学生通过迁移训练,促使学生积累和运用语言,深化对课文的理解,让文中所蕴涵的道理在学生心中得到升华。

点评

_____

_____

_____

_____

　　3. 以苏教版第二单元为例,小组成员选定一篇课文,合作完成说课稿的写作。

　　具体做法:

　　(1)小组成员按备课要求解读教材,确定教学目标、教学重难点、教学方法和教学过程,形成教案。

　　(2)按照说课的某一种模式设计说课稿。

　　4. 制作说课PPT。

　　【案例】 《庐山的云雾》说课PPT

教材分析

《庐山的云雾》是小学语文三年级下册的一篇讲读课文.本文全文层次分明,共4个自然段,采用总分总的结构方式。自然段总写庐山云雾神奇美丽,接着第二、第三自然段分别具体描写了庐山云雾的两个特点:千姿百态和瞬息万变。第四自然段再总写人们对庐山云雾的喜爱与流连。作者以优美明快的语言,比喻、联想等手法,描绘了庐山云雾千姿百态、瞬息万变的景象,字里行间流露着作者对庐山、对祖国山河的热爱之情。

庐山

学习目标

1.学会本课生字新词。
2.正确、流利、有感情地朗读课文,背诵自己喜欢的部分。

3.感悟庐山云雾的奇幻美丽,激发学生热爱祖国山河的思想感情。
4.学习第2.3自然段的写法,仿写家乡的云雾。

教学重难点

1、抓住重点词句,读懂段落内容,体会庐山云雾的神奇、变幻多端。
2、体会作者的写作方法,练习仿写。

教学具准备

一段舒缓的音乐、庐山云雾的多媒体课件或插图、自制生词卡片。

学情分析

在这一册课文中,学生初步接触"总分"这种构段方式及"排比"式的"比喻"这种双重表现手法.

本文教学要求学生勤动脑、动手、会与别人交流、有感情地朗读课文.但学生普遍读书不注意感情朗读或掌握不够.也没养成与人交流探索的习惯.还有就是学生很少出远门,根本不知庐山云雾到底是什么样子的,所以要画出不同姿态的云雾也不容易.

说教法、学法

主要方法:"以学习者为中心"的参与式教学法.
具体方法:
实物教学法:通过课件(或插图),生词卡片等创设情景,增强直观性,激发学生想像力和学习兴趣.
小组合作学习:通过二人小组和四人小组合作交流,突破教学重点,难点,培养合作精神.
迁移法:课文的第1、2、3自然段结构相同,均为总分结构,在第1自然段学习之后,让学生利用同样的学习方法学习第2、3自然段,即实现了自主探究,又帮助学生体会了作者的表达方法.

说教学过程

（一）复习旧知,情景导入
（二）听说读写,整体感知
（三）精读课文,自主探究
（四）回归整体,美读全文.
（五）扩展延伸,学科整合

说教学过程

（一）复习旧知,情景导入
1、同学们,老师都请大家背一首学的诗名:"日照香炉生紫烟,遥看瀑布挂前川..........."这首诗描绘了庐山瀑布的壮丽景象,其实庐山还有更美的景象呢,想听老师说说吗?
2、播放轻音乐,请学生选择一个舒服的姿势闭眼倾听、想象,听师有感情朗读课文.
（二）听、说、读、写结合,整体感知
1、请而、三同学说说自己头脑中出现的最美的画面.
2、选择自己喜欢的方式阅读课文,感兴趣的地方多读几遍.
3、仔细观察课文插图,勾画出相对应的语句.
4、同桌合作识记生字词,你指我认.
5、教师运用生词卡片检查部分学生的读音是否准确.

（三）精读课文,自主探究
1、指名朗读,引导学生进行朗读自评、互评.
2、勾画出自然段的中心句,讨论景物特点.
3、小组合作学习,找出文中的比喻句,体会作者的表达方法和效果,理解"千姿百态""瞬息万变""流连忘返"等词的含义.
（四）回归整体,美读全文.
1、练习有感情朗读,要求读出赞美之情,教师巡回随机指导.
2、指名读读自己最喜欢的部分(数遍已经记住的同学背诵),自评、互评,指出朗读的闪光点,提出小建议.

（五）课外延伸,学科整合
1、喜欢写作的同学请仿照作者的表达方法写写家乡的云雾.
2、请班上的小画家把你最喜欢的文中描绘到的景色画下来,别忘了涂上颜色.
3、搜集描绘、赞美祖国河山的资料(如文章、歌曲等).

板书设计

14、庐山的云雾
（神奇）

千姿百态 → 像绒帽,像玉带
       像大海,像天幕

瞬息万变 → 眼前的──刚刚是──转眼
       明明是──还没等──又变成

设计理念

以读为本,让学生充分地朗读课文;以读促写,学生通过品读课文,掌握写作方法,产生写作的欲望,做到读写结合.
同时在学习的过程中培养学生的阅读、写作能力;培养学生的语感,发展学生的思维,培养学生的想象,积累和运用语言能力.

谢谢.
请提宝贵意见.

5．说课练习。

具体做法：

（1）每个人熟悉说课稿。

（2）制作说课PPT。

（3）在小组内试说，其他同学评价。

（4）修改说课稿和PPT，再进行试说。

（5）选出最好的同学进行班级交流。

6．在说课中进行学生自评、互评和老师评价。

附：小学语文说课评价标准

项目	具 体 要 求	权重	得分
教学理念 与目标	1．教学理念新，能够正确体现新课改精神。 2．教学中能有效体现三维目标，目标明确，突出年段教学特点。 3．能够面向全体学生，促进学生全面和谐的发展，并注重发展学生的个性。	15%	
教学内容	1．能根据课标要求，准确把握教材编写意图；教学内容充实，重点、难点突出。 2．能够对教学内容进行加工和整合，正确处理工具性与人文性的关系，处理好双基与创新的关系。 3．内容设计完整。	20%	
教学过程 与方法	1．教学过程流畅、简明，结构严谨、合理。 2．注重语言文字的训练，培养良好的语文学习习惯；教学内容拓展适度、有效。 3．关注学情，教学方法灵活、恰当、有效。	35%	
教学 基本功	1．普通话规范、流畅，语速适中。 2．能够正确、流利、有感情地朗读课文（段落）。 3．板书规范、布局合理，重难点突出。 4．能够恰当地运用多媒体辅助教学，有利于解决重点、难点，提高教学效率。	30%	
总分			

工作小结

说课训练体现了一个老师语文教学的综合能力，不仅要有教学经验，还要有理论基础，同时对口头表达的要求也很高。作为师范生，要能完成说课这一任务是不容易的，尤其要限时说课就更不容易。因此，在训练中，我们需要掌握基本知识和操作技能，说课能力还有待于在今后的教学实践中不断努力提升。

拓展与巩固

观念先行

1. 苏霍姆林斯基:"一个教师一辈子都在备课,而案头工作只要15分钟。"
2. 争取多听课。不管怎样的课,只要善于分析,科学总结,就能把别人的经验和教训变成自己的财富。

——著名特级教师 支玉恒

3. "不识庐山真面目,只缘身在此山中。如果我们的语文教育教学工作者能跳出语文看语文,跳出课堂看课堂,跳出课本看课本,多思考语文教学的大策略,从大处着手改革小学语文教学。那么,小学语文教学改革的收效会更大"。

——著名特级教师 沈大安

考察思考

1. 现在很多学校倡导和实行集体备课,你如何看待集体备课和个人备课?
2. 查阅资料,思考教案和教学设计有何不同?
3. 走访附近小学,与语文老师交流教学常规工作,从他们的教学中得到启发和感悟,并及时记录下来。

巩固练习

一、名词解释

1. 小学语文教学常规

2. 教学目标

3. 教案

4. 说课

二、填空

1. 小学语文教学的常规工作包括 _____ 、_____ 、_____ 、_____ 、_____ 、_____等方面,其中重要的常规工作是_____ _____ 。

2. 教学目标的制定,可以从 _____ 、_____ 、_____三个方面整体考虑。

3. 语文教案的编写中,其基本的构成内容包括 _____ 、_____ 、_____等几方面。

4. 听课笔记中主要记录_____和_____ 。

5. 评课的方法有_____ 、_____ 、_____ 、_____ 、_____等。

6. 说课的基本内容包括 _____ 、_____ 、_____ 、_____等几个环节。

三、简答

1. 就一篇课文的备课主要应从哪些方面着手进行?

2. 教学目标的制定依据有哪些?

3. 听课需要做怎样的准备工作?

4. 评价一节课的基本标准有哪些?

5. 要进行一篇课文的说课,需要做哪些准备?

模块三

小学语文教学实施技能

引导与准备

编者的话

《语文课标》在"实施建议"里指出:"学生生理、心理以及语言能力的发展具有阶段性特征,不同内容的教学也有各自的规律,应该根据不同学段学生的特点和不同的教学内容,采取合适的教学策略。"小学语文教学内容主要包括识字写字教学、阅读教学、写作教学、口语交际教学和综合性学习。这些内容在不同学段各有侧重,又互为融合,体现语文课程循序渐进、螺旋上升的特点。

在本模块的工作训练中,主要侧重识字写字教学、阅读教学、写作教学、口语交际教学这四个内容,作为《语文课标》新增设的内容,综合性学习在小学语文教材里还没有形成系统内容,只在第三学段每学期安排了一次综合性学习的内容。因此,在模块安排里不作为重要内容来训练。

模块目标

1. 熟悉小学语文教材的编排体系和内容。
2. 掌握小学语文教学的内容、过程和方法。
3. 形成初步的识字写字教学能力。
4. 形成初步的阅读教学能力。
5. 形成初步的写作教学能力。
6. 形成初步的口语交际教学能力。

引导与思考

1.《语文课标》对小学语文教学的实施是怎样规定学段目标和内容的?

2.《语文课标》指引下的小学语文教学在实施中重视哪些方面?

3. 若要实施一个教学内容,你觉得应该怎样操作呢?

工作与技能

项目一 汉语拼音教学技能

要点引导

汉语拼音是小学生入学后首先接触的语文学习内容。《语文课标》从尊重儿童的认知规律和教学实际出发,将汉语拼音的功能定位于"帮助识字"和"学习普通话"。作为识字正音的有效工具,汉语拼音的作用不可忽视。汉语拼音教学在整个小学语文教学中,处于重要的地位。

在《语文课标》的指引下,针对汉语拼音教学的内容,师范生需要熟悉汉语拼音教学的过程和方法,获得初步的汉语拼音施教能力。

工作任务1 检测汉语拼音知识

作为一名语文老师,要教给小学生汉语拼音,首先自己要懂得汉语拼音方面的知识,说一口标准的普通话,这样才能让模仿力强的小学生有一个好的起点,为以后的识字和阅读打下坚实的基础。《语文课标》在第一学段"识字与写字"部分规定了汉语拼音的教学内容:"学会汉语拼音。能读准声母、韵母、声调和整体认读音节。能准确地拼读音节,正确书写声母、韵母和音节。认识大写字母,熟记《汉语拼音字母表》。"对于师范生汉语拼音知识的检测,可以以此为依据。

达成目标

1. 读准声母、韵母、声调和整体认读音节。

2. 准确拼读音节。

3. 正确书写声母、韵母和音节。

4. 认识大写字母,熟记《汉语拼音字母表》。

工作过程

(一)出示任务

1. 请默写出小学语文教材中的 21 个声母、24 个韵母和 16 个整体认读音节。

2. 请准确朗读这些声母、韵母和整体认读音节。

3. 思考:苏教版一年级上册的教材中声母多出了"y 和 w",它们是不是声母?为什么在声母里出现?

4. 背诵《汉语拼音字母表》。

(二) 知识储备

1. 普通话声母、韵母、整体认读音节知识点的简要介绍。

按照汉语传统的分析方法,总是把一个音节分析成声母和韵母两部分,再加上一个贯通整个音节的声调。

声母是指音节开头的辅音,共 21 个。有的音节不以辅音开头,就是没有声母,也可以说它的声母等于零,习惯上叫做"零声母"。不同的声母是由不同的发音部位和发音方法决定的。

韵母是指音节中声母后面的部分。韵母按结构分可分为单韵母、复韵母和鼻韵母三类,其中单韵母为 10 个,复韵母为 13 个,鼻韵母为 16 个。

声调是音节中具有区别作用的音高变化。普通话的全部字音有四个基本调值,分为阴平、阳平、上声和去声四种调类,统称"四声"。

整体认读音节一般是指添加一个韵母后读音仍和声母一样的音节,也就是指不用拼读即直接认读的音节,所以整体认读音节要直接读出。

2. 为什么小学语文教材中把两个零声母的"y 和 w"算作声母呢?

声母表共列出普通话语音系统中的辅音声母 21 个,其实普通话语音系统中还有一种情况,就是韵母独立成音节,例如:ān(安)、ō(喔)、yī(衣)、wǔ(五)等,在普通话语音学中称之为"零声母"。零声母加上 21 个辅音声母,普通话语音系统中实际共有声母 22 个。因为作为韵母的相同发音已经有 i 和 u 了,但是声母里还应该有相同发音的,所以有了 y 和 w。为了便于刚上一年级的学生识记和掌握,教材在编排时就直接把 y 和 w 算作声母了。

3. 为什么小学语文汉语拼音教材中的韵母只有 24 个?

因为小学拼音教材根据小学生的认知特点,对《汉语拼音方案》的内容进行了变通处理编排,所以韵母才 24 个,单韵母为 6 个,复韵母为 9 个,鼻韵母为 9 个。以便做到减少内容,简化规则,使学生易于接受。如把 y,w 当作声母来教,直接和韵母相拼 iou,uei,uen 教省写式 ;等等。

（三）工作示例

b p m f d t n l g k h

j q x zh ch sh r z c s

y w

单韵母

a o e i u ü

复韵母

ai ei ui ao ou iu ie üe er

前鼻韵母	后鼻韵母
an en in un ün	ang eng ing ong

《汉语拼音字母表》

A a　B b　C c　D d　E e　F f　G g
H h　I i　J j　K k　L l　M m　N n
O o　P p　Q q　R r　S s　T t
U u　V v　W w　X x　Y y　Z z

隔音符号

a,o,e 开头的音节连接在其他音节后面的时候,如果音节的界限发生混淆,用隔音符号(')隔开,例如 pi'ao(皮袄)。

（四）小组活动

1. 请在四线三格里写出 16 个整体认读音节。

2. 下面是两组汉字和词语,请标上拼音及声调,并在小组里准确拼读。

家　浩　花　江　按　欧　忧　扭　婴　粉　逛　陌　园

校区　心愿　电影院　棉袄　中华人民共和国

3. 查阅资料,回答:ie,üe,ian,üan 都能作为韵母与其他声母构成音节,它们自成音节时写成 ye,yue,yan,yuan。这四个音节中,其他三个都是整体认读音节,为何 yan 不是? 这个音节在拼音教学中该怎么教?

工作任务2　熟悉汉语拼音教材的编排

教材是教学实施的主要依据。要进行汉语拼音教学,必须先要熟悉汉语拼音教材的编排内容和特点,这样才能做到心中有数、前后贯通地教学。

达成目标

熟悉和掌握汉语拼音教材的编排内容和特点。

工作过程

(一) 出示任务

1. 苏教版汉语拼音教材编排了哪些内容? 是怎样安排的?

2. 苏教版汉语拼音教材的内容编排体现了什么特点?

（二）小组活动

1. 小组合作讨论交流,并完成以上两个问题。

2. 苏教版小学语文教材的主编张庆先生概括了汉语拼音教材的四个特点:

（1）借助"两境",教学字母。（2）减轻负担,降低难度。（3）多种途径,殊途同归。（4）追求童趣,易懂乐学。

请对照教材,理解张庆先生概括的特点。

2. 上网查阅苏教版汉语拼音教材方面的资料,补充对教材的认识。

工作任务3 熟悉汉语拼音教学的内容、过程和方法

汉语拼音教学的过程,是师生互动学习的过程,使每一个学生都要经历从不会汉语拼音到学会汉语拼音,进而达到正确、熟练地运用的过程。作为老师来讲,一定要熟悉汉语拼音教学的内容是什么,在不同学段各有怎样的侧重点,一节课的教学如何安排,可以采用什么样的方法把抽象枯燥的拼音教给学生。

达成目标

1. 掌握汉语拼音教学的内容。

2. 了解汉语拼音教学的阶段过程和一般过程。

3. 掌握汉语拼音教学的方法。

工作过程

（一）工作示例

汉语拼音"j,q,x"教案:

【教学目标】

1. 学会声母 j,q,x,读准音,认清形,正确书写。在学习过程中,感受学习声母

的乐趣,掌握音形结合的学习方法。

2. 能准确拼读 j,q,x 与 i,ü 组成的音节,并知道 j,q,x 与 ü 组成音节时 ü 上两点省写的规则。

3. 从小朋友看到妈妈洗衣服,自己也学着洗手帕的情境图中,渗透热爱劳动、自己的事情自己做的教育。

【教学重点与难点】

1. j, q,x 的正确发音。

2. j,q,x 与单韵母的拼读。

3. b 与 d, q 与 p 的区分。

【教学准备】

情境图,表音表形图,以教材第24页的图为素材制成的多媒体课件,节奏舒缓、悠扬动听的乐曲,色卡纸剪好的半圆(c)和竖(l),以及小猴 u、小熊 ü、小猫 x、小猪 q、小狐狸 j 的头饰。

【教学时间】

两课时

【教学过程】

第一课时

一、谈话导入情境,感受字母发音

1. 老师:这是经常发生在我们家庭中的小故事(播放媒体课件——课文情境图),谁能看图编个小故事?

2. 这位小朋友真爱劳动,自己的事自己做。我们一起来念首儿歌:

洗衣机,嗡嗡响,星期天,洗衣裳,妈妈洗衣我帮忙。

3. 多种形式唱语境歌,老师领唱、师生共同打节奏唱或加动作唱。

4. 今天我们要学的三个拼音宝宝就跟星期天的"期"、洗衣机的"洗"和"机"有关。(电脑屏幕上出示:j, q,x)

5. 老师带读本课学习的三个声母j,q,x,初步引导学生对j,q,x"形"的认识。

二、借助表音表形图,学习字母音和形

1. (出示搭积木图、气筒图和表演图)我们今天要学的三个拼音娃娃就躲在这三幅图里,你们能把它们找出来吗?(在简笔画的娃娃图里板书:j,q,x)

2. 老师(指着板书):我们今天要学习的三个声母就是这三个娃娃的名字,你能叫出哪个娃娃的名字?指名读。

3. 教学"j,q,x":

(1)教师出示"小朋友搭积木"图,引导学生观察。

（2）教师出示卡片 j,引导学生联系情景图自己尝试发音:这个字母读音很像"积木"的"积",把"积"读得轻些、短些就可以了。谁会念?（请小朋友做小老师带同学念一念）

（3）教师示范,让学生注意看口形,仔细听,然后模仿发音。（可以分组"开火车"读。教师注意纠正发音,提示发音要领:发 j 时,舌面前部紧贴上齿龈和硬腭的前端,然后气流冲开一条窄缝,摩擦而出。也可以用"积"来提示发音。）

（4）开火车读,正音。

4. 区别 j,q 的发音:

（1）教师手执一张纸片,轻轻发 j 和 q 这两个声母的音,学生注意观察纸片的变化,从而分别出 j,q 发音的异同。

（2）学生在同桌间以纸张为参照物,在玩中练习发音并互相正音。

5. 教师点拨:

q—出气最强;　　x—"西瓜"的"西"读得轻和短一些。

三、教学声母 j,q,x 的字形及写法

1. 你有什么好的方法记住 j,q,x 这三个娃娃长相?

2. 引导编顺口溜:

j—i 字加弯 j j j。　q—像个 9 字 qqq。　g 下无尾 qqq。　x—一个大叉 xxx。

3. 指导书写

（1）三个拼音娃娃玩累了,该回家了,让我们把他们送回去吧!

（2）复习儿歌:有头向上升,有尾向下拖,没头没尾中间坐。

（3）说说 j,q,x 分别住在四线三格的哪几层。

（4）指导:

j:它是最高的一个娃娃,一个人住了三层楼。看笔顺图,j 有几笔? 先写什么? 后写什么?

q:稍微矮一点,它住两层楼。由几笔构成? 先写什么?

x:它更矮,它只住中间一层楼。注意笔顺,先右斜,后左斜。

（5）教师范写。

（6）学生描红,教师巡回指导。

四、区别"b,d,p,q"几个声母

1. 动手操作

2. 老师:我们刚刚学的 q 是由什么组成的? [由半圆(c)和竖(l)组成的,贴出 q]

老师:老师这有剪好的半圆和竖,摆一摆,看你还能摆成什么?

学生把自己摆好的图形贴在黑板上。

老师:q,d,b,p 都是由半圆和竖组成的,它们长得这么像,我们怎么区分它们呢? 谁能想到好办法,让大家一看就知道是谁?

2. 引导自编儿歌,找办法辨别 b,d,p,q

老师:谁愿意把你的好办法告诉大家?

学生自由发挥。

老师:同学们真善于动脑筋,能想出这么多好办法! 你觉得哪一种办法最好,你就用哪一种办法来记忆。

第二课时

一、复习巩固

1. 出示卡片"开火车"抽读 j,q,x。

2. 指名辨别 b,d,p,q。

二、教学

教学 j,q,x 与 ü 相拼的规则故事导入新内容,边讲故事边演示媒体课件。

老师:今天,老师给你们讲一个字母小故事。小朋友们比一比谁听得最认真,最仔细。

一天,j,q,x 这三个小伙伴一起在森林里玩游戏,uu 过来了说:"喂,我也要玩!"j,q,x 这三个小伙伴看了看 uu 说:"我们不给不讲礼貌的孩子玩。"过了一会儿,üü 过来了,他摘掉墨镜说:"你们好! 我是 üü,我们一起玩游戏好吗?"j,q,x 一起笑着说:"好啊,我们一起玩吧。"j,q,x 和 üü 手拉着手一起玩起了游戏。

2. 从故事中引出相拼规则。

老师:故事讲完了,你从故事中知道了什么? 明确:j,q,x 与有礼貌的 üü 玩,不跟没礼貌的 uu 玩。也就是说,声母 j,q,x 能与 ü 相拼,不能与 u 相拼。

老师:故事告诉我们 j,q,x 与 ü 相拼时,ü 要把两点儿去掉。

(相机板书 j－ü—ju,q－ü—qu,x－ü—xu)

3. 表演巩固,理解消化,游戏课堂。

老师:谁愿意来演演这个故事?(老师准备了 j,q,x,ü,u 的字母头饰,几组学生上前戴头饰表演)

4. 引导学生自编儿歌。

老师:从这个故事中,我们知道了 j,q,x 与 ü 相拼时要去掉两点的规则,还知道了要做一个有礼貌的好孩子。同学们,你们有没有更好的办法记住 j,q,x 与 ü 相拼的规则?

5. 学生拼读 j－ü—ju,q－ü—qu,x－ü—xu。

6. 指名说说 ju,qu,xu 后面的字母是谁?

三、教学带调音节词

1. 教师出示"机器"图,引导学生说出图上画的是什么。

2. 教师出示音节 ji,qi,让学生自己试着拼读,然后指名读得好的同学读,并请他告诉大家是怎么拼出来的。教师板书:j－i－ji,采用多种形式组织练读。

3. 出示"圣诞老人"像,引导学生观察:"看,圣诞老人长着白白的胡须。谁会读这个音节?"(板书:h－u－hu)hu,xu 学生练读。(指名读、齐读或开火车读)

四、巩固练习

1. 在正确的拼音后画"√"

jü( )	kü( )	qu( )	xü( )
ju( )	ku( )	qü( )	xu( )

2. 好朋友手拉手

j－ü→( )　　　　k－u→( )　　　　q－ü→( )

j－i→( )　　　　x－ü→( )　　　　h－u→( )

(二)出示任务

从"j,q,x"这份教案中思考讨论:

1. 老师设置了几个教学目标? 符合《语文课标》中第一学段汉语拼音教学的目标要求吗?

2. 老师围绕"j,q,x"安排了哪些教学内容?

3. 这位老师每个课时设计了几个教学环节？体现了怎样的教学过程？

4. 从这份教案可以看出，老师采用了哪些教学方法？

（三）知识储备

1. 汉语拼音的教学内容有哪些？

根据《语文课标》，汉语拼音教学内容主要有四个：

一是拼音字母的教学。包括单韵母、声母、复韵母和鼻韵母的教学。

二是声调的教学。

三是拼音方法的教学。拼音方法有拼读法和直呼法。拼读法是小学生必须掌握的。拼读法有两拼法和三拼法。两拼法：将韵母看作一个整体，用声母和韵母直接相拼。如：b－ang—bang，t－ai—tai 等。发音要领是："前音轻短后音重，两音相连猛一碰。"三拼法：先把音节分成声母、韵头、韵腹（及韵尾），然后把三部分快速连读。如：d－i－ao—diao，k－u－an—kuan 等。其发音要领是："声短介（介音，即韵头）快韵腹响，三音连续很顺当。"直呼法又叫"一口呼"，是不经过拼读，一口呼出音节的方法。学生学习这种方法的难度较大，《语文课标》对直呼法没有提出要求，因此不作为必学拼法。

四是书写的指导。书写训练主要抓住笔画、笔顺和书写格式进行。抄写音节先写声母，后写韵母，再写声调符号。

（结合汉语拼音教材的内容安排进行感性认识。）

2. 汉语拼音教学的过程是怎样的?

汉语拼音教学的过程可以从两方面来看:

一是阶段过程。即教学内容在每个学段的侧重安排。

汉语拼音教学的主要安排是在第一学段,在一年级上学期用大约一个半月的时间来进行教学。在一年级中后期和二年级的识字教学中进行巩固和运用,从第二学段起就是汉语拼音的运用阶段。(具体的陈述可参照《语文课标》)

二是一般过程。即一节新授课的教学过程。

一般来说,可以有以下程序:复习检查——讲授新课——巩固训练——布置作业。在"讲授新课"环节,主要涉及发音、声调、拼读和书写四个内容。"巩固训练"环节强调形式的多样性和趣味性,实现本课目标。

> **小贴吧**
>
> 人教版、苏教版都是采用拼音、识字双轨运行的编排方式,以拼音为主线、拼音识字为辅线来安排教学内容,前者采用随文拼音识字的方式,后者采用单元集中归类拼音识字的方式。

3. 汉语拼音教学主要有哪些方法?

在汉语拼音教学过程中,通用的方法主要有:

演示法。运用手势、图片、多媒体等手段在教学中作演示,以表示出发音器官的动作或发音特点,给学生以直观印象。

分析综合法。老师可以分析发音、拼音过程,分析字母的笔画、音节的构成等,在分析综合中让学生理解掌握。

引导法。由学生已经学会的容易发音的声母、韵母或音节为引导,带出教学的内容。

观察法。教师示范发音或出示课文插图等,让学生仔细观察,从而掌握要领。

模仿法。教学声母、韵母的发音及四声读法时,教师可作适当夸张的示范,突出一些发音特点,让学生模仿朗读。待学生掌握后,再作改正。

活动法。根据小学生心理特点,多组织一些游戏、表演、竞赛等活动,让学生在轻松愉快的氛围中学习。

歌诀法。将一些教学难点编写成形象易记的儿歌,帮助学生记住字母的发音特点及形状。或者编成一些绕口令,帮助学生读准音节。

《语文课标》在"实施建议"部分指出:"汉语拼音教学要尽可能有趣味性,宜采用活动和游戏的形式,应与学说普通话、识字教学相结合,注意汉语拼音在现实语言生活中运用。"因此汉语拼音教学中应多采用生动活泼的活动或者游戏的形式,让枯燥的字母鲜活起来,让学生的学习有趣味。

（四）小组活动

1. 根据以下示例,小组讨论交流汉语拼音的教学目标该如何制定?

【案例一】　《an,en,in,un,vn》教学目标

（1）学会前鼻韵母 an,en,in,un,vn,培养学生学习拼音的兴趣。

（2）看图学习音节词,读准字音,认清字形,正确书写。

（3）能正确、流利、有表情地朗读儿歌。

【案例二】　《a,o,e》教学目标

（1）学会 a,o,e 三个单韵母,读准音,认清形,正确书写。

（2）认识声调符号,掌握 a,o,e 的四个声调,能直接读出带声调韵母的音。

（3）认识四线格,学习使用四线格。

【案例三】　《i,u,v》第三课时教学目标

（1）认识整体认读音节 yu,读准音,认清形。

（2）复习巩固单韵母 i,u,ü 整体认读音节 yi,wu。

（3）学习用所学单韵母 i,u,ü 整体认读音节 yi,wu 拼读有关词语。

_____

_____

_____

_____

2. 上网或者阅读语文教学刊物,每个同学搜集一份汉语拼音的教案,在小组交流:各自搜集的教案如何从教学内容、教学过程、教学方法等方面设计的。

3. 下面是三则汉语拼音教学的片段,请评析其方法的运用是否得当? 教学效果怎样?

【案例一】　复韵母《ai,ei,ui》教学设计片段

（1）问:我们已学过哪几个单韵母?

（2）投影:单韵母 a,o,e,i,u,ü。

（3）谈话导入新课。单韵母的本事可大呢,你知道它有哪些本事吗? 单韵母有的可以自成音节,都能跟声母组成音节。还能自己单独作韵母,还可以组成新的

韵母,叫复韵母。

【案例二】 教学单韵母 o

(1) 看图,指名说图意。

(公鸡在打鸣,喔喔地叫),我们要学的第二个单韵母和公鸡打鸣时发出的"喔喔"声很像。

(出示单韵母 o 的卡片)指导发音:嘴唇要拢圆。范读,齐读,指名读。

(2) 掌握 o 的四声。

依次出示 o 的四声,分别问:这是几声?怎样读?练习发音。

【案例三】 《g,k,h》教学设计片段

课中操,学念儿歌:

(1) 点击课件(伴音乐):出现卡通人物 g,k 说话:"小朋友学得不错,我们送给你们一首儿歌"。

出示:哥哥有只小白鸽,

小白鸽爱唱歌,

咕咕咕,咕咕咕。

哥哥听了笑呵呵。

(2) 动作表演,学念儿歌。

4. 搜集整理汉语拼音教学中朗朗上口的儿歌和顺口溜,在小组中交流朗读。

工作任务4 汉语拼音的教学设计和试教

师范生所具的汉语拼音教学能力要求,不仅要熟悉教学的内容、过程和方法,还要能针对某一个教学内容,完成从解读内容到设计教案再到走上讲台试教整个过程。在校的师范生缺乏的正是"实战场所",因此,课堂模拟试教成为一种退而求其次的选择。

达成目标

1. 走上讲台,大胆历练,锻炼胆识。

2. 形成初步的汉语拼音教学能力。

工作过程

(一)出示任务

选择苏教版一年级上册汉语拼音的某一教学内容进行片段试教。试教时间为5~8分钟。

(二)操作流程

1. 解读教材。

2. 制定教学目标。

3. 编写教案。(注:可以从发音、声调、拼读或者书写这四个教学内容中任选一个内容来编写片段教案。)

4. 微格教室试教,形成教学视频。

5. 小组点评成员的教学视频。

6. 修改调整教案,再试教。

(三)工作示例

【示例1】 汉语拼音教学的教材分析

教材《j,q,x》分析

《j,q,x》是苏教版一年级上册汉语拼音教材第六课。这一课的教学,要求学生在读准声母 j,q,x 的音,并能正确书写的基础上,能准确拼读 j,q,x 与 ü 组成的音节,知道 j,q,x 与 ü 组成音节时 ü 上两点省写的规则,并能正确认和写 b,d,p,q 四个声母。这两个环节的教学既是本课的重点,也是本课的难点。

这一课的插图,立体画面清楚地勾画出以下情境:星期(q)天,妈妈用洗(x)衣机(j)洗衣裳。画面上的洗衣机体现了现代化走进千家万户,但旁边还画了一个小女孩在洗手帕。图中的女孩自己的事情自己做,从小热爱劳动,这对同龄人来讲,是一种潜移默化的教育。所以此图的思想内涵就不言而喻了。执剑起舞的戏曲演员表音,双剑交叉表形。众所周知,戏曲是我国文化百花园中的奇葩,京戏更有"国粹"的美称。看到这幅图,学生不仅能学会字母,还能了解到源远流长、多姿多彩的华夏文明,受到文化的熏陶。

j,q,x 与 ü 相拼的规则是教学中的一大难点。编者创造性地设计了一幅具有童趣、精美的画面:熊猫愚愚 ü 见了好朋友 j,q,x,连忙先摘下墨镜(即 ü 上两点)再与他们握手致意。不仅让教者轻而易举地突破了不易解决的难点,孩子们看了熊猫摘下的墨镜就心领神会地知道 j,q,x 与 ü 相拼必须去掉两点的拼写规则。同时,画面还无声地熏陶着孩子与他人交往要讲文明礼貌,同伴相见要握手致意、互相问好。

设计理念

在设计上,以学生为本,发挥情感育人的功能,创设情境,使拼音教学趣味化,让学生在潜移默化中喜欢拼音,乐于和拼音交朋友。

1. 情境中体验,心灵中融合。将枯燥乏味的拼音教学内容贯穿在实际生活之中,借助情景激发学生积极探求知识的兴趣。在童真、童趣中教师与学生心灵融合,平等对话,摒弃脱离学生感情基础的空泛的说教,注重情感的渗透。通过情境,营造视听感观的感受以达到学生心灵与学习内容相结合的境界。

2. 快乐中学习,活动中表演,欢笑中教育。让教与学尽量在游戏中展开,在活动中感受学习的快乐与轻松,在欢笑中传递各自独特的体验。

3. 合作中探究,规律中求知,想象中创造。在教学过程中,尊重学生年龄特点与认知规律,授之以渔。教师在尊重学生已有的知识经验和好的学习方法的基础上,引导学生自己创造识音记形的好方法,同时拓展学生思维和想象空间。

注:本课的教学目标和教学过程等的示例,可以连接【工作任务3】的教学示例。

【示例2】 汉语拼音教学视频

在试教活动前播放优秀老师的汉语拼音教学视频。分段讨论每一教学环节的步骤和教法等。(视频举例略)

【示例3】 汉语拼音教学设计片段示例

音节的拼读

一、学习拼音方法

1. 出示图片。问:图上的小猴还推出了哪两个字母卡片?(声母 b 和单韵母 ɑ)。

2. 教师示范发音:把声母 b 和单韵母 ɑ 很快地在一起相拼,就拼出了音节 bɑ,读 b - ɑ→bɑ。

3. 讲解两拼音的组成。bɑ 是由声母 b 和单韵母 ɑ 组成的,叫声韵相拼的两拼音。两拼音是由声母和韵母组成的。

讲解拼音要领:b 读得又轻又短,ɑ 读得又响又长,要很快地连起来读。

(教师反复示范拼读过程,学生模仿读)

4. 教读两拼音口诀:"前音轻短后音重,两音相连猛一碰。"(让学生熟读成诵)

二、练习音节的拼读

1. 带调拼读 b—ā→bā,b—á→bá,b—ǎ→bǎ,b—à→bà。

带读词语:八个、拔萝卜、打靶、爸爸。

2. 出示声母是 b 的其他音节,练习拼读:

(1) bo,bi,bu。

先说说音节的组成,再进行拼读练习。

（2）带调音节：

bò，bí，bó，bǔ，bú。

（四）知识储备

1. 解读教材中着重关注什么？

虽然汉语拼音的内容看上去很简单，但是对于一年级的学生来说，对这些抽象的字母进行准确的发音、拼读和书写，是一件不简单的事。因此，解读教材中，更多的要从学情的角度去考虑。

2. 小学生学习汉语拼音时具有怎样的心理？

了解小学生学习汉语拼音的心理，更有利于教师选择合适的教学方法展开教学。小学生学习汉语拼音的心理具体表现在：具体形象思维占优势，逻辑思维力不强；观察事物笼统，精细辨别、方位知觉能力差；易受方言读音的影响；写字初始阶段未形成熟练技巧，制约着汉语拼音的书写；乐于模仿新鲜事物，自控能力较弱；具有无意识记忆的特点。

3. 汉语拼音教学应注意哪些问题？

在汉语拼音教学中，需要注意的问题主要体现在四个方面：

（1）抓住重点，突破难点，教给方法，培养能力。

汉语拼音教学的重点是教学字母和拼音方法。难点是教学声母和鼻韵母的发音及三拼连读。主要抓两种方法：发音方法，拼音方法。培养学生需具备的能力包括认读字母的能力、拼读音节的能力、听音辨音的能力、拼音书写的能力。

（2）加强常用音节的训练，培养熟练拼读音节的能力。

（3）教学方式以活动和游戏为主。

（4）与识字、学说普通话相结合。

（5）注意及时复习巩固。

🔍 工作小结

通过完成四个工作任务，师范生对于汉语拼音教学的基本过程一定会有大致了解和熟悉。尤其在试教环节，能有更多时间来反复练习、修改和再练习，师范生对于汉语拼音教学技能的掌握就会更加熟练。

项目二 识字写字教学技能

⭐ 要点引导

《语文课标》总目标对识字写字教学的要求："学会汉语拼音。能说普通话。

认识 3500 个左右常用汉字。能正确工整地书写汉字,并有一定的速度。"在"实施建议"部分进一步强调:"识字、写字是阅读和写作的基础,是第一学段的教学重点,也是贯穿整个义务教育阶段的重要教学内容。"

本项目主要从检测汉字知识,熟悉教材识字写字的编排,熟悉教学的内容、过程和方法,教学试教等几个方面有序展开,以期使学生形成初步的识字写字教学技能。

工作任务1 检测汉字知识

《语文课标》第一学段的"阶段目标"中有关"识字与写字"的第三条阐述:"掌握汉字的基本笔画和常用的偏旁部首,能按笔顺规则用硬笔写字,注意间架结构。初步感受汉字的形体美。"第四条阐述:"努力养成良好的写字习惯,写字姿势正确,书写规范、端正、整洁。"在小学第一学段,老师的言传身教是非常重要的,因此,老师要首先掌握汉字学习内容。

达成目标

1. 掌握基本笔画和常用的偏旁部首。
2. 能按笔顺规则写字,在田字格里摆正间架结构。
3. 能有正确的写字姿势。
4. 能写规范、端正、整洁的楷体字。

工作过程

(一) 出示任务

1. 汉字的基本笔画有哪些? 请书空下列汉字。

上 右 青 钱 温 奋 我

2. 请用字典按音序检字法和部首检字法检索这些字,并填空。

"斟"查( )部,再查( )画。

"幽"查( )部,第一画是( )。

"妥"查( )部,再查( )画。

不认识"庚",可用( )法查字典,先查( )部,再查( )画。

"咫"用部首查字法查( )部,再查( )画,第八画名称是( )。

"鱼"用部首查字法,应查( )部,再查( )画。

"串"用部首查字法,应查( )部,一共有( )画。

"庆"的音序是( ),音节是( )。

"叹"的音序是( ),音节是( )。

3. 写出下列字的笔顺,并把它们写到田字格里。

书   祝   变

班		帽		垦	
慌		樊		武	
色		出		戈	

4. 正确的握笔和写字姿势是怎样的？你做得怎样？

（二）操作流程

1. 查阅相关资料，了解汉字的基本知识。
2. 尝试完成上面的任务。
3. 有疑惑或者争议的地方小组讨论交流。
4. 上网查阅相关的知识点，作补充学习。
5. 对照要求，看看自己哪些方面还有欠缺，尽可能作修正和完善。

（三）工作示例

【示例1】　正确的握笔姿势和写字姿势图

一寸距　　　　二指圆　　　　三指齐

✓ 正确的写字姿势：
头正、肩平、身直、足安

写字歌
头正、身直、两脚平，
眼离书本一尺高，
胸离桌子是一拳，
手离笔尖一寸长。

【示例2】 基本笔画

笔画	名　称	例　字	笔画	名　称	例　字
丶	点	广	㇕	横钩	写
一	横	王	㇆	横折钩	月
丨	竖	巾	㇈	横折弯钩	九
丿	撇	白	㇌	横撇弯钩	那
丶	捺	八	㇅	横折折折钩	奶
㇀	提	打	㇗	竖折折钩	与
㇁	撇点	巡	㇄	竖弯	四
㇄	竖提	农	㇟	横折弯	沿
㇇	横折提	论	㇆	横折	口
㇅	弯钩	承	㇙	竖折	山
㇚	竖钩	小	㇄	撇折	云
㇟	竖弯钩	屯	㇇	横撇	水
㇂	斜钩	浅	㇜	横折折撇	建
㇃	卧钩	心	㇛	竖折撇	专

【示例3】 认清笔顺

（四）知识储备

1. 汉字的基本笔画有哪些？

汉字笔画大体有两种分法：

（1）五类（横竖撇点折，"捺"归入"点"），可用"札"字代表；

（2）八类（点横竖撇捺提折钩），可用"永"字代表，即"永字八法"。

目前比较广泛被学术界接受的，是张静贤从"印刷通用汉字字形表"6196个字中，总结出来的6种基本笔画（即"平笔"，包括横、竖、撇、点、捺、提）和25种派生笔画（即"折笔"）。

2. 汉字的笔顺规则是怎样的？

汉字笔画的书写顺序。汉字的笔顺规则是：先横后竖（如："干"），先撇后捺（如："八"），从小到大（如："主"），从左到右（如："林"），先进后关（如："田"），先中间后两边（如："水"），从外到内（如："回"）等。如"仗"，笔顺为丿，丿丨，丿丨一，丿丨一丿，丿丨一丿丶。笔顺是否正确，关系到书写的速度和字形的好坏。

3. 偏旁和部首的区别在哪里？

"偏旁部首"常常连在一起说，于是有些教师就认为"偏旁"和"部首"是一回事，这是一种误解。偏旁和部首虽然有某些联系，却是两个不同的概念。

偏旁是合体字的构字部件。古代人把左右结构的合体字的左方称为"偏"，右方称为"旁"，现在合体字各部位的部件统称为偏旁。如"语"字，由"讠"和"吾"两个偏旁组成；"盆"字由"分"和"皿字底"两个偏旁组成；"问"字由"门字框"和"口"两个偏旁组成。

部首一般是表意的偏旁。部首也是偏旁，但偏旁不一定是部首，偏旁与部首是整体与部分的关系。

在偏旁中，部首的数量很少，常用的不过一百多个。大量的偏旁是表音成分，主要是声旁，常用的有一千多个。声旁中将近90%是独体字，如"偏"、"驾"、"固"等字中的"扁"、"加"、"古"，这类声旁叫做"成字声旁"。在小学语文教学中，把那些构字能力强的成字声旁叫做"基本字"。

工作任务2　熟悉识字写字教材的编排

苏教版在识字写字教材的编排中，构建了一套符合汉字特点和儿童识字心理的识字教学的创新体系。因此，我们要让识字写字教学有效地实施，就必须先了解和熟悉识字写字教材的编排情况。

达成目标

1. 熟悉和掌握识字写字教材的编排内容。

2. 熟悉和掌握识字写字教材的特点。

工作过程

（一）出示任务

1. 苏教版识字写字教材编排了哪些内容？是怎样安排的？

2. 苏教版识字写字教材的内容编排体现了什么特点？

3. 苏教版识字写字教材的内容编排主要有两种形式：分散识字和集中识字。请对照教材进行分析和交流。

4. 仔细阅读第一学段识字单元的安排,讨论交流苏教版安排了几种识字方式?

小提示

　　因为第一学段的重点是识字教学。因此我们对识字教材的探讨主要以第一学段的四册教材为主。识字单元只在第一学段安排。

(二)小组活动

1. 上网查阅苏教版识字写字教材方面的资料,补充对教材编排的认识。

2. 小组共同探究教材中的"词串识字",形成基本认识。

3. 小组讨论交流:根据汉字的构字规律,汉字可以分为几类? 教材中是怎样体现出来的?

(三)知识储备

1.《语文课标》对学生识字量是如何规定的?

《语文课标》对识字量的总要求是"认识 3500 个左右常用汉字。能正确工整

地书写汉字,并有一定的速度。"具体如下:

第一学段:"认识常用汉字 1600 个左右,其中 800 个左右会写。"

第二学段:"累计认识常用汉字 2500 个左右,其中 1600 个左右会写。"

第三学段:"有较强的独立识字能力。累计认识常用汉字 3000 个左右,其中 2500 个左右会写。"

第四学段:"能熟练地使用字典、词典独立识字,会用多种检字方法。累计认识常用汉字 3500 个左右。"

2. 为什么小学阶段的识字量是"常用汉字 3000 个左右"?

1987 年的《现代汉语常用字频度统计》与国家语委颁发的法规性文献《现代汉语常用字表》,一直是识字教学大纲制订和教材编写的依据和评价标准。《现代汉语常用字表》分别包括常用字 2500 个和次常用字 1000 个。这就告诉我们:一个人只要认识 2500 个高频字,一篇普通文章中 99% 以上的字就都是认识的,阅读和写作都可进行。因此,小学阶段的识字量为"常用汉字 3000 个左右"是有一定科学依据的。

3. 识字写字教材的编排体现了怎样的理念?

(1) 遵循儿童心理,激发学习兴趣,培养学生热爱祖国语言文字的感情;

(2) 识写写字要求分开,低年级多认少写;

(3) 教给识字方法,培养学生自主识字的能力;

(4) 开拓学生视野,引导学生走开放识字之路。

4. 介绍小学语文教材的主编张庆先生在构建识字写字教材体系中的三个识字策略。

(1) 寻求一条"两全其美"的识字教学之路,即"识写分流"。要求"能识会写"的字排在田字格里,要求"只识不写"的字,用较小字体排在两根绿线内,意思是"绿色通道",认识了这些字,读课文就可以畅通无阻了。

(2) 给孩子一把打开汉字迷宫之门的钥匙。主要表现在:看图会意,揭示字理;转盘识字,带出一串;抓住"队长"(即部首),统帅"全军"。

(3) 回归语文教学传统,从老祖宗那里挖"宝"。如重视韵语识字,重视写字训练,重视写字姿势等。

工作任务3 熟悉识字写字教学的内容、过程和方法

识字和写字都是小学生在语文学习中的重要基本功训练。根据汉字的特点,把字的音、形、义紧密结合起来,使学生养成看形、读音、想义的习惯,并且指导学生认真写好字。《语文课标》在总目标和阶段目标中都明确提出了识字和写字的教学要求。因此我们非常有必要在新的教学理念指引下,熟悉识字写字教学的内容、

过程和方法,切实培养学生的自学识字的能力。

达成目标

1. 掌握识字写字教学的内容。

2. 了解识字写字教学的阶段过程和一般过程。

3. 掌握识字写字教学的方法。

工作过程

(一)工作示例

苏教版二年级下册《识字2》教案

【教材解读】

《识字2》是一篇极富美感的韵文,介绍了著名风景区——桂林山水。生动、逼真的情境极富感染力,能调动学生内在真实的情感体验,激发他们学习的兴趣。教师要创设相关情境,用富有感染性的语言为学生打开通往桂林的大门,和学生乘上旅游船去漓江游玩;用生动形象的画面向学生展示桂林的美景,让他们在大脑中构建起桂林山清水秀的美好形象。让学生在情境中学一学对歌,说一说风俗,起一起山名,猜一猜、画一画奇山,充分享受桂林的美景带给他们的快乐,激发学生学习的兴趣,使他们积极主动地融入情境来学习。

【教学目标】

1. 学会本课生字,能正确、规范地书写,理解由生字组成的词语,正确、流利地朗读词语。

2. 认真观察图画,能把图上描绘的事物与所学的词语联系起来,凭借图画和学生的生活经验理解词语。

3. 了解大自然的美丽景色以及有关的民族风情。

【教学重难点】

认识8个生字,能按笔顺正确书写田字格中的8个生字;能按字的结构,把字写端正、匀称。

【教学准备】

1. 学生课前收集有关旅游胜地的材料,一组一张小情境图和一套生字卡片。

2. 教师准备大教学挂图和多媒体课件等。

【教学课时】

2 课时

【教学过程】

第一课时

一、师生谈话,导入新课

春暖花开,阳光明媚,正是踏青旅游的好时节,你想向小朋友们推荐哪一个旅游胜地呢? 为什么? 请说一说理由。

二、借助拼音,自主识字

1. 学生借助拼音认读词语。

2. 同桌互读,相互正音。

3. 检查自读情况,指名读词语。

三、创设情境,学习韵文

1. 学习第一组词串。

(1) 人们都说"桂林山水甲天下",就让我们走进山水如画的桂林去看看吧。(播放优美的音乐)

(2) 我们的轮船已缓缓驶入漓江,(多媒体出示桂林的风光片)让我们站在船头看一看这美丽的风光,你看到了什么? 你感受到了什么?

(3) 根据学生的回答,相机出示"碧水"、"秀峰"、"倒影"等词语。

(4) 这么美的景色,你能把它读好吗? (引导学生读出自己的体会,指名读,比赛读)

2. 学习第二组词串。

(1) 船,沿着漓江缓缓前行。听,远处传来了什么? (播放壮族青年对歌的歌声)

(2) 我们寻声望去,(多媒体课件显示壮族对歌的情景)你看到了什么?

(3) 相机出示"对歌"、"榕树"、"壮乡"等词语。

(4) 你能用自己的话说说这些词语的意思吗? (老师点拨理解:壮乡,指我国的一个少数民族自治区)

(5) 多么有趣的风俗,多么热情的壮族人民,让我们用充满感情的朗读来表达他们的喜悦之情吧! (练读"对歌"、"榕树"、"壮乡",指名读,齐读)

(6) 你还了解哪些少数民族特有的风情?

3. 学习第三组词串。

(1) 走出多姿多彩的壮乡,听完悦耳嘹亮的对歌,轮船渐渐驶近连绵起伏的青山。(出示小插图一二)你们感觉这些山怎么样?

(2) 假如要你给它们起个名字,你会起个什么名字呢? 为什么? (小组交流)

(3) 根据学生的回答,相机出示"象鼻"、"骆驼"、"笔架"等词语。

(4) 这么有趣的山峰,这么有趣的名儿,谁想读? (指名读,分组读,齐读)

(5) 这里可能还有什么样的山? 小组猜一猜、画一画。(配上音乐)

4. 学习第四组词串。

(1)(出示课文插图)你们看,绿莹莹的江面上一位渔民正撑着竹筏。(教师相机介绍竹筏)

(2)竹筏上,站着一只鸬鹚。(观看鸬鹚捉鱼的课件)它正注视着水面,随时准备捕捉水里游动的鱼儿。(随着学生的回答出示"竹筏"、"鸬鹚"词卡,并进行朗读)

5. 回归整体。

桂林之行即将结束,让我们来回顾一下走过的旅程,(读学过的词串)你最留恋的是什么呢?为什么?(学生自由说)

青山、绿水、竹筏、鸬鹚……漓江真像一幅美丽的水彩画,真是"舟行碧波上,人在画中游",漓江真可称为"百里画廊"哪!(出示"画廊",学生读)

四、齐读韵文,小结本课

第二课时

一、复习词语,导入新课

1. 指名读词语:碧峰　倒影　象鼻　骆驼　笔架　画廊　月饼

(1)带拼音读。

(2)去拼音读。

2. 开火车读。

3. 这节课,我们继续学习《识字2》。

二、指导诵读,读中感悟

1. 整个漓江,好像一条百里画廊,充满着诗情画意,老师很想读一读。(教师示范读,并介绍边读边想象的读书方法)

2. 学生边看图,边读词,读出美感。多种读法交替,读后师生评价。

三、看图贴词卡,练习说话

1. 愉快的旅行结束了,你都见到了什么?小组先说一说。

2. 小组合作将这些词语贴在对应的图下面,贴好后,轻声读一读。

3. 把学生完成的情境图贴在黑板上,再次齐读。

4. 根据图意,用卡片上的词语练习说话。

四、字形分析,指导书写

1. 出示生字:碧　峰　影　鼻　骆　驼　架　廊

(1)读一读。

(2)说一说用什么方法来记住。

2．学习写字。

（1）观察、讨论：在这些字中你觉得哪些字比较难写？提出来讨论、交流。

（2）教师在田字格中范写，(重点抓住"鼻"这个字指导)学生描红。

（3）教师行间巡视，提醒学生注意写字姿势。

五、课间延伸，实践活动

水如碧玉，清澈见底；山是奇峰，挺拔秀丽，不去旅游真是可惜。请小组互相合作设计一幅广告画和相应的广告词，把桂林的美景好好夸一夸，让别人听见了就想去，看哪个小组设计得好。

（小组合作，设计广告画和广告词，并进行介绍）

（二）出示任务

认真阅读《识字2》这份教案，思考讨论：

1．示例教学设置了几个教学目标？讨论交流识字写字教学目标的制定依据。

2．这份教案的教学内容有哪些？由此可以看出识字教学主要的教学内容是什么？

3. 这位老师每个课时设计了几个教学环节？体现怎样的识字写字教学过程？

4. 这份教案中老师采用了哪些教学方法？

（三）知识储备

1. 识字教学的内容是什么？《语文课标》对此有何要求？

识字教学主要是字音、字形、字义的教学。《语文课标》的"评价建议"指出："识字的评价，要考查学生认清字形、读准字音、掌握汉字基本意义的情况，以及在具体语言环境中运用汉字的能力，借助字典、词典等工具书查检字词的能力。"其中"认清字形、读准字音、掌握汉字基本意义"就是对生字的音形义教学的具体要求。

2. 《语文课标》对各学段的识字能力有何要求？从中可以看出在不同学段的识字教学侧重点是什么？

第一学段："学习独立识字。能借助汉语拼音认读汉字，学会用音序检字法和部首检字法查字典。"第二学段："有初步的独立识字能力。会运用音序检字法和部首检字法查字典、词典。"第三学段："有较强的独立识字能力。"

每个学段的目标非常明确，学段之间内容相连，要求循序渐进。由此可以看出，各学段的侧重点是不同的。生字学习的方法形成主要是在第一学段，而在第二、三学段主要是提升和运用生字的过程，并逐渐形成自学生字的能力。识字教学在第一学段主要是教学字形，而在第二、三学段主要侧重教学字义。

3. 识字写字教学的一般过程是什么？

识字写字教学的一般过程大体包括四个基本环节：提出生字、教学生字、复习巩固、书写生字。根据不同的课型和教学内容，提出生字的方式是多样的。在"教学生字"部分，字音、字形和字义要选择侧重点进行教学。

4. 识字教学的方法有哪些？

识字教学的方法需要根据字音、字形、字义三个教学内容来确定。

字音教学的基本方法是利用拼音读准字音。但是汉字字音有多音字、同音字、近音字等特点，需要分别对待：多音字可以用据词按义定音的方法；同音字要重视比较，如音同形近字，要根据形声字"形旁表义，声旁表音"的特点来比较；近音字要在语境中辨析。

字形教学是识字教学的重点，也是难点。常用的方法有：笔画分析法、部件分析法、造字分析法，形近字标记法、儿歌字谜法、直观形象法等。字形教学要循序渐进地教给学生识记方法：先是熟悉字的笔画、笔顺、结构和偏旁部首，再分析、综合字的组成部分，教给学生识记字形的方法，最终形成独立识字的能力。

字义教学方法很多，主要有直观法、联系法、选择法、造句法、比较法、构字法等。其中联系上下文或者联系生活实际的方法是字义教学中一种重要的方法。

5.《语文课标》对写字提出了什么要求？

《语文课标》的"实施建议"指出："按照规范要求认真写好汉字是教学的基本要求，练字的过程也是学生性情、态度、审美趣味养成的过程。每个学段都要指导学生写好汉字。要求学生写字姿势正确，指导学生掌握基本的书写技能，养成良好的书写习惯，提高书写质量。第一、二、三学段，要在每天的语文课中安排10分钟，在教师指导下随堂练习，做到天天练。要在日常书写中增强练字意识，讲究练字效果。"

6. 写字教学的一般步骤是什么？

写字教学的一般步骤是：指导—示范—练写—批改—讲评。

小贴吧

"字不离词，词不离句"、"在语言环境中识字"是识字教学的原则。

（四）小组活动

1. 根据以下示例，小组讨论交流识字写字教学的教学目标该如何制定。

【案例一】 二年级上册《识字5》教学目标

（1）学习本课8个生字，认识一个新偏旁"羽字头"。

（2）通过看图、识字认字、诵读词串来认识有关冬天的事物,理解由生字组成的词语。

（3）初步了解冬天气候的一些特征,让学生感受到冬天虽冷,但仍充满着勃勃生机和生活的情趣。培养学生不畏严寒的顽强意志。

【案例二】 二年级上册《小鹰学飞》教学目标

（1）能正确、流利地朗读课文。

（2）学会本课生字,其中田字格上的字只识不写。

（3）初步理解课文内容。

---

2. 小组讨论交流:

用什么方法指导小学生读准下列字的读音?

妈—蚂 英—音 良—娘 带—戴 乐

你准备用什么方法指导学生理解下列字词?

叼 首 垂直 非常 棉花 礼貌 曲 抱 饱

说说如何指导学生记忆下列各字的字形?

休 捧 棒 聪 灭 埋 旱 臭 甜 赢 鸟 掰

3. 下面是三则识字写字教学的片段,请评析其方法的运用是否得当? 教学效果怎样?

【示例1】 二年级下册《识字3》教学设计片段

识读字、词

（一）自读课文,整体感知。

要求:读准字音,不会读的字多拼几遍拼音。

（二）识读字、词。

1. 自读生字。（示生字）

要求：借助拼音把字音读准。

2. 同座互读生词。（示生词）

要求：词儿连读。

3. 小组学习，查读字、词。

要求：小组同学互相帮助，把每个字、词都读准。

4. 全班查读字、词。

(1) 查读字，正音。（开火车读、齐读）

重点指导：川 chuan　什 shen

(2) 查读词：正音，词儿连读、读好听。（指名读、齐读）

重点指导：a."竹子，石头，燕子"第二个字是轻声。

　　　　　b."竹子"：看，绿油油的竹子，品读。

"泉水"：听，泉水流动的声音，品读。

"燕子"：说，你能给大家介绍一下燕子吗？品读。

【示例2】 二年级下册《识字2》教学设计片段

识记字形，指导书写

1. 给"球、足、射、击"找朋友。

2. 记忆"足、射、登"的笔顺。

3. 反馈"足、射"的笔顺。

4. 学生描红书中田字格里的生字，播放轻音乐。

5. 说说怎样记住这些字。

6. 学生描红、仿影、临写《习字册》上的生字"击、足球、排"。播放轻音乐。

【示例3】 《植物妈妈有办法》中"更"字的教学

老师：刚才我们学习了植物传播种子的三种不同的方法。蒲公英要靠风来传播；苍耳要靠动物来传播；而豌豆呢，只要太阳一晒就能传播。同学们比比看，谁的办法最好，最容易。

学生：豌豆的传播办法最好。

老师:书上是用哪个词来说明豌豆的办法比其他两种传播方法好的呢?

学生:"更"。

老师:对呀,"更"就是越发、愈加突出的意思,所以我们读"更"时,要重读。

_____

_____

_____

4. 怎样根据汉字的构字规律让学生识记以下三组字:

(1) 火、水、山

(2) 清、晴、情

(3) 休、灶、明

5. 苏教版第五册《西湖》有11个生字,"杭、州、堂、眺、绵、犹、秀、雅"为其中8个。

(生词:杭州、天堂、远眺、连绵起伏、犹如、秀美、典雅)

试分析以上8个生字的音、形、义的侧重点。

(1) 以字音为重点的字有:

原因_____

(2)以字形为重点的字有:

原因_____

以字义为重点的字有:

原因_____

工作任务4　识字写字教学的片段教学设计和试教

前面的三个工作任务只是理解和熟悉识字写字教学,通过识字写字教学的片段教学设计和试教,能更扎实地形成初步的识字写字教学技能。

达成目标

1. 走上讲台,大胆历练,锻炼胆识。

2. 形成初步的识字写字教学能力。

工作过程

(一) 出示任务

选择苏教版二年级上册识字单元的某一教学内容或者随课文识字的生字教学进行片段试教。试教时间为5~8分钟。

（二）操作流程

1. 解读教材。

2. 制定教学目标。

3. 编写教案。（注：可以从字音、字形、字义或者写字指导这四个教学内容中任选一个内容来编写片段教案。）

4. 微格教室试教，形成教学视频。

5. 小组点评成员的教学视频。

6. 修改调整教案，再试教。

（三）工作示例

随课文识字教学示例。

《小动物过冬》教学设计

【教材分析】

本课是一篇童话，讲的是青蛙、小燕子、小蜜蜂一起商量过冬的事。课文不仅生动地介绍了有关动物过冬的知识，而且表现出小动物之间的相互关心。

【教学目标】

1. 能够正确、流利、有感情地朗读课文，会分角色朗读课文；

2. 学会本课田字格中的 10 个生字，两条绿线内的 8 个生字只识不写；

3. 理解由生字组成的词语，如"商量"、"春暖花开"等；

4. 读懂课文内容，了解动物过冬的有关知识，懂得朋友之间应该相互关心。

【教学重难点】

通过分角色朗读，体会遣词造句的准确，了解小动物们过冬的不同方式。

【教学准备】

搜集动物过冬的相关知识。

【教学时间】

2 课时

第一课时

【教学内容】

朗读课文，理解课文内容，认读生字，会写"物"、"商"、"暖"。

【学生学习过程】

一、导入

同学们，现在是什么季节了？冬天到了，天气渐渐冷了，我们都是怎样过冬的？（学生答）那么小动物是怎样过冬的呢？今天我们一起学习《小动物过冬》。

老师板书课题,学生书空,齐读。老师板书"物",边写边强调识记。学生描红。

读了课题,你想知道什么?(学生答)

课文中介绍了哪几个小动物?它们是怎样过冬的?让我们带着问题一起去课文中找找吧。

二、初读课文

1. 自由小声读课文,要求:读准字音,遇到生字词圈出来多读几遍;给自然段标上序号。

2. 课文读完了,文中的生字词认识了吗?同学们打开生字表,同桌互相读一读,认一认吧。

3. 同学们学得可真认真,现在不会没关系,接下来我们要在学习课文当中继续认识它们。

三、精读课文

(一)学习第1自然段

读了课文我们知道了,课文讲了哪几个小动物呢?它们是……(板贴),它们三个是……(好朋友),课文哪几个自然段告诉我们的?第1自然段还告诉我们什么了?(多媒体出示)谁来读一读?第二句话中有个二类字朋友想跟我们认识一下,快来读一读吧:舞——跳舞。

三个好朋友在一起唱歌跳舞,真快乐,让我们一起读这段话,分享一下它们的快乐吧。

(二)学习第2自然段

日子过得特别快,转眼间又到秋天了。(出示课件)让我们看看这三个好朋友在干什么呢?谁想读读第2自然段?

1. 秋风刮起来了,天气渐渐凉了。(出示卡片:刮起来,齐读)怎样来记住"刮"这个生字。把这个词放回句子中,再来读读这句话。

2. 小动物聚在一起干什么呢?学生答。(小动物一起商量过冬的事)

3. 出示卡片:商量,齐读。强调:"量"读二声,在"商量"中读轻声,再读。商量是什么意思?(几个人在一起互相说说,讨论一件事情)那我们看怎样记住这两个字?重点识记"商"。

4. 把这个词放回课文中再来读读这句话。

(三)学习课文第3~7自然段

第一遍:那你们想知道这三个小动物都是怎么过冬的吗?让我们快去读读课文的第3~7自然段吧。

第二遍:请你不出声音地读,用"——"划出小动物过冬的句子。

1. 学习第 3 自然段。

（1）好，让我们一起来交流。谁先发言？我们先来看看燕子是怎样过冬的？指名读第 3 自然段。你知道小燕子是怎么过冬的吗？

明确：燕子到南方过冬。因为南方暖和，虫子多。

老师：（老师板书：飞到南方）是呀，冬天，北方太冷了，虫子都躲起来了。小燕子到南方过冬才有虫子吃，而且那儿还暖和。出示："暖和"一词认读，强调"暖"的字形"和"的读音。

（2）老师：在冬天的时候燕子飞到南方过冬，那过完冬呢？

明确：明年春暖花开的时候，燕子会再飞回来。

（出示："春暖花开"）看到这个词，你仿佛看到了什么？（学生想象说话）把"春暖花开"放进句子中美美地读一读。

让我们当一当小燕子来介绍一下过冬的方式吧。齐读。

2. 学习第 4~5 自然段。

老师：小燕子要避开寒冷的冬天，飞到南方去过冬。那他的好朋友小青蛙是怎么过冬的呢？请小朋友先读一读第 4、5 自然段。

（1）我们来看看小燕子是怎么问小青蛙的？（指名读第 4 自然段）

燕子介绍完自己过冬的方式，接着就问小青蛙，"接"又有一个生字朋友跟我们见面了，看看怎样来记住它？（出示：接，认记）

出示句子：谁来读读这句话，小燕子称小青蛙是哥哥，出示卡片，识记"哥"。从小燕子的问话中你知道了什么？引导学生读出关心的语气。

（2）青蛙是怎么回答小燕子的呢？（指名读，多媒体出示第 5 自然段）

（3）读了青蛙的话，我们知道：青蛙怎样过冬啊？钻到土里，识记"钻"。（跟老师一起板书：钻到土里）

（4）原来小青蛙要"吃得饱饱的"钻到土里"好好睡上一大觉"，谁再来读读小青蛙的话。

（5）男女生分角色读。

3. 学习第 6~7 自然段。

老师过渡：知道了燕子和青蛙的过冬方式，谁愿做一只小燕子，去问问小蜜蜂呢？（同桌练习朗读第 6、7 自然段"燕子"与"蜜蜂"的对话）

再指名同桌读，你知道小蜜蜂是怎样过冬的吗？学生答。

是啊，小蜜蜂真勤劳，早就采了很多蜜，藏在蜂巢里。认读"藏"（板书：蜂巢藏蜜），勤劳的小蜜蜂们，让我们一起来说说它们是怎么过冬的吧。齐读。

老师小结：是啊！这三个小动物真了不起！他们都有自己独特的过冬方式。小燕子是_____，青蛙是_____，小蜜蜂是准备了粮食_____。

你还知道哪些小动物是怎样过冬的?

(四)学习第8自然段

老师引读:三个好朋友都为自己的冬天做好了打算,它们之间还有个秘密约定呢。齐读第8自然段。

4.课文学完了,你有哪儿些收获?

四、学习生字

分析"商"、"暖"的结构,指导书写。

五、总结

这篇童话故事告诉我们,小燕子、小青蛙、小蜜蜂虽然是好朋友,但是它们的过冬方式是完全不一样的。因为它们的生活习惯不一样。在大自然中,还有许多有趣的现象。只要我们仔细地观察,积极开动脑筋,就会发现很多的奥秘。

六、作业设计:搜集其他小动物过冬的知识,下节课交流。

板书设计: 19 小动物过冬

小燕子 飞往南方?

小青蛙 钻到土里   团结友爱

小蜜蜂 蜂巢藏蜜

第二课时

【教学内容】

巩固认读生字,学习写字。

【学生学习过程】

一、学习最后一个自然段

1.选字填空。

首先   也   接着

第二年春天,青蛙(   )从泥土里钻出来,早早来到约定的地方,等它的好朋友。(   )小蜜蜂从蜂巢里出来和青蛙见面了。不久,小燕子(   )从南方飞回来了。三个好朋友一起快乐地唱起了歌,跳起了舞。

2.练习说一段话,用上表示顺序的词"首先……接着……又(也)……"

3.交流其他小动物过冬的知识。

二、读书背诵

1.指名分角色朗读课文。

2.分角色表演。

3.背诵喜欢的段落。

三、继续学习生字

1. 出示生字卡片,开火车读。

2. 出示要写的字,分析字的结构,讨论记忆方法。

3. 指导书写,重点示范:

第——与"弟弟"的"弟"区分开来。　哥——上面不是"可"。

4. 按笔顺描红,学生练字,教师巡视指导。

5. 组词扩词。

思考:这份教案的设计,能为你的试教教案提供怎样的帮助?

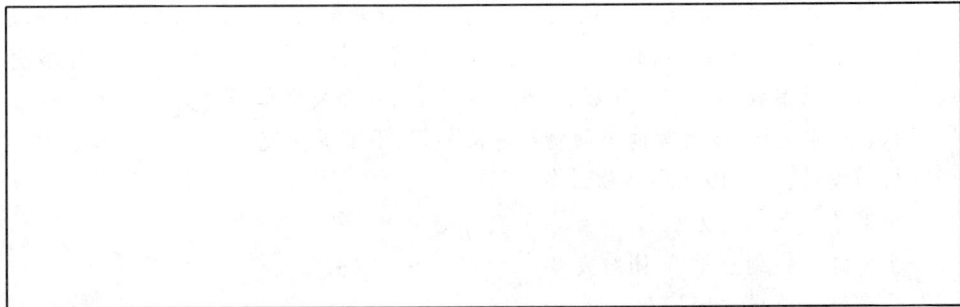

　　随课文分散识字也叫随课文识字或分散识字。随课文识字是1958年由江苏南京的斯霞老师实验成功的一种识字方法,作为一种识字教学的流派,它形成于20世纪60年代初。随课文分散识字最大的特点是"字不离词,词不离句,句不离文",把生字词放在特定的语言环境,具体的一篇篇课文中来感知、理解和掌握。随课文分散识字符合儿童的认知规律和汉字规律,提高识字的数量和质量,促进儿童语言的发展。

(四)知识储备

1. 随课文识字的三种方式中,哪种更好些?

第一种:先识字再读课文。第一课时,导入课题后,先出示要求会认的字,让学生借助拼音自读生字,然后全班交流每个字的识字方法,最后指导学生写"我会写"的字。第二课时,重点指导学生朗读课文,读懂课文。

第二种:边读课文边识字。第一课时,导入课题后,先让学生初读课文,再让学生分自然段读,同时教学这段中出现的生字,然后出示生字卡巩固生字,最后指导学生写"我会写"的字。第二课时,重点指导学生朗读课文,读懂课文。

第三种:先读课文再识字。第一课时,导入课题后,先让学生借助拼音初读课文,再自读自悟,领会课文,最后指导学生背诵课文。第二课时,先出示要求会认的字,学生在文中画出生字自读,再交流识字方法,最后指导学生写"我会写"的字。

在这三种识字安排中,第二种方式更好些。这种设计以读为本,寓识于读,识字与阅读同时进行,既体现了"字不离词,词不离句,句不离文"这样的识字原理,又分散了学生识字的难度;既加强了识字练习又联系了阅读,使识与读相辅相成,互相促进。

2. 识字写字教学应注意哪些问题?

在识字写字教学中,需要注意的问题主要体现在三个方面:

(1)掌握识字工具,重视培养能力

三套识字工具:学习字音工具——汉语拼音;分析字形工具——笔画、笔顺、结构、偏旁部首;理解字义工具——字典。

(2)做到四结合

音形义结合、和认识事物结合、和听说读写结合、和写字结合。

(3)重视复习巩固

复习巩固的基本方法是分散、经常、多样化。注意错别字的及时纠正。

工作小结

识字写字教学是第一学段的教学重点,在集中识字和分散识字中,总共需要学生认识 1600 个左右的常用字,会写 800 个左右的常用字。因此,作为小学语文教学的一个重要教学内容,让师范生通过大量的实例,有步骤地掌握汉字知识、教材安排、教学过程、教学方法,再加上小组合作、自我实践,就能形成初步的识字写字的教学技能。

项目三 阅读教学技能

要点引导

《语文课标》"实施建议"部分指出:"阅读是运用语言文字获取信息、认识世界、发展思维、获得审美体验的重要途径。"阅读教学是教师指导学生通过阅读理解文章思想感情,掌握文章表达方法,提高阅读能力与形成良好阅读习惯的过程,阅读教学是小学语文教学的"主阵地",在小学语文教学任务中占有重要地位。阅读教学的质量在很大程度上决定了整个语文教学的质量。

阅读教学涉及的内容非常丰富,在本项目的训练中不可能面面俱到,也不可能深入探讨,只在阅读教学的基本技能的层面让学生形成相关能力。本项目主要从检测阅读能力、阅读教材的编排、阅读教学的过程和基本思路、词句段篇的教学、朗读教学、阅读教学试教等几个方面有序展开,以期使学生形成初步的阅读教学技能。

工作任务1　检测阅读能力

《语文课标》"总目标"中第七条阐述:"具有独立阅读的能力,学会运用多种阅读方法。"在"实施建议"部分指出:"阅读教学应注重培养学生感受、理解、欣赏和评价的能力。"作为小学语文老师,自己的阅读能力怎样,直接影响到对小学语文阅读教材的解读和阅读教学的水平。因此阅读能力的检测,目的是要促进师范生平时注意自己的综合素养的提升。

达成目标

1. 具有独立阅读的能力。

2. 能用多种阅读方法。

3. 有较强的感受、理解、欣赏和评价能力。

工作过程

(一)出示任务

1. 查阅资料,解释概念:阅读、阅读能力、阅读技能、阅读习惯。

2. 请高声有感情地朗读六年级上册《爱之链》,并完成下列题目。

(1)请概括本文的主题。

(2)说说课文为什么用"爱之链"作题目?

(3)她轻轻地亲吻着丈夫那粗糙的脸颊,喃喃地说:"一切都会好起来的,亲爱的,乔依……"从女店主的话中,你读懂了什么?

_____

_____

(4) 本文第一自然段运用了什么描写?有什么作用?

_____

_____

(5)"请别害怕,夫人,您怎么不呆在车里?里面暖和些。对了,我叫乔依。"这句话有何作用?

_____

_____

(6) 乔依没有要老妇人的钱,这是为什么?

_____

_____

(7) 请简要复述课文内容。

附:《爱之链》课文

■■■ 第7课 爱之链   ● 课文

7 爱之链

在一条乡间公路上,乔依开着那辆破汽车慢慢地颠簸着往前走。已是黄昏了,伴随着寒风,雪花纷纷扬扬地飘落下来。飞舞的雪花钻进破旧的汽车,他不禁打了几个寒战。这条路上几乎看不见汽车,更没有人影。乔依工作的工厂在前不久倒闭了,他的心里很是凄凉。

前面的路边上好像有什么,乔依定睛一看,是一辆车。走近时,乔依才发现车旁还有位身材矮小的老妇人,她满脸皱纹,在冷风中微微发抖。看见脸上带着微笑的乔依,她反倒紧张地闭上了眼睛。

乔依很理解她的感受,赶紧安慰她说:"请别害怕,夫人,您怎么不呆在车里?里面暖和些。对了,我叫乔依。"

原来她的车胎瘪了,乔依让她坐进车里,自己爬进她的车底下找了一块地方放置千斤顶。他的脚腕被蹭破了,因为他没穿袜子。为了干活方便,他摘下了破手套,两只手冻得几乎没有知

作者杰尼·巴尼特,罗依·李。选作课文时文字有改动。

觉。他喘着粗气,清水鼻涕也流下来了,呼出的一点点热气才使脸没被冻僵。他的手蹭破了,也顾不上擦流出的血。当他干完活时,两只手上沾满了油污,衣服也更脏了。

乔依扣上那车的后备箱时,老妇人摇下车窗,满脸感激地告诉他说,她在这个荒无人烟的地方已经等了一个多小时了,她又冷又怕,几乎完全绝望了。老妇人一边打开钱包一边问:"我该给你多少钱?"

乔依愣住了,他从没想到他应该得到钱的回报。他以前在困难的时候也常常得到别人的帮助,所以他从来就认为帮助有困难的人是一件天经地义的事,他一直就是这么做的。

乔依笑着对老妇人说:"如果您遇上一个需要帮助的人,就请您给他

YU WEN 35   36 YU WEN

第7课 爱之链

课文

一点帮助吧。"

乔依看着老妇人的车开走以后，才启动了自己的破汽车。

老妇人沿着山路开了几公里，来到了一个小餐馆，她打算先吃点东西，然后回家。

餐馆里面十分破旧，光线昏暗。店主是一位年轻的女人，她热情地送上一条雪白的毛巾，让老妇人擦干头发上的雪水。老妇人感到心里很舒服，她发现这位女店主的脸上虽然带着甜甜的微笑，可掩盖不住她极度的疲劳，更重要的是，她怀孕至少有8个月了。尽管如此，她还是忙来忙去地为老妇人端茶送饭。老妇人突然想起了乔依。

老妇人用完餐，付了钱，当女店主把找回的钱交给她时，发现她已经不在了。只见餐桌上有一个小纸包，打开纸包，里面装着一些钱，餐桌上还留有一张纸条，上面写着："在我困难的时候，有人帮助了我，现在我也想帮帮你。"女店主不禁潸然泪下。

她关上店门，走进里屋，发现丈夫不知什么时候已经倒在床上睡着了，她不忍心叫醒他，他为了找工作，已经快急疯了。她轻轻地亲吻着丈夫那粗糙的脸颊，喃喃地说："一切都会好起来的，亲爱的，乔依……"

qī lǚ wǎn cèng cāo jiá
凄 褛 腕 蹭 糙 颊

qiáo bò ǎi tāi wà wū cān wěn
乔 簸 矮 胎 袜 污 餐 吻

1 用钢笔描红。

乔 簸 矮 胎
袜 污 餐 吻

2 她轻轻地亲吻着丈夫那粗糙的脸颊，喃喃地说："一切都会好起来的，亲爱的，乔依……"从女店主的话中，你读懂了什么？

3 说说课文为什么用"爱之链"作题目。

4 以"乔依醒来……"为开头，展开想象写一段话。

3. 请欣赏六年级上册的古诗，写下对古诗的欣赏文字。

《观书有感》："半亩方塘一鉴开，天光云影共徘徊。问渠哪得清如许，为有源头活水来。"

（二）小组活动

1. 完成上面的任务，交流任务完成情况。

2. 选择六年级上册某一单元，在阅读的基础上共同交流每篇课文的主题、思路、重点词句的理解、文章的写作特色等。

3. 每组选择近期的报纸一份，在规定时间内快速浏览，交流所看到的信息。

4. 讨论交流：你有良好的阅读习惯吗？你常用的阅读方法有几种？你认为怎样阅读可以形成较强的阅读能力？等等。

5. 对照要求,看看自己哪些方面还有欠缺,在平时尽可能修正和完善,提升自己的综合素养。

工作任务2 熟悉阅读教材的编排

《语文课标》的"实施建议"部分指出:"阅读教学是学生、教师、教科书编者、文本之间对话的过程。""文本"即学生所学的课文,在阅读教学的实施过程中,教师一定要了解教科书编者的编排意图,才能更有效地实施教学。因此,对于教材编排的熟悉和掌握,是语文课堂中对话生成的基础。阅读教材是架起老师和学生沟通理解的"桥梁"。

苏教版小学语文教材五至十二册课本的整体框架是"两根柱子"(阅读、作文),"一条龙"(写字)。在阅读教材的具体编排中,有其自身的编排特点。

达成目标

1. 熟悉和掌握阅读教材的编排内容。

2. 熟悉和掌握阅读教材的特点。

工作过程

(一)出示任务

1. 苏教版阅读教材安排了哪些内容(可以从选材、文体、单元构成等角度考虑)? 是怎样安排的?

2. 苏教版阅读教材的内容安排体现了什么特点?

3.《语文课标》"总目标"第七条指出："有较为丰富的积累和良好的语感,注重情感体验,发展感受和理解的能力。"苏教版教材是如何体现的?

4. 对照阅读三个学段的阅读教材编排,你能否发现三个学段在阅读教学的内容编排上的侧重点是不一样的? 为什么这样编排?

小贴吧

小学语文教学应当强化语言文字的训练,而引导积累与运用语言又是语文教学中的重中之重。

(二) 小组活动

1. 小组合作讨论交流,并完成以上四个问题。

2. 上网查阅苏教版阅读教材方面的资料,补充对教材编排的认识。

3. 小组讨论交流:在阅读教学中需要对学生进行语言文字的训练,在苏教版教材中是怎样体现出来的?

_____

_____

_____

　　4. 小组共同探究教材中的课后练习题,思考:这些练习题的制定对阅读教学有何作用?

_____

_____

_____

（三）知识储备

1. 苏教版阅读教材选编了一批中国古代神话、童话故事、民间传说、成语故事,还从古典名著中改编了一些文章,为什么?

　　这些故事和传说表达了中国古代劳动人民美好的愿望,反映了一定的道德观念和价值标准,是中华文化中不可多得的精神财富。这类作品不仅为儿童喜闻乐见,而且能为他们的人生打好基础。名著的选编,能引发学生阅读古典名著的兴趣,提高课外阅读的品味。

2. 为什么苏教版阅读教材的单元练习中安排"读读背背"和"熟记成语"的常设栏目?

　　因为这些都是语言材料中的精华,是人类智慧的结晶,在语言实践活动中使用频率较高。让学生记诵这些,可以丰富其语言积累,提高认知能力,对于增加其文化底蕴具有重要意义。

3. 什么是语言文字训练?《语文课标》是如何要求的?

　　语言文字训练就是"字、词、句、段、篇,听、说、读、写"的训练和朗读、默读、复述、背诵等阅读技能的训练。语文教学目标必须通过训练来实现,每节阅读课都应以语言文字训练贯穿始终。

　　《语文课标》在"实施建议"部分提出:"语文教学要注重语言的积累、感悟和运用,注重基本技能训练,让学生打好扎实的语文基础。""应加强对阅读方法的指导,让学生逐步学会精读、略读和浏览。有些诗文应要求学生诵读,以利于丰富积累、增强体验,培养语感。"从这些阐述中可以看出,新课程改革中的语言文字训练部分注重了朗读和默读的训练,注重阅读方法的形成,强调积累,增强体验。这些训练其实都要通过紧抓课文的词、句、段、篇,通过听、说、读、写来达成。

工作任务3 掌握阅读教学的内容、过程和基本思路

"教学有法,教无定法。"阅读教学所涉及的内容广泛而丰富,教学模式、教学思路也是多种多样,不可能有固定的教学程序。但是,"万变不离其宗",掌握了阅读教学的内容、过程和基本思路,也就为每篇课文的不同教法确定了准确的定位方向。

达成目标

1. 掌握阅读教学的内容。

2. 了解阅读教学的阶段过程和一般过程。

3. 掌握阅读教学的基本思路。

工作过程

(一)出示任务

1. 认真阅读《语文课标》的总目标第七条,阶段目标的"阅读"部分,"实施建议"中的"阅读建议"部分和"评价建议"的"阅读评价"部分。思考讨论:阅读教学要抓住什么内容来进行教学?

2. 以《语文课标》和阅读教材为依据,思考三个学段的阅读教学应该有怎样的不同?

3. 自选阅读教学的教案,与同组同学交流,这些教案在教学程序上有无共性?

能否概括出阅读教学的一般程序？

4. 苏教版二年级上册《夕阳真美》中"连绵起伏"、"壮丽"的词语教学：

让学生上讲台用简笔画的形式告诉大家"连绵起伏"的含义。

老师：像这样的群山，一座紧靠着一座，高高低低连成一片就叫"连绵起伏"。这连绵起伏的西山在我们的眼里很美，是一种雄伟的美，一种气势磅礴的美！这就是书上所说的"壮丽"。"壮丽"不仅有美丽的意思，更有一种雄伟的气势！我们生活中见到过哪些景物可以用"壮丽"来形容？

填空：我见到过壮丽的（　　）。

老师：同学们，此时此刻的西山不是一般的"壮丽"，而是"十分壮丽"，为什么？

学生讨论，老师小结。

从这份词语教学的设计中能否读出教师教学的基本思路？

（二）知识储备

1. 阅读教学的内容是什么？

阅读教学的内容是词、句、段、篇的教学和朗读、默读、复述、背诵等阅读技能的训练。这些内容虽在《语文课标》里没有明确表述，但是我们可以借助传统的语文教学经验、语文课程的性质和《语文课标》的"阶段目标"中一些表述来概括。全国小学语文知名专家崔峦先生研究得出：小学生的阅读能力，离不开词语理解、句意整合、篇章探究，从中学习推理理解、归纳概括、情感体会、评价赏析、综合运用。而在这一过程中,还要贯穿读的训练和语文知识的融入。

2. 小学阶段三个学段的阅读教学侧重点各是什么?

小学阶段阅读教学的过程,体现了阅读教学的整体性、阶段性和连续性。阅读能力是以理解能力为核心的综合能力,包括理解能力、阅读技能、阅读习惯等方面。学生从第一学段到第二、三学段,阅读能力循序渐进、螺旋上升。

第一学段的阅读教学以理解词语、句子为重点。第二学段的阅读教学重点逐步转移到段落上。到了第三学段,继续重视词、句、段的训练,同时把理解的重点放在整篇课文上。

3. 阅读教学的一般程序是什么?

阅读教学的一般程序大体可以分为"初知大意—深入阅读—总结巩固"三个阶段:

整体入手,初知大意——就是首先着眼于整篇文章,指导学生自读课文,把握大意。

抓住联系,深入理解——在理解课文的过程中,要加强学生个性化阅读,加强语感的培养,鼓励学生大胆发现、质疑、思考,积极对话,合作学习。

整体升华,拓展延伸——学生读懂课文后,还要通过阅读和老师的引导陶冶情操,指导读写,拓展课外。

根据这三个阶段,形成教学中的基本模式:(1)创设情景,自读自悟;(2)读读议议,批文入情;(3)质疑问难,合作探究;(4)练习生活,积累运用。

必须强调的是,以上三个教学阶段也就是所谓的"常式",我们在教学中根据实际情况更要探求"变式"。目前,许多优秀老师在教学实践中创造了许多有效的阅读教学模式。

4. 阅读教学的基本思路是什么?

根据语文学科的性质,阅读教学既要体现人文性,也要体现工具性。因此,在教学中形成了理解内容和运用语言文字的融合:即从语言文字入手,理解课文的内容、情感、人物性格、事情实质等;这些内容、思想、情感等是用怎样的语言文字表达出来的,是怎样遣词造句的等,并进行相关的语言文字训练。图示如下:

$$\text{语言文字} \underset{(\text{运用})}{\overset{(\text{理解})}{\rightleftharpoons}} \text{内容、思想情感、意义、实质等}$$

《语文课标》在"实施建议"部分指出:"阅读教学应引导学生钻研文本,在主动积极的思维和情感活动中,加深理解和体验,有所感悟和思考,受到情感熏陶,获得思想启迪,享受审美乐趣。要珍视学生独特的感受、体验和理解。"这就是理解过程。

《语文课标》在"实施建议"部分又提出:"阅读教学应注重培养学生感受、理解、欣赏和评价的能力。""各个学段的阅读教学都要重视朗读和默读。""应加强对阅读方法的指导,让学生逐步学会精读、略读和浏览。有些诗文应要求学生诵读,以利于丰富积累、增强体验,培养语感。"这就是对语言的训练要求。

(三) 工作示例

基本思路分析示例:四年级上册《桂花雨》设计片断。

1. 以后我从外地回家时,总要捧一大袋桂花给母亲。可是母亲常常说:"外地的桂花再香,还是比不上家乡旧宅院子里的金桂。"

老师:从"可是"这个词中,你觉得作者希望母亲说什么? 你们能读懂母亲的心思吗? 家乡旧宅院子里的金桂好在哪儿呢? 请找出课文中的句子说说看。

2. 桂花开得最茂盛时,不说香飘十里,至少前后左右十几家邻居,没有不浸在桂花香里的。

"浸",引导学生想象:不论走到哪里,都会有香味,房前、屋后,白天干活,晚上睡觉,香气无处不在。

引导朗读,突出"没有不"、"浸"表达的意思。

3. 做的桂花糕、桂花茶,家家户户都可以分享。

填空:母亲喜欢桂花,是因为_____。

指导朗读。

基本思路分析:

课文中的两处"浸",不仅写出了桂花的香味之浓,尤其是后一处的"沉浸",更写出桂花给家乡人带来的欢乐,引导学生体会人和丰收的喜悦,就更能理解母亲的"外地的桂花再香,还是比不上家乡旧宅院子里的金桂"的意思。同时也对学生进行了说话、想象、朗读等训练。这个片段的设计很好地将理解内容和语言文字的训练融合在一起。

(四) 小组活动

1. 完成以上工作任务。

2. 每小组选择一份阅读教学的教案,认真阅读该篇课文,思考交流:

(1)该份教案安排了一个怎样的教学程序?

（2）着重抓住哪些段落、词语和句子来进行的？进行了哪些语言点的训练？

（3）请选择某个环节，评析其教学的基本思路。

工作任务4　掌握词语教学的内容和方法

词语是语言的基本材料。词语结合在一起就成了一句句话，一篇篇文章。因而词语在以发展学生语言为根本任务的语文教学中有着举足轻重的地位，它贯穿于语文教学的始终。从小学语文学科的特点以及小学生发展语言的规律来看，小学阶段语文学习要以词语教学为核心发展小学生的语言。

达成目标

1. 掌握词语教学的主要内容和方法。

2. 尝试词语教学的试教，锻炼教学能力。

工作过程

（一）出示任务

1. 仔细阅读《语文课标》的"学段目标"，思考"学段目标"关于词语教学是怎样表述的？

从表述中可以看出词语教学的主要内容和方法是什么？

2．一篇课文可以确定哪些词作为重点词来教学？

3．请尝试选定一篇课文的重点词来试教。

（二）知识储备

1．词语教学与识字教学中的字义教学一样吗？

　　词语教学与字义教学有相同点，更有不同点。它们都要求小学生掌握这个词的基本意思，但是字义教学属于识字教学的范畴，就字词本身来解词就可以了；而词语教学属于阅读教学范畴，它要求不仅要解词，还需学生"体会课文中关键词句在表达情意方面的作用"，体会其表达效果。词语教学的内容包括正确读写、理解词语、积累运用三个方面，其中理解词语意思是其主要教学内容。当然，课文中有些词既是生字，也是理解课文内容的重要词语，老师在教学中也会把识字教学和词语教学结合起来进行。

　　2．词语教学中教师应抓住哪些词语来进行教学？

　　词语教学中教师一般可抓三类词：生字生词、熟字生词、熟字熟词。教师可以根据教学要求、词语难易度和学生学习情况等作相应安排：有的词可以放在讲读课文前让学生预习完成，有的词需要在讲读课文时进行词语教学理解，有的词还需要在讲读课文之后进行巩固运用。

　　3．词语教学有哪些方法？

　　词语教学的方法很多，联系上下文和联系生活实际是《语文课标》里明确提出的主要方法。除此之外,还有比较辨析法、直观演示法、解释法等。

(三)工作示例

【示例1】 苏教版三年级上册《卧薪尝胆》"卧薪尝胆"词语教学

老师:现在谁能根据自己的理解说说"卧薪尝胆"的意思?

学生:勾践晚上睡在柴草上,每顿饭前,先尝尝苦胆的滋味,提醒自己要报仇雪恨。

学生:为了报仇雪恨,勾践晚上睡在柴草上;每顿饭前,先尝尝苦胆滋味。

老师:如果勾践仅仅"晚上睡在柴草上,每顿饭前,先尝尝苦胆的滋味",算不算真正的"卧薪尝胆"?

学生:不算。因为勾践还亲自下田耕种,使自己的国家富裕起来。

学生:他还要练兵,建设一支强大的军队。

学生:勾践还会找那些有本事的人,为国家的强大出谋划策。……

老师:这就叫"发愤图强"! 如果勾践仅仅坚持了几天,或者几个月,算不算真正的"卧薪尝胆"?

学生:不算! 因为"卧薪尝胆"需要很长的时间。

学生:课文中讲勾践"卧薪尝胆"了二十多年,才取得了最后的胜利。

老师:这就叫"坚持不懈"! 现在你理解"卧薪尝胆"的含义了吗?

学生:"卧薪尝胆"表示为了实现目标,要忍辱负重、发愤图强、坚持不懈!

老师:同学们,勾践需要卧薪尝胆,我们要不要卧薪尝胆?

学生:不需要。

老师:为什么?

学生:因为我们不需要报仇雪恨。

学生:我们的生活很幸福,不需要这么苦。

老师:请同学们认真听老师的这句话:为了中国的航天事业,中国科学家卧薪尝胆几十年,终于将中国的第一颗人造地球卫星送入了太空。你看,中国科学家有仇恨吗? 他们是否每天都睡在柴草上,每顿饭前都要尝一下苦胆?

学生:老师,我觉得我们需要卧薪尝胆。比如,中国足球队要成为世界冠军,就必须卧薪尝胆。

老师:中国足球队需要的是卧薪尝胆的精神!

学生:我也要卧薪尝胆。

老师:你又没有仇恨要报,怎么也要卧薪尝胆?

学生:我将来要成为一个科学家,现在就要卧薪尝胆,刻苦学习。

老师:为了实现自己远大的理想,也需要卧薪尝胆的精神!

学生:我们学校正在创建实验小学,也需要卧薪尝胆。

老师:我们的学校要发展,也需要这种精神!

【评析】

这是特级教师薛法根老师对"卧薪尝胆"这个词的教学,体现了薛老师对"卧薪尝胆"一词的课堂驾驭能力和词语的挖掘能力。他以教师的"追问"启迪学生学习语文的智慧,"逼"着学生由浅入深、由此及彼、由人及我,将思维步步推向纵深,既利用文中的语句理解了词语,又拓展延伸到生活实际,加深理解和运用了词语。

【示例2】《乡下人家》教学片断

(课件出示:他们把桌椅饭菜搬到门前,天高地阔地吃起来。天边的红霞,向晚的微风,头上飞过的归巢鸟儿,都是他们的好友,它们和乡下人家一起,绘成了一幅自然、和谐的田园风景画。)

老师:乡下人家在哪里吃饭呢?

学生:门前场地上。

老师:在那儿吃饭是种什么样的感觉?

学生:心情特别快乐。

学生:心情特别愉快。

学生:心情特别惬意。

老师:对,心情好,胃口就好,吃饭就香!

(引导学生带着愉悦、快乐的心情读)

老师:如果把"天高地阔"换个词,你能换成哪些词?

学生:狼吞虎咽,细嚼慢咽,津津有味。

老师:大家思考思考,换成这些词行吗?

学生:不行,"狼吞虎咽"和"细嚼慢咽"只强调了吃的动作和表情,表现不出快乐的内心。

学生:"细嚼慢咽"显得太斯文了,不是乡下人吃饭的样子。

学生:"津津有味"只强调吃得有味,吃得香,也表现不出乡下人家吃饭时的愉快。

老师:再仔细读读这段文字,看看还能不能发现这个词不能换的新理由。

学生:"天高地阔"除了表现出了吃饭时的悠闲与快乐外,还表现出乡下人家吃饭的地方很大,向上能看到云彩、归巢的鸟儿;向西能看到火红的晚霞。这是其他词表现不出来的。

老师:说得好。

学生:还有,"天高地阔"含有边吃边高谈阔论的意思。

老师:他们会说些什么呢?

学生:谈论地里的庄稼。

学生:谈论家里养的母鸡快生蛋了。

学生:谈论今年的收成。

学生:谈论收获之后的打算。

……

老师:他们越谈论心情会越怎样?

学生:高兴。

老师:那就让我们带着高兴的心情再读读这段话,读出那份愉悦与快乐,感受那份独特与迷人。

请你说说

这个词语教学片段里,围绕词语"天高地阔",老师安排了几个教学步骤? 用到了哪些教学方法? 效果怎样?

【示例3】 《黄鹤楼送别》第二课时(丹阳市荆林学校小学部 刘程宇)

【教学目标】

1. 正确、流利、有感情地朗读课文,背诵古诗《黄鹤楼送孟浩然之广陵》。

2. 通过课文与诗的对照阅读,理解课文内容及诗句的意思,体会诗人与朋友间的依依惜别之情。

【教学重点】

指导学生文诗对照阅读,理解课文内容及诗句的意思。

【教学难点】

形象再现诗歌意境,感受诗歌深远意境。

【教学过程】

一、复习导入

上节课,我们初学了《黄鹤楼送别》这篇课文,了解了课文是写谁在什么时间、什么地点为谁送别?(板书:李白 孟浩然)谁能用一句话把这几个问题连起来说说?(暮春三月,李白在黄鹤楼上为孟浩然送别)

二、朗读话别,感悟深情

1. 在这美丽而又伤感的烟花三月,李白就要送别好友孟浩然,那么李白和孟浩然的心情是怎样的呢? 快速浏览全文,找出最能表达李白与孟浩然分别时内心情感的一个词语。(板书:依依惜别)

2. 你是怎样理解"依依惜别"这种感情的?(难舍难分,谁也不愿意离开谁)

3. 那么从文中哪些地方能感受到他们的依依惜别之情呢? 请同学们读2~3小节,画出有关的句子,抓住句子中的重点词语,谈谈自己的感受。

4. 指名交流,随机出示相关句子,指导感情朗读。

(投影一)"李白和孟浩然一会儿仰望蓝天白云,一会儿远眺江上景色,都有意不去触动藏在心底的依依惜别之情。"

A. 好朋友相别应该是有说不完的话道不完的情,可他们是怎么做的呢?从哪个字可以看出他们在极力地掩饰内心的情感?(藏)为什么要藏?(谁都不愿意提离别,怕对方伤感;更加体现出朋友之间的贴心和不舍)

B. 这种依依惜别之情他们并没有表现出来,而是——藏在心底。此时是无声胜有声,千言万语不知从何说起,两位友人正在借欣赏景物来隐藏内心的离别之情。

指导朗读:一个不经意的动作,一个不经意的眼神,都流露出两位诗人深深的情谊。把这种依依惜别之情读出来吧。

C. 指导感情朗读。

(投影二)"孟夫子,您的人品令人敬仰,您的诗篇誉满天下。自从我结识了您,就一直把您当作我的兄长和老师。今天您就要顺江东下,前往扬州,不知我们何日才能再见面,就请您满饮此杯吧!"

A. 哪里可以看出李白对孟浩然的依依惜别之情?从这段话中,除了可以体会到李白对孟浩然的惜别之情外,还可以体会到什么样的感情?(敬仰之情)从哪些词句中感受到的?(六个"您"、兄长、老师)

B. 李白为什么对孟浩然这样敬仰?(您的人品令人敬仰,您的诗篇誉满天下:孟浩然少年时鄙视功名,不爱官爵车马,有了成就后又归隐山林与青松白云相伴的高洁品质;当时孟浩然四十岁,李白二十八岁,孟浩然已经诗名远扬,在诗词创作上给了李白悉心的指导。)

C. 李白举起的酒杯中难道仅仅是酒吗?还包含着李白对孟浩然的哪些情感?(杯中还有他对孟浩然的祝福、友谊和敬仰)请把这种敬仰与不舍读出来吧。(指名读,指导)

过渡:相见时难别亦难,李白的心情,孟浩然能不理解吗?但是他把这种眷恋深深地藏在心底,接过酒杯一饮而尽,反而好言宽慰李白。说道:

(投影三)"王勃说得好,'海内存知己,天涯若比邻。'虽然我们暂时分别了,我们的友谊却像这长江的波涛永世不绝。"

A. 这两句诗出自王勃的《送杜少府之任蜀州》。谁能用自己的话来说说这两句诗的意思。(天底下只要有一个知心朋友,即使他远在天边,也像是靠在一起的邻居)

B. 孟浩然引用这句诗,就是想告诉李白:我们虽然——暂时分别了……(引读)

5. 表演朗读第3自然段。

道不完的离别情,叙不完的朋友谊,让我们举起酒杯,再现这感人的话别场面,让它深深地印在心底吧!同桌两个同学,一个演李白,一个演孟浩然,表演他们话

别的情景,把这种依依惜别之情表现出来。想一想,在表演时该注意什么?(语气、情感、动作等)

(学生练习后,指名表演)

三、心随船去,想象内心

过渡:多好的一对朋友,多么感人的画面哪!知己离别是惆怅的、是忧伤的,虽然他们都依依不舍,但送君千里,终需一别,孟浩然还是得走了。人有情,景也通情,你看岸边杨柳依依,江上沙鸥点点——(引读第4小节)

1. 哪两个词语最能体现李白此时的心情?(伫立、凝视)结合课文理解词语意思。

2. 李白久久地伫立在江边,望着渐行渐远的小船,慢慢消失在蓝天的尽头,它带走了李白的对孟浩然的牵挂和祝福,留下了李白的回忆与思念。(课件)此时的李白外表是平静的,可内心却如这浩荡的长江水一样,心潮澎湃。他会想些什么呢?

四、诵读古诗,理解诗意

1. 朋友已经远行,从此人海茫茫,天各一方,这一别,不知何时才能见面啊!想到这,李白再也按捺不住激动的心情,随即吟出了一首脍炙人口的名诗——《黄鹤楼送孟浩然之广陵》。(出示诗,范读)

2. 本文既然为"文包诗",那么意思都包含在课文当中,你能从文中找出相应的诗意吗?

3. 学生交流。

① 故人西辞黄鹤楼,烟花三月下扬州:暮春三月,长江边烟雾迷蒙,繁花似锦,年轻的李白正在黄鹤楼上为大诗人孟浩然饯行。

② 孤帆远影碧空尽,唯见长江天际流:白帆随着江风渐渐远去,消失在蓝天的尽头。李白依然伫立在江边,凝视着远方,只见一江春水浩浩荡荡地流向天边……

4. 你觉得这首诗好在哪里?(诗中没有出现一个情字,却处处藏着——李白对孟浩然深深的情谊)

5. 让我们在音乐声中再次齐声诵读这首古诗,体会那深深的离别之情。

五、积累拓展,情感迁移

1. 李白的这首《黄鹤楼送孟浩然之广陵》至今依然被我们吟诵,李白和孟浩然的这段故事也成为千古流传的一段佳话,有人把它写成了歌曲。(播放歌曲《烟花三月》)

2. 过渡:自古多情伤离别,多少文人墨客因离情别绪而留下千古名篇。老师已让你们收集了一些送别诗句,谁愿意与大家一起来分享。

3. 小结:千金易得,知己难觅。希望同学们都能交到自己的真心朋友,也希望同学们能珍惜朋友之间的友谊。

六、作业超市

1. 背诵并默写《黄鹤楼送孟浩然之广陵》。

2. 课文语言优美,处处融情,选择自己喜欢的背诵。

3. 积累送别诗,了解作者写诗的背景,选择其中的一首,模仿课文,将它改写成一篇短文,写下来。

拓展思考

这份教案的设计中,哪些环节涉及词语教学? 分为几个步骤进行? 用到哪些方法?

(三)小组活动

1. 小组合作讨论,试着初步完成工作任务。

2. 阅读《黄鹤楼送孟浩然之广陵》这份教案,共同讨论思考题。

3. 《鸬鹚》一文,在描写鸬鹚捕鱼和渔夫取鱼的情景时,作者运用了一连串动词:钻、拍、跳、抓、挤、甩。这些动词把鸬鹚捕到鱼的欢乐、渔人取鱼的利索劲儿写得十分生动、形象。教学时,教师让学生通过想象,比一比"钻、拍、跳"的动作,做一做"抓、挤、甩"的动作。请分析这位老师采用了怎样的教学方法? 其教学效果怎样?

_____

_____

4. 看相关教学视频,认真做好听课笔记,讨论交流哪些教学内容属于词语教学? 在教学中使用了什么方法? 其教学效果怎样?

教学视频:_____

选择一个相关教学片段作点评:_____

_____

_____

5. 这是苏教版三年级上册《东方之珠》词语教学的安排,请认真阅读课文,思考这样的安排是否恰当? 为什么?

讲读前:和煦、沐浴、剧场、溅落

讲读中:舒服、精彩、观赏、聚集、琳琅满目、鳞次栉比、无比璀璨

讲读后:倾听、闪耀、举世闻名、人流如潮

_____

_____

6. 请以其中的一个重点词为教学内容,设计词语教学的步骤,并试教。

操作步骤:编写词语教学的教案。

分小组微格试教,并拍录教学过程。

小组交流试教情况。

修改教案,再次试教、拍录。

工作任务5　掌握句子教学的内容和方法

句子是构成段落篇章的基础,理解句子是理解课文的基础。认真进行句子教学,对于提高学生的阅读能力,发展思维,体会情感,发展语言等都有着重要作用。因此,在阅读教学中进行句子教学是必不可少的重要教学内容。

达成目标

1. 掌握句子教学的主要内容和方法。

2. 尝试句子教学的试教,锻炼教学能力。

工作过程

(一) 出示任务

1. 仔细阅读《语文课标》的"学段目标",思考"学段目标"关于句子教学是怎样表述的? 从表述中可以看出句子教学的主要内容和方法是什么?

2. 教师应该抓哪些重要的句子进行教学?

3. 该如何进行句子教学？

4. 请尝试选定一篇课文的重点句子来试教。

（二）知识储备

1. 句子教学的内容有哪些？

根据《语文课标》的指引，句子教学包括三方面内容：一是建立句的概念，学会根据标点符号分清句子。二是理解句子意思，珍视学生的独特体验和感受，体会其表情达意的作用。三是对学生进行语句的训练，如关联词、比喻拟人等修辞和句式的转换及标点符号等。其中理解句子的意思是句子教学的重点。《语文课标》指出"阅读是学生的个性化行为。阅读教学应引导学生钻研文本，在主动积极的思维和情感活动中，加深理解和体验，有所感悟和思考，受到情感熏陶，获得思想启迪，享受审美乐趣。要珍视学生独特的感受、体验和理解。"

2. 课文中哪些句子是需要重点指导的句子？

一篇课文需要重点掌握的句子很多，在有限的课时里，我们需要根据教学的需要进行重点选择，需要重点指导的句子大体有这样几类：（1）含义深刻的句子；（2）对于表现主题思想有较大作用的句子；（3）内容和结构都比较复杂的长句；（4）生动形象的句子；（5）距离学生的生活较远，难以理解的句子。

3. 理解重点语句的一般过程是怎样的？

理解重点语句的一般过程大体可以经历这样几步：（1）找到重点语句读准确、读通顺。（2）抓住关键处引导交流，初步体会。（3）结合词语及文本相关段落深入理解。（4）联系生活实际拓展延伸。（5）回归重点语句诵读积累，升华体验。当然，在具体的教学中应该灵活掌握，注重生成。

（三）工作示例

【示例1】《荷叶圆圆》

1. 建立句子概念，引导正确朗读。

（1）认识句子从"什么怎么样"开始。

《荷叶圆圆》："荷叶圆圆的，绿绿的。"随着句子的出示，让学生说说这句话描写了什么,当学生回答荷叶后,再让学生读后说说荷叶怎么样。"小水珠躺在荷叶上,眨着亮晶晶的眼睛。"也让学生说说这句话写了什么怎么样。之后出示三句话:

1. 小蜻蜓立在荷叶上,展开透明的翅膀。

2. 小青蛙蹲在荷叶上,呱呱地放声歌唱。

3. 小鱼儿在荷叶下笑嘻嘻地游来游去,捧起一朵朵很美很美的水花。

让学生自主选择说说分别写了什么怎么样。本堂课就是围绕"什么怎么样"展开,立足低年级学生的认知水平,一步步引导学生将一句话读完整,说完整。

(2) 正确朗读从学会停顿开始。

在《荷叶圆圆》这堂课中,钱老师也十分注重句子的朗读教学,很重笔墨地渗透了句子的停顿。如:"荷叶圆圆的,绿绿的。"

指导朗读时,钱老师说:为了让自己轻松地读完这句话,小朋友们可以在"荷叶"后面停顿一下。老师引导学生在"什么怎么样"的"什么"后面标上停顿符号,这样在一年级就让学生学会断句,掌握最基本的朗读方法。又如:

小鱼儿/在荷叶下/笑嘻嘻地游来游去,捧起/一朵朵很美很美的水花。

这句话很长,如果不借助停顿的帮忙,学生连读正确都非常困难。钱老师十分恰当地引导学生正确断句,有了停顿符号的帮忙,学生便变得乐于去朗读,也为正确地理解课文打下坚实的基础。

2. 运用多种方式,初步理解句子。

(1) 看图展开想象。

如《荷叶圆圆》教学中,出示直观图片,引导学生结合实际说说"什么怎么样"。学生根据这样的句式畅所欲言,说出一句完整的话:小鸟在荷叶下休息或者小鸟躲在荷叶下,不会被雨淋湿。然后让学生展开想象,说说小鸟可能说些什么?引导学生在学习文本的基础上进行课外拓展,懂得运用"什么怎么样"或者"谁说了什么"的句式。

(2) 紧抓重难词语。

如《荷叶圆圆》这堂课一开始时三组词语以不同方式展现:

"躺、立、蹲"让学生做做动作;"亮晶晶、透明、放声歌唱"让学生说说"亮晶晶的什么","透明的什么"等;"摇篮、停机坪、歌台、凉伞"让学生说说它们都有什么用。

(3) 比较有关句子。

在《荷叶圆圆》课堂教学过程中,老师用抢答的游戏方式呈现,如:

① 小青蛙说:"荷叶是我的停机坪"对不对?为什么?

② 再来,小水珠说:"荷叶是我的凉伞。"

③ 再来,小蜻蜓说:"荷叶是我的歌台。"

④ 补充句子成分。

这样做可以让一、二年级的孩子更好地感受句子的完整性。

如：小水珠躺在荷叶上，眨着亮晶晶的眼睛。小水珠说："＿＿＿＿＿＿＿＿＿。"

小蜻蜓立在荷叶上，展开透明的翅膀。小蜻蜓说："＿＿＿＿＿＿＿＿＿。"

小青蛙蹲在荷叶上，呱呱地放声歌唱。小青蛙说："＿＿＿＿＿＿＿＿＿。"

小鱼儿在荷叶下笑嘻嘻地游来游去，捧起一朵朵很美很美的水花。小鱼儿说："＿＿＿＿＿＿＿＿＿。"

（拓展部分）看图说说：小鸟说："＿＿＿＿＿＿＿＿＿。"

拓展思考

根据这个教例谈谈你对句子教学的认识。

【示例2】　主题句的教学：苏教版四年级上册《珍珠鸟》

"信赖，不就能创造出美好的境界吗？"

1. 出示课件：信赖，不就能创造出美好的境界吗？（齐读）

2. 谁能把问号变成句号，再说一遍？你们相信信赖能创造出美好的境界么？（相信）请大家自信地说出来。（朗读）

你们真的相信信赖能创造出美好的境界么？请大家肯定地说给所有的人听！（朗读）

3. 同学们，珍珠鸟之所以信赖作者，是因为作者给了珍珠鸟

出示课件：信赖，就是给珍珠鸟———；

4. 千言万语，万语千言，此时此刻化作一句话：（课件出示：信赖，能创造出美好的境界。）

正像同学们说的那样，爱心、宽容、尊重是通往信赖的桥梁，也是创造美好生活的基石！有了它们，小到人与人、人与动物、人与自然可以互相沟通，大到国家与国家之间也可以彼此信赖。那么，应该怎样彼此信赖、互相尊重呢？相信你们已经有了沉甸甸的思考。

拓展思考

查阅资料，看看其他老师怎样教这句话。思考他们教学中的共性和不同点。

【示例3】　比喻句的教学：苏教版三年级上册《东方之珠》

（1）夜幕初垂，轻风徐来，站在太平山山顶，美丽的维多利亚湾夜景尽收眼底。请同学们看，请同学们听。

（2）你觉得香港的夜景美不美，美在哪里？（指名说）

（3）第5节用了3个比喻句，有静有动，写出了香港美丽的夜景。

跟老师一起来读一读。

（师引读：……成了——

······像——

······如同——）

（4）这么美的夜景，真是——（美不胜收）

谁愿意当播音员，把这么美的夜景介绍给大家。（指名读）

谁能单看图向大家介绍。（指名试背第5节）

拓展思考

老师在这个教学设计用了什么方法来进行句子教学的？效果怎样？

【示例4】 《我和祖父的园子》教学片断

（初读，思考、交流"在作者眼里这是一个怎样的园子"，学生从不同侧面概括出园子的特点后）

老师：再读读课文，想想作者是怎样写出园子的丰富多彩、自由自在的，哪些句子很特别，哪些写法与我们平时写作文是不一样的？请画出来。

（学生默读思考后）

学生：（读片断）从这里我能感受到园子里生机勃勃。作者写花开、鸟飞、虫子叫好像都跟人似的，有了生命。

老师：一切都是活的。花开了，就像——（学生接：花睡醒了似的），活了吧？鸟飞了，就像——（学生接：鸟上天了似的），活了吧？虫子叫了，就像——（学生接：虫子在说话似的），活了吧？这三个句子结构相似，连在一起叫——（学生：排比）。

学生：（读片断）这些写倭瓜、黄瓜、玉米的句子也相似。

老师：怎么个相似法？

学生：愿意怎么样，就怎么样。

老师：倭瓜愿意爬上架，（学生接：就爬上架）；愿意爬上房，（学生接：就爬上房）。多自由。

老师：（理解"黄花"后）黄瓜愿意开一黄花，（学生接：就开一黄花）；愿意结一黄瓜，（学生接：就结黄瓜）多自由。玉米呢？

学生：（读）玉米愿意长多高，就长多高，它若愿意长上天去，也没有人管。

老师："它若愿意长上天去，也没有人管"，怎么不跟前面一样写成"它愿意长上天去，就长上天去"？

学生：长上天去，这不可能。这样写我们感觉玉米生长多么自由。

学生："蜻蜓是金的，蚂蚱是绿的。蜜蜂则嗡嗡地飞着，满身绒毛，落到一朵花上，胖圆圆的就跟一个小毛球似的不动了。"这段话从颜色、姿态来写，并把蜜蜂比喻成毛球。

老师：这一切都是那样的可爱。在我童年的眼里这叫美丽、动人温馨、生机益然……这样写就让你感到作者的童年生活确实充满了乐趣。读书就要这样仔细推敲,才能读出蕴藏在字里行间的作者情感,感受课文语言的美。

分析:这位老师是怎样引导学生理解句子和学习句子的相关知识的?

小贴吧

　　对于语文知识的教学,应该尽可能从理解的角度让学生学会使用,少讲比喻、拟人等方面的术语。

(三) 小组活动

1. 小组合作讨论,试着初步完成工作任务。

2. 认真阅读以上示例,共同讨论思考题。

3. 看相关教学视频,认真做好听课笔记,讨论交流哪些教学内容属于句子教学? 在教学中使用了什么方法? 其教学效果怎样?

教学视频:＿＿＿＿＿＿＿＿＿＿＿＿＿＿＿＿＿＿＿＿＿＿＿＿

选择一个句子教学片段作点评:＿＿＿＿＿＿＿＿＿＿＿＿＿＿

＿＿＿＿＿＿＿＿＿＿＿＿＿＿＿＿＿＿＿＿＿＿＿＿＿＿＿＿＿＿

＿＿＿＿＿＿＿＿＿＿＿＿＿＿＿＿＿＿＿＿＿＿＿＿＿＿＿＿＿＿

＿＿＿＿＿＿＿＿＿＿＿＿＿＿＿＿＿＿＿＿＿＿＿＿＿＿＿＿＿＿

4. 小组合作,确定苏教版五年级上册《黄果树瀑布》的重点句子。以其中的一个重点句为教学内容,设计句子教学的步骤,并试教。

操作步骤:编写句子教学的教案。

分小组微格试教,并拍录教学过程。

小组交流试教情况。

修改教案,再次试教、拍录。

⏰ **工作任务6　掌握朗读教学的内容和方法**

新课程理念下的阅读教学,在阅读技能上,要注意加强朗读、默读和诵读。其中朗读是阅读教学中最常用的也是最重要的技能训练之一。它有助于学生深入体会文章的思想感情;有助于加深记忆,集中注意力;有助于培养语感,也有助于听、说、写能力的提高。

达成目标

1. 掌握朗读教学的主要内容和方法。

2. 尝试朗读教学的试教,锻炼教学能力。

工作过程

(一) 出示任务

1.《语文课标》对朗读提出了明确要求:"正确、流利、有感情。"你如何理解这三个词以及三者之间的关系?

2. 下面是于永正老师教学《狐假虎威》时指导学生朗读的一个片段,你如何评析这段教学中的朗读指导?

老师:第4节狐狸说的一段话很难读。大家看怎样读才能把老虎蒙住。(学生兴致勃勃地练习后,一学生读,但读的声音比较小)

老师:大家说,声音这样小,能把老虎蒙住吗?谁再试试?

学生:读——"老天爷派我来管理你们百兽,你吃了我,就是违抗了老天爷的命令。我看你有多大的胆子。"

老师:读出点味儿来了,但还要注意感情。请大家听于老师读一读。(于老师略带夸张的语气,配合适当的手势和表情,读得有声有色,学生发出了赞赏的笑声)

老师:大家都练习一遍,然后请一位同学上来读。(学生积极性高涨,练完后,一男生主动要求上讲台读)

老师:你想,老虎把狐狸你逮住了,(说着,用一只手抓住该生的肩膀。众笑)你不能把老虎蒙住,可就没命了!(众大笑)

（学生读得很神气。读到"我看你有多大的胆子"一句时,还把脑袋晃了晃,轻蔑地斜了当老虎的老师一眼。众笑）

老师:原来你是新大王!（说完,松开了手。众大笑）

3. 我们该怎样在阅读教学中指导朗读呢?

4. 请尝试选定一篇课文的重点语段进行朗读教学。

（二）知识储备

1.《语文课标》有关朗读的渐进要求是怎样表述的?

第一学段:"学习用普通话正确、流利、有感情地朗读课文。"

第二学段:"用普通话正确、流利、有感情地朗读课文。"

第三学段:"能用普通话正确、流利、有感情地朗读课文。"

第四学段:"能用普通话正确、流利、有感情地朗读课文和其他读物。"

2. 指导朗读的方式有哪些?

在阅读教学中指导朗读的方式有:范读、领读、齐读、指名个人读、分角色朗读、引读等。其中老师的范读在小学语文课堂里是非常重要的,它能给学生树立起朗读的榜样,产生积极的教学效果。教学中,老师与其经常对学生说:"用欢快的语气读","用愤慨的语气读","用同情的语气读"……,不如老师适时地范读,对提高学生的朗读水平,会达到事半功倍的效果。

3. 朗读指导有何方法？

在朗读指导中并不是布置给学生朗读任务后让学生读出来就行，也不是教给学生朗读技巧就可以。朗读指导需要做到几方面的融合：（1）明确目标。即让学生带着要求去读书，不能无目的地说读就读，读完后不知道要做什么。（2）体会感情。要启发学生想象，能如临其境地读出课文的感情来，没有理解的朗读是机械而干涩的。（3）教给技巧。有的词语和句子的朗读，需要一定的朗读技巧的指引，如朗读的重轻、声音的高低、语气的变化等。（4）读后评议。无论是老师评还是学生评，都要给朗读的学生一个恰当的评价，鼓励学生本人和其他学生努力读得更好。

> **小贴吧**
>
> 特级教师于永正曾这样反思教师的"范读"："读《卖火柴的小女孩》，学生听了不潸然泪下；读《小稻秧脱险记》，小朋友听了不手舞足蹈；读《桂林山水》，同学们听了没有身临其境的感觉，我便认为这样的范读是失败的，因为我没有把课文读活。"

（三）工作示例

苏教版四年级下册《燕子》第一段教学：

"一身乌黑光亮的羽毛，一对俊俏轻快的翅膀，加上剪刀似的尾巴，凑成了活泼机灵的小燕子。"

【实习生的教学设计】

（1）指名读第一节。

（2）燕子长得什么样？课文是从哪几方面来写燕子的？你觉得燕子美吗？

（3）齐读课文第一节。

【李吉林老师的教学设计】

（1）现在我们来看课文是怎么写燕子模样的？请一个同学读一读。

（2）课文是按什么顺序来写燕子模样的？（提示）你们有没有注意，课文中是用什么词儿来表示燕子的羽毛的？（抓住"一身"，体会课文从全身写到局部的叙述顺序）

（3）那么小燕子的全身以及各个部分长得怎么样呢？大家一起轻轻地读课文。课文中哪些词语写出了燕子的美？读时要突出来。（读后提问）"俊俏"是什么意思？（释：俊俏）

（4）指导朗读：小朋友已经看出来了，"光滑漂亮"、"俊俏"、"剪刀似的"这些词语写出了小燕子的外形美，所以语调柔和一些，声音轻些。（教师示范，学生各自练习，然后再指名读）

（5）为什么说"凑"成了？

教师指点：羽毛是美的，翅膀是美的，尾巴又是美的，合起来就组成了小燕子完整的美的形象。这一句在这小节中起了一个概括的作用，朗读时，音调可提高些，不过"小燕子"的"小"要轻一些，突出"小"，以强调它的可爱。

（6）指名读，齐读。

拓展思考

从李吉林老师的朗读指导中你获得了什么？我们师范生在朗读指导中容易出现的问题有哪些？

（三）小组活动

1. 小组合作讨论，试着初步完成工作任务。

2. 看相关教学视频，认真做好听课笔记，讨论交流教学内容中怎样的朗读指导给你留下了印象？其教学效果怎样？

教学视频：＿＿＿＿＿＿＿＿＿＿＿＿＿＿＿＿＿＿＿＿＿＿＿＿＿＿＿＿＿

选择一个相关朗读教学片段作点评：＿＿＿＿＿＿＿＿＿＿＿＿＿＿＿＿＿

＿＿＿＿＿＿＿＿＿＿＿＿＿＿＿＿＿＿＿＿＿＿＿＿＿＿＿＿＿＿＿＿＿＿

＿＿＿＿＿＿＿＿＿＿＿＿＿＿＿＿＿＿＿＿＿＿＿＿＿＿＿＿＿＿＿＿＿＿

＿＿＿＿＿＿＿＿＿＿＿＿＿＿＿＿＿＿＿＿＿＿＿＿＿＿＿＿＿＿＿＿＿＿

4. 小组合作，在【工作任务5】的苏教版五年级上册《黄果树瀑布》的重点句子教学中，选择其中的一个重点句为朗读教学内容，设计朗读教学的步骤，并试教。

操作步骤：编写片段教学的设计步骤。

分小组微格试教，并拍录教学过程。

小组交流试教情况。

修改教案，再次试教、拍录。

工作小结

　　阅读教学的内容不是几堂实训课就能全面而充分地体现出来的。本项目的实训只能以点盖面，选择最基本的教学内容来让学生了解和掌握。除了以上的内容，阅读教学中其实还应该注意到不同文体对教材和教学的处理是不一样的，语文知识如何在不讲术语的前提下巧妙地交给学生，精读、略读、浏览能力如何在阅读教学中由学生自由形成，课外阅读和古诗文的背诵怎样有序贯穿在整个阅读教学的过程中，阅读教学中教师如何把握学生的个性体验，等等。这些都需要在不断的学习和实践中借鉴、摸索和积累。因此，本项目的训练仅是阅读教学的一个起点，还需要不断深入。

项目四　写作教学技能

要点引导

《语文课标》"总目标"对写作教学的要求是："能具体明确、文从字顺地表达自己的见闻、体验和想法。能根据需要，运用常见的表达方式写作，发展书面语言运用能力。"写作能力是语文素养的综合体现，它在小学语文教学中占有相当重要的位置。

写作教学的任务就是在教师的指引下，有计划地培养学生语言文字的表达能力，从指导到批改、讲评，我们需要熟知这个过程，从而有效指导学生写作。本项目主要从下水作文、指导、批改、讲评等几个方面展开。

工作任务1　检测下水作文能力

《语文课标》对第三学段的习作提出："能写简单的纪实作文和想象作文，内容具体，感情真实。"要让学生达到这样的要求，作为老师需要了解、懂得学生的写作心理，也要能切身体会学生的写作过程。写下水作文，会真切体会到一次作文中哪些地方需要指导，该怎样指导。

达成目标

1. 体会小学生写作的心理状态和语言表达。

2. 检测自身的基本写作能力。

工作过程

（一）出示任务

1. 查阅资料，弄清楚作文、写作、写话、习作这些概念。

2. 请按作文要求，写下水作文。

（1）写想象作文：苏教版六年级上册习作4。

（2）写纪实作文:苏教版六年级上册习作6。

附:苏教版六年级上册习作4和习作6

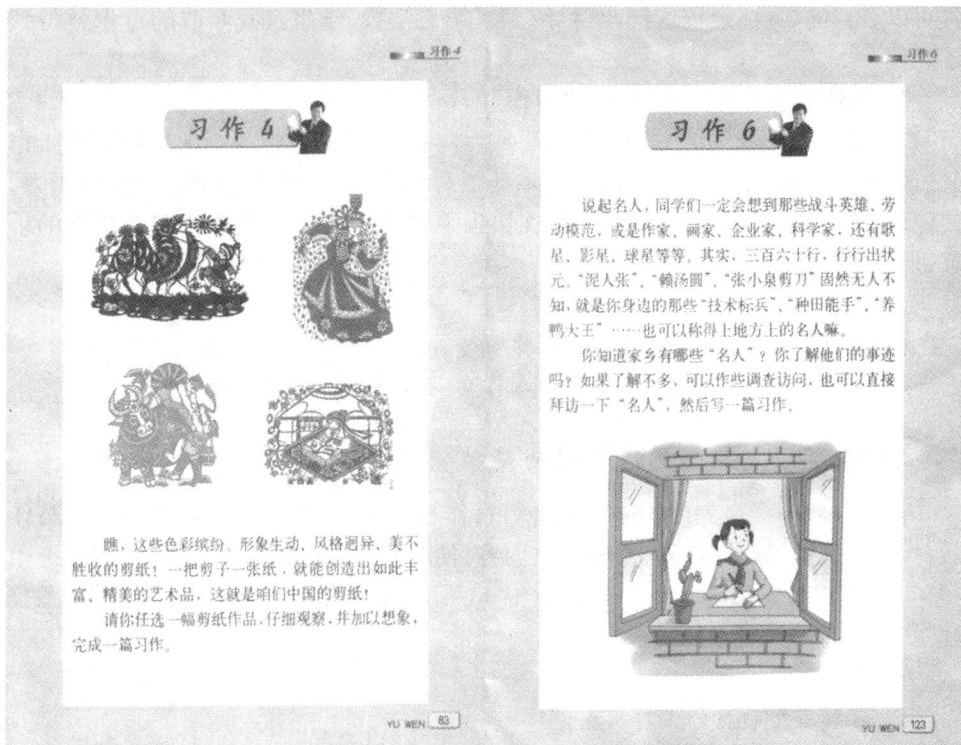

（二）知识储备

1. 小学生写作过程的心理特征是什么?

小学生写作大体经历"取材—构思—表达—修改"的过程。他们在写作的各个过程中的心理特征表现在以下几方面。

取材方面:小学生选材,绝大部分是从观察生活的积累中汲取,在取材时表现出无意性、情绪性和轮廓性的特征。

构思方面:写作的构思阶段,是对获取信息进行整理加工的内在的理性飞跃阶段,是小学生思维有序化和深化的过程。在写作过程中表现为由模糊到清晰,由粗略到精细,由浅表到深入,由芜杂到纯一的过程。

表达方面:小学生书面语言经历"出声思维阶段—过渡阶段—无声思维阶段"这样有序渐近的发展过程。到了第三学段,学生的内部语言已经有了很好的发展,这一阶段,我们就可以指导学生写纪实作文和想象作文,使儿童的书面语言得到长足的发展。

修改方面:学生自改习作能力的形成,是一个动态的心理过程。第一学段时小学生会自觉不自觉地将老师和同学讲的、写的和自己的进行对照比较;第二学段老师可以有目的、具体地进行修改指导;到了第三学段,学生自我修改的意识就得到了强化。

2. 为什么小学阶段的写作叫"习作"?

"习作",从语义看,是"练习写作"或"学习作文"的意思。《语文课标》将"作文"改名为"习作",不光是从名称上降低了写作要求,还减轻了学生习作的压力,使他们比较易于享受到成功的喜悦,在快乐中增强自信心,在自信中追求更新的乐趣,形成习作过程中的良性发展。

(三)小组活动

1. 小组交流下水作文,谈自己写作感受。

2. 结合小学生写作心理,点评下水作文,并做修改完善。

工作任务2　熟悉写作教材的编排

教师一般不会自创习作体系来进行写作教学,绝大部分的教师还是参照写作教材。因此,熟悉教材体系,驾驭教材内容,创造性地运用教材,让教师心中有一条写作教学的"路",是写作教学有效的根本。教师需要提高对自我的要求,熟悉整套写作教材体系。

达成目标

1. 了解写作教材的编排框架。

2. 熟悉写作教材的编排内容。

3. 掌握写作教材的编排特点。

工作过程

(一)出示任务

1. 苏教版教材的主编张庆先生指出,编写苏教版写作教材,基于以下三点:一是定位在"小"字上,在打好基础上下工夫;二是遵循"读写结合"的原则;三是从模仿起步。请结合写作教材来认识这三点。

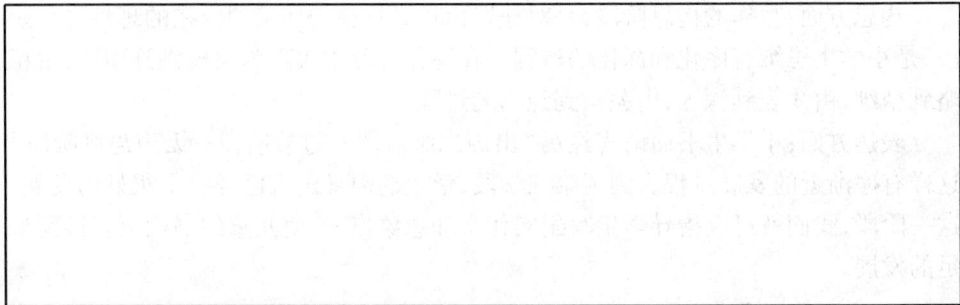

2. 从《语文课标》的"目标"表述里,可以知道小学写作教材的内容有哪些?

3. 查阅资料,思考:什么是写实作文? 什么是想象作文? 小学阶段应用文训练安排了哪些内容?

4. 小练笔的安排在苏教版小学语文教材里是如何体现的?

5. 每课写作教材是如何安排的?

（二）知识储备

1. 了解苏教版写作教学编排框架。

苏教版小学语文教材整体编写框架是"两根柱子,一条长龙"（见项目三）,体现"读写结合"的理念。写作教材每册安排 7～8 课,每课作文均包括例文、习作要点讨论和作业三部分。第一学段着重训练写话,第二学段着重训练写片段,第三学段着重训练写 400 字左右的成篇作文。

2. 小学语文课程为什么要体现"读写结合"思想?

读和写是个互逆的过程,它们之间既相互独立,又密切联系着。读包括两个层面:一个是课内阅读,一个是课外阅读,读是理解吸收,写是理解表达运用。有理解性的吸收,才会有理解性的表达,反之,表达能力强了,又能促进理解吸收能力的提高。从读学写,写中促读,突出重点,多读多写,做到有的、有序、有点、有法,让学生真正做学习语文的主人。这样才会扎扎实实地提高学生的语言表达能力、写作能力和思维能力、阅读能力和鉴赏能力。

3. 如何看待写作课之外的"小练笔"?

苏教版写作教学内容"长线"贯穿始终,"短线"相机渗透。这里的"短线"就是在习作课训练之外的平常的习作小练笔。这一方面苏教版教材是非常重视的,除了一年级外,每册都有安排,一般有 6～8 次,五年级下册多达 10 次。这些小练笔一般都安排在课文后的习题中,也有在单元练习的一些题目里。从写句子到写片段,训练的形式很多,训练的类型也很丰富。让学生通过小练笔更好地从读中学写,注重平时练笔,形成习惯,使其作文水平不断提高。

（三）工作示例

【示例1】 小学语文习作教学内容体系表

习作 年级	一	二	三	四	五	六	七	八
三年级上 8 课								
三年级下 8 课								
四年级上 7 课								
四年级下 7 课								
五年级上 7 课								
五年级下 7 课								
六年级上 7 课								
六年级下 7 课								

【示例2】 三年级上册习作内容安排表

课次	内容	要求
1	把自己做过的、看见的、听过的、想到的写下来。	先打草稿,然后念一念,改一改,直到自己满意了,再誊到习作簿上,让人看明白就行了。
2	给自己画一张像,然后写一篇习作。	画好自画像以后,征求一下同学的意见,再写成习作。
3	先在课本图中添上几种动物,再给整幅图涂上颜色,然后写一篇习作。	先简写图中的景物,再写一种或几种你添上去的动物(题目自定)。
4	写一处景物。	走出校园,观察迷人的秋景,发现别人没有发现的东西,然后选择一处景色写下来。
5	选一种自己喜欢的动物,为它设计一张名片。	名片设计要与众不同,别人读了能对这种动物有所了解。名片与图片一起贴在习作簿上,请老师看一看。
6	写一种自己喜欢的文具。	把文具的特点和用途写清楚。
7	把自己喜爱的玩具摆一摆,玩一玩,再编一个童话故事。	先把自己所编的童话故事大意讲给同学听,然后写下来。比一比,看谁写得有意思。
8	写一篇关于古诗词的研究报告。	研究报告可写出以下内容:诗句出自哪首古诗?作者是谁,是哪个朝代的人?诗句是什么意思?

（四）小组活动

1. 小组讨论交流,完成以上工作任务。

2. 按照示例表格,整理苏教版教材写作教学的内容。

3. 小组思考讨论:从这些内容的安排里你能概括出哪些编排特点? 看到哪些不足?

_____

_____

_____

4. 模仿示例表格,整理小学语文教材中的"小练笔"的安排情况。

工作任务3 熟悉写作教学内容和过程

写作教学是小学语文教学的重要内容之一。新课程理念赋予了写作教学新的训练思想和内涵,通过熟悉写作教学目标、内容和过程,来形成清晰的写作教学指导思想和过程。

达成目标

1. 了解写作教学新理念。

2. 熟悉写作教学目标。

3. 掌握写作教学的阶段过程。

4. 掌握写作教学的一般过程。

工作过程

（一）出示任务

1. 认真阅读《语文课标》的"总目标"、"阶段目标"，罗列出小学写作教学的目标。

总目标：

第一学段：

第二学段：

第三学段：

2. 从认真阅读《语文课标》"总目标"、"阶段目标"、"教学建议"、"教学评价"部分写作教学的表述中，概括出写作教学的新理念。

3. 根据写作教学的"阶段目标"，请概括出小学写作教学的阶段过程。

4. 结合资料和自己对写作的认识,思考一次写作课的教学过程是怎样的。

（二）知识储备

1. 近 30 年来《小学语文教学大纲》(以下简称《大纲》)所确定的写作方面的要求简介。

1986 年《大纲》提出的写作目标是:会写简短的记叙文和常用的应用文,做到思想健康,中心明确,内容具体,条理清晰,详略得当,语句通顺,书写工整,注意不写错别字,会用常用的标点符号。

1992 年《大纲》提出的写作目标是:能写简单的记叙文和常用的应用文,做到有中心,有条理,内容具体,语句通顺,感情真实,思想健康;能写常用的应用文;书写工整,注意不写错别字,会用常用的标点符号。

2000 年试用修订版《大纲》要求,"能把自己的见闻、感受和想象写出来"。

2. 新课程写作的主要特点有哪些?

新课程写作教学改革的特点是多方面的,主要突出的几点为:(1) 淡化技巧训练,更注重培养学生从生活中积累素材的习惯。(2) 注重写作过程。无论写作前,还是写作中,或者是写作后,学生的表现都要作为写作评价的内容。(3) 突出写作主体。从写作出发点,到写作实际活动,再到写作结果,都要强调学生自我,这有利于学生个性的健康发展。(4) 倡导研究型写作。《语文课标》对小学生是否应该进行研究性写作似乎没有明确规定,但是从"综合性学习"来看,它同样适用于小学生进行研究性写作。

3. 小学阶段为什么要培养小学生修改作文的能力?

因为小学阶段是小学生作文能力也就是表达能力形成的最黄金阶段。7～13 岁的小孩子应该重视写作能力的培养,小学生在培训作文的时候,不仅是培养孩子的写作能力,更是对孩子潜能的开发和引导,如观察能力、思维能力、表达能力、创新能力、实践能力等写作基本能力培养。自己修改作文也是作文训练中的一个重要内容,作文反复修改的过程,也是学生一次次重新认识自我的过程。

（三）小组活动

1. 小组讨论交流,完成以上工作任务。

2. 小组合作,比较往年《语文教学大纲》和现行《语文课标》对学生写作要求的不同。

_____

_____

_____

3. 思考:在小学写作教学过程中应如何做好学段间的衔接?

_____

_____

_____

4. 小组讨论:一次写作课的几个环节中最重要的环节是哪个? 为什么?

_____

_____

_____

5. 除了一学期7~8次的写作课外,教师如何在平时做好小练笔的指导?

_____

_____

_____

_____

工作任务4　掌握作前指导的内容和方法

写作指导包括教师平时指导和作前指导。因为学生写作的内容主要靠平时的积累,写作语言也主要靠平时的积累。平时,教师要指导学生从生活实践、阅读中积累材料。这里着重训练的是作前指导。

达成目标

1. 掌握作前指导的内容、过程和方法。

2. 进行写作指导的片段试教,形成初步的写作教学能力。

工作过程

（一）工作示例

【教学目标】

1. 提起手中的画笔，为同学、老师、家长画张像，也可以画想象中的人。

2. 介绍画中的人物，用文字为别人画张像，写一写他的外貌、性格、爱好等。

3. 画和写的时候，都要抓住人物的特点。

【教学重点】

1. 重点介绍自己画中的人物，写出他的外貌、性格、爱好等。

2. 画和写的时候，都要抓住人物的特点。

【课前准备】

1. 学生自己准备水彩笔和白纸。

2. 投影仪。

【教学过程】

一、活动导入

1. 课前请一位同学离开教室。

2. 找一找，教室里少了谁？

3. 如果让你通过报纸来寻找他，你应该怎么办？（画像，把他的外貌描述出来）

二、画像指导

1. 你们看，这是×××的画像，谁来说说他的外貌特征？

2. 根据这幅画像，你能知道×××有什么爱好吗？（这也是他的特点）

3. 我们在画像的时候，要把人物的特点画出来，让人一看，就知道你画的是谁。

4. 学生画像。

三、例文引路

1. 小作者怎么介绍×××的这些特征的？我们看看这位同学的作文。

2. 指名读例文，其他同学认真听。想一想，小作者从哪些方面介绍了×××同学的特点？

3. 学生讨论，交流。

4. 小结：介绍画像中的这个人，可以写他的外貌，也可以写他的性格和爱好。但是，必须能够抓住人物的特点。

5. 学生分别练习说自己画像中的人物。

6. 集体交流。

7. 指导：为抓住人物的特点，在介绍他的性格和爱好时，可以举一两个例子。

四、学生习作

1. 明确要求，向大家介绍人物时，要抓住他的特点，写清楚人物的外貌、性格、爱好。也可以举一两个例子，语句要通顺。

2. 习作顺序：先介绍他的外貌，再写他的性格、爱好。每写一部分用一个自然段，条理要清楚。

3. 练习写稿子，修改，誊写。

附：苏教版三年级下册《习作2》

（二）出示任务

根据《习作2》作前指导的示例分析：

1. 作前指导大体可以分为几个环节的教学？

174

2. 导入环节用到了什么方法？还可以用什么方法导入？请举例说明。

3. 你认为在这几个环节中最重要的教学环节是什么？

4. 怎么分配一次写作课的教学时间？

（三）知识储备

1. 如何激发学生的写作兴趣？

实践告诉我们,小学生提笔无话可写,问题在于不善于从记忆库里提取与文题有关的具体内容。要让学生感到写作是一件快乐的事情,就需要老师能用多种方法激发学生的写作兴趣。激趣的方法很多,有游戏法、活动法、故事导入法、创设情境法等。

2. 写作教学活动的六要素简介。

写作教学模式里均包含六个教学活动要素,也称六个教学环节。看图作文教学模式的六个环节是情景创设、观察指导、表象操作、例文引路、言语训练和协作学习;命题作文教学模式的六个环节是审题立意、选择素材、启发想象、发展思维、言语训练和协作学习。这六个要素之间相互作用、相互交叉,从而形成一个完整的写作教学的有机整体。

（四）小组活动

1. 小组讨论交流,完成以上工作任务。

2. 作前指导案例点评:

【案例1】 想象作文《亚马孙河探险记》教学片段

老师:探险小队成立了,东西也都准备了,那么咱们就出发吧。请大家闭上眼睛:(煞有介事地)各位探险队员,经过认真的筹备,亚马孙河探险活动今天开始了,我们先从萧山国际机场出发,(伴随飞机起飞声)乘坐国际航班飞往香港,再从香港转机飞往智利(响起飞机降落声)……各位队员,飞机已经在智利机场降落,我们将由智利进入密密层层的亚马孙河原始森林。

（继续富有启发性地叙述）哦,终于,见到了魂牵梦绕的亚马孙河。(音乐舒缓,伴随鸟叫)

让我们赶快进入原始森林吧,在这密密的丛林里,你都看到了些什么呢?……

也许,更多的秘密在森林深处吧,让我们继续往里走,你又发现了什么呢?……

（音乐节奏明显加快）也许,这静谧的原始森林,危机四伏,险象环生……（音乐明显带有恐怖感）

哦,这一切终于过去了……（音乐优美宁静）

（"……"均表示恰当的停顿）

老师:请大家睁开眼睛,在刚才假想的探险过程中,你仿佛经历了什么? 你遇到了哪些危险,你又有什么发现呢? 请大家先在探险小队内交流一下。

学生:我们小组来到了沼泽地,突然飞来一只比拳头还大的毒蚊子。把我的一个同伴叮了个大包包。后来用医药箱救了他。

老师:哈哈,医药箱怎么能救人呢? 应该是用所带的药品救了他。

学生:(其余五位学生回答略)

点评

_____

_____

_____

【案例2】　写景作文教学设计

欣赏校园风光,感受美。

1. 过渡:小作者笔下的校园这么美丽,如果我们学校被录入电视节目,会是什么样子呢? 同学们请看大屏幕。

2. 放录像,欣赏美。

3. 自由描绘校园美景,运用微机出示景点画面。

4. 要求:结合画面,运用恰当的比喻、拟人等修辞手法加以描绘。

点评

_____

_____

_____

【案例3】　贾志敏老师的《两个苹果》教学片段

教师从怀中取出一只大苹果,举起让学生观看。

1. 这只苹果怎么样? 请同学们仔细观察,对这只苹果进行具体描写:

板书:这只苹果_____。

2. 组织学生讨论:从哪几方面去描写呢? 形状、香味、大小、重量、品种、产地、颜色等。若按接触的先后顺序,该如何排列?

观看　颜色(黄里透红)　大小(爸爸的拳头)　形状(圆圆的)

闻掂　香味(一股清香)　重量(三四两)

判断　品种(红蕉)

想象　果味(又香又甜)

推测　产地(山东烟台)

3. 要求学生运用语言,按一定顺序组成一段话。

例:这只圆圆的苹果黄里透红,有爸爸的拳头那么大,用手掂一掂约有三四两重吧! 放在鼻子前闻一闻,啊,一股诱人的清香沁人心脾。这也许是山东烟台产的红蕉苹果。这种苹果我吃过,它又香又甜,老人和孩子最喜欢吃了。

4. 请2～3位同学朗诵片断,同学讨论,教师评点。

5. 教师再取出一只小苹果,请同学写"两只苹果"。

"一只苹果"写出来了,"两只苹果"怎么写?

指出:相同点不必重复,只要写出不同的地方:"另一只也是红蕉苹果,只是个头小了点。"

提问:写法有什么不同?("详写"与"略写")

6. 请学生与老师合作,表演"一分钟小品"。教师介绍剧情:

一天黄昏,明明正在做作业,弟弟在房里看电视。爸爸回来了,取出一大一小的两个红蕉苹果。明明心想,我比弟弟大,我应该吃小的,于是朝房里走去,高声喊:"弟弟,爸爸给你一个苹果!"

教师充当爸爸角色,邀一位同学充当明明。

师生共同表演小品。

表演之后,请同学评议,指出其成功与不足之处并提出改进意见。

教师请第二位学生再次与老师合作表演小品。

7. 请学生概述小品所叙述的故事主要内容后提问:

这件事值得写吗? 为什么? 故事反映了少年儿童的什么思想品质? (爱幼)

8. 作文前要编列提纲,确立重点。师生共同讨论提纲:

(1) 傍晚,爸爸回来了。(略)

(2) 爸爸取出一大一小的两个苹果。(详)

(3) 我把大苹果给了弟弟,自己吃小的。(略)

点评

_____

_____

_____

3. 设计一例作前指导的教学片段,并试教。

操作步骤:编写习作教学的片段设计步骤。

分小组微格试教,并拍录教学过程。

小组交流试教情况。

修改教案,再次试教、拍录。

工作任务5 掌握作文修改指导的内容和方法

《语文课标》在第二学段指出:"学习修改习作中有明显错误的词句。"第三学段又要求学生"修改自己的习作,并主动与他人交换修改",在"实施建议"部分强调"重视引导学生在自我修改和相互修改的过程中提高写作能力"。这些表述明确了在新课改理念下的写作教学中学生应当学会修改自己的习作,而且体现了学段要求的渐进性。

达成目标

1. 形成学生自我修改或互改的写作教学观念。

2. 学会引导学生修改习作的初步技能。

工作过程

(一)出示任务

1. 认真阅读《语文课标》,罗列出关于"修改习作"的表述语句。思考:从这些表述中体现了怎样的新课改教学观念?

2. 认真翻阅写作教材,罗列出教材中有关修改习作的内容安排。思考:苏教版教材有没有体现习作修改指导的有序安排?

3. 如何有序地进行学生习作的修改引导?

4.《语文课标》强调了学生自我修改习作,那么还要不要老师的批改环节呢?应如何处理老师批改和学生修改的关系?

（二）知识储备

1. 指导学生修改习作有哪些具体做法?

指导学生修改习作有以下几种具体做法:

（1）通过默读改内容。查内容是否具体,说的是不是真话、实话、心里话。

（2）通过轻声读改形式。看层次是否清楚、结构是否完整、语句是否通顺、有无错别字、标点使用是否正确、书写是否整洁规范等。

（3）通过大声朗读细细推敲。认真朗读中,发现有不顺畅的地方,进一步推敲修改。

2. 修改一篇习作具体有哪些方法?

（1）教给学生批和改的方法。批分为眉批和总批,眉批主要写在对应的备注栏里,可长可短,总批是对文章做整体的分析。改主要是做删、增、调、换的工作。

（2）教给学生修改符号。学生掌握修改符号后,可以养成自觉运用修改符号来修改自己习作的习惯。

3. 学生修改习作,可以有哪些形式?

学生修改习作的形式可以多样,现列举几种:

（1）典型引路,集体修改。学习修改之初,老师示范引路,用学生习作指导学生一起进行修改,教给方法和步骤。

（2）小组合作,互评互改。学生具备了一定的修改能力后,老师引导学生以小组的形式互评互改,既可以相互学习和促进,也可以培养合作精神。

（3）教师批阅,学生自改。教师对学生作文只批不改,让学生根据老师的批语进行自我修改,老师复备,检查学生修改情况。

（4）自读自悟,自我修改。学生掌握了修改习作的步骤和方法后,就可以尝试自我修改了。老师检查学生的修改情况,并提出修改建议。

（三）分析示例

【示例1】　修改符号

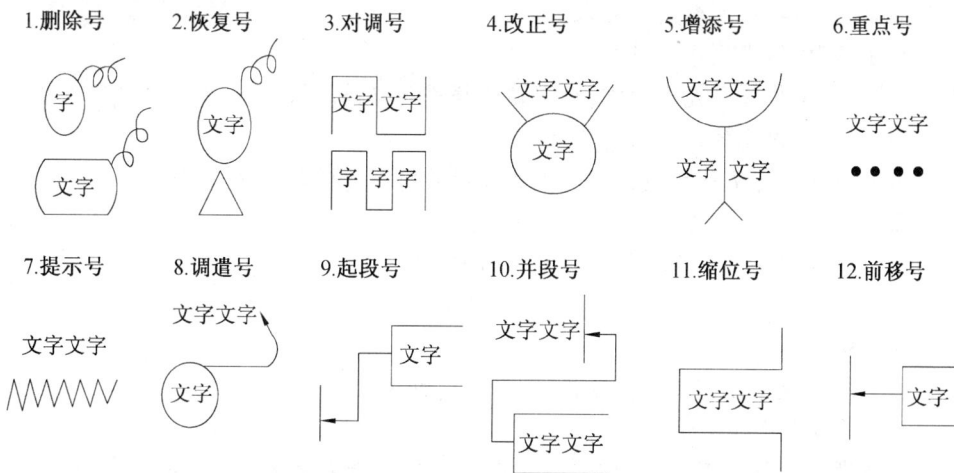

1.删除号　　　2.恢复号　　　3.对调号　　　4.改正号　　　5.增添号　　　6.重点号

字

文字

文字

文字 字

字 字 字

文字文字

文字

文字文字

文字 文字

文字文字

● ● ● ●

7.提示号　　　8.调遣号　　　9.起段号　　　10.并段号　　　11.缩位号　　　12.前移号

文字文字

〰〰〰

文字文字

文字

文字

文字文字

文字文字

文字文字

文字

【示例2】　《用符号修改作文》教学设计

【教学目标】

1. 培养对自己所做作业的责任心。

2. 懂得4种基本的修改符号和修改方法,初步学会用修改符号修改自己作文中的病句。

【课时安排】

2课时

第一课时

一、导入

请学生将课外收集的中外名人修改文章的故事向大家汇报,提高学生对修改文章重要性的认识,激发学生修改文章的兴趣。

二、指导点拨

1. 指导学生学习短文,先让学生自学,再说说自己学懂了什么。

修改文章的作用:修改文章是提高写作能力、写出好文章的重要方法;修改文章能培养自己的责任心。

文章修改的内容:错别字,不恰当的词,用错的标点和不通顺的句子。

文章修改的方法:删、补、调、换。

2. 课后练习第一题。

看看使用了哪些修改符号。

说说为什么要这样修改。

让学生把原句和修改过的句子对比起来读一读,说说修改后的好处。

3. 用修改符号修改课后第二题。

学生自己读题,明确题目要求。

动手修改,用上刚学的符号。

汇报,说说你改了几个地方,分别该怎样进行修改。

师生评议,说说他们改得对不对。

第 1 段话共有 7 处明显错误。第 2 段话共有 5 处明显错误。

三、小结

这节课我们共学了 4 种修改符号,一起回忆。

第二课时

一、复习

回忆上节课学了哪几种修改符号,各该怎样用。

二、修改自己的文章

上节课我们修改了书上的几段话,现在我们也学王安石、鲁迅他们,一起来改改自己的作文。

拿出自己最近写的作文,自己修改。

同桌相互交换,修改同桌的作文。

同桌两人一起讨论,你觉得怎样改更好。

三、小结

说说通过这次修改,你有什么体会。

(四)小组活动

1. 小组讨论交流,完成以上工作任务。

2. 老师需要示范修改作文。下面是一篇小学四年级学生的习作,先进行批改,然后写出示范修改的步骤。

习　作	备　注
"表演"奖章非你莫属 　　今天下午,老师脸带微笑地走进了教室对我们说:"你们觉得谁可以拿到表演奖章呢?"我们想了想,都说出了自己心中的人选:张静选孙雨涵,韦小宁选陈佳,有些男生选薛雨辰,我选袁林……你知道我为什么选袁林吗? 因为她在英语课本剧中获得了一等奖,在中队活动中获得了一等奖。 　　袁林在多次英语课本剧表演中获奖,上学期获得了全校英语课本剧表演一等奖。她告诉我:在比赛前,她很紧张,心在"扑通扑通"地跳,就像十五个吊桶打水——七上八下。但她对自己说:"别紧张,没事的。"比赛时,她反而觉得自己不紧张了,把事先准备好的台词说得非常流畅,最后获得了一等奖。 　　袁林很会表演,在舞台上非常出色。记得我们在上学期的中队活动中,唱了一首《世界很小是个家庭》,那时袁林领唱,我们跟唱。她的声音是那么的清脆、那么的动听! 就是她那歌声,让我们班获得了中队活动的一等奖,给我们班争得了荣誉。 　　袁林,"表演"奖章非你莫属!	
总批:	
示范修改步骤:	

工作小结

　　写作教学过程,是在新课程理念下的教学过程。在教学过程中,需要我们掌握的知识和技能不只是本项目里涉及的,还需要我们在具体的实践过程中不断探讨和积累,如写作与阅读、口语交际之间的联系,接受新理念与传统经验的联系,多媒体和网络的使用,多种写作教学模式的出现,等等。

项目五 口语交际教学技能

要点引导

口语交际与写作,尽管都是表达与交流,但是口语交际比写作更具有交互性和直接性,更富有亲切感。口语交际教学的目的在于培养学生倾听、表达和应对的能力,使学生具有文明和谐地进行人际交流的素养。

本项目旨在通过检测自身口语交际能力、熟悉口语交际教材、掌握口语交际教学的内容和过程、试教等一系列训练,使师范生掌握口语交际教学技能。

工作任务1 检测口语交际能力

《语文课标》"口语交际建议"部分指出:"重视在语文课堂教学中培养口语交际的能力","教学活动主要应在具体的交际情境中进行,不宜采用大量讲授口语交际原则、要领的方式。应努力选择贴近生活的话题,采用灵活的形式组织教学"。这里的"不宜采用大量讲授口语交际原则、要领"是针对小学生而言的,但是,作为语文老师是要做到心中有数的。其实我们很多语文老师对于口语交际的知识是知之甚少的,因此,要使学生形成口语交际能力,老师首先要努力做好。

达成目标

1. 了解口语交际方面的知识。

2. 通过检测口语交际知识,正确把握课标中口语交际教学的精神。

工作过程

(一) 出示任务

1. 查阅资料,回答以下问题:

(1) 你知道口语表达的要求吗?

（2）口语表达的一般技巧有哪些？

（3）你知道"倾听"也是一种技巧吗？怎么理解？

（4）体态语在口语表达中有何作用？如何使用体态语？

2．自我判断：

（1）你觉得自己是一个善于与人交际的人吗？你的交际优势或者劣势在哪里？

（2）你觉得应该怎样与小学生交流,你懂得小学生的交际心理吗?

（二）小组活动

1. 作为领导的你要召开一个部门经理会议,会上要谈的事有两件,一件是要奖励他们,还有一件是对他们提一个更高的工作请求。你准备先说哪一个呢?

2.【案例】

老板:你迟到了一个小时,如果要在这里工作,就必须准时。

雇员:我的汽车发动不起来了。

老板:这不是迟到的理由。你应该打电话。

雇员:我是想打,但是……

老板:工作早上 8 点开始,你需要早上 8 点到这里。你如果做不到,就应该另找一份工作。如果你再迟到,就麻烦你不要来上班了。

你觉得这场对话有什么特点? 会有怎样的结果?

如果你是一个会说话的老板,该怎样挽回这个令人难堪的局面?

3. 交际活动:

（1）确定会话主题,如体罚、学习与游戏、手机的影响等能引起兴趣的话题。

（2）分成正反两组,用 5～10 分钟准备辩论内容。

（3）辩论。时间 5 分钟。除发言同学外,其他同学观察发言者的言行。

选一组辩论。要求:不管怎样辩论,必须遵循一方说完才能发言的原则。

选另一组辩论。要求:尽可能在同一时间抢着发言,想说就说。

（4）讨论:两次对话有何不同? 发言者有何体会? 当你与朋友交谈时,更倾向于哪一组的发言? 如果与你的家长、同事和陌生人交谈呢? 你认为这样的对话是由什么决定的?

小贴吧

职场中人提高说话技巧的秘诀:

1. 不要说尖酸刻薄的话。

2. 转移话题要尽量不着痕迹。

3. 如果你要加入别人的交谈,先要弄清楚别人究竟在说什么。

4. 交谈之前尽量保持中立、客观。表明自己的倾向之前先要弄清楚对方真实的倾向。

5. 以谦卑的姿态面对身边的每一个人。

6. 多给别人鼓励和表扬,尽量避免批评、指责和抱怨。

7. 要学会倾听。不要说得太多,想办法让别人多说。

8. 不要因为对方是亲朋好友而不注意礼节。

9. 尽可能谈论别人想要的,教他怎样去得到他想要的。

10. 一定要尊重对方的隐私,不管是朋友还是夫妻。

工作任务2 熟悉口语交际教材的编排

小学语文教学中的口语交际教学除了贯穿在语文教学的全过程外,还有一条专门的训练线,形成一个渐进的训练序列体现在教材中。作为语文老师,要发展提升学生的口语表达能力,就可以循着这条线有序地进行训练。

达成目标

1. 熟悉口语交际教材的训练序列和内容。

2. 掌握口语交际教材的编排特点。

工作过程

（一）工作任务

请整理苏教版口语交际教材的内容,形成表格。

小学语文口语交际教材内容安排表

口语交际 年级	一	二	三	四	五	六	七	八
一年级上								
一年级下								
二年级上								
二年级下								
三年级上								
三年级下								
四年级上								
四年级下								
五年级上								
五年级下								
六年级上								
六年级下								

（二）小组活动

1. 从表格的内容编排思考分析：

（1）《语文课标》在"评价建议"里指出："考察口语交际水平的基本项目可以有讲述、应对、复述、转述、即席讲话、主题演讲、问题讨论等。"教材内容安排中涉及哪些方面？

（2）这些内容的编排上呈现什么特点？

（3）你认为教材安排的内容是否都得当？

2. 除了专门安排口语交际教材外，小学语文教材的哪些内容也属于口语交际训练的内容？

3. 从口语交际的内容编排可以看出，教材不仅仅是训练学生口语交际能力，有的内容还与什么结合在一起，训练学生哪方面的能力？举例说明。

4.《语文课标》"教材编写建议"里提到"教材要有开放性和弹性",你认为口语交际教材体现这一编写思想吗?

工作任务3　掌握口语交际教学的内容、过程和方法

在新课程理念下的口语交际教学,旨在培养学生的倾听、表达和交流能力。这就对语文教师提出了更高要求,除了提升自身的知识素养外,对口语交际教学的内容理解和过程驾驭都有了新的要求。

达成目标

1. 接受口语交际教学的新理念。

2. 掌握口语交际教学的内容。

3. 掌握口语交际教学的过程。

工作过程

(一) 出示任务

1. 为什么要把"听话说话教学"改为"口语交际教学"?

2.《语文课标》对口语交际教学提出了哪些要求?

3. 从这些要求里，可以看出哪些新理念？

4. 从《语文课标》的"阶段目标"，可以看出口语交际教学的阶段侧重点各是什么？

5. 思考：一节口语交际课应该如何完成？

（二）知识储备

1. 怎样理解口语交际教学中"学会倾听、表达和交流"？

这是口语交际教学的总目标，也是新课程理念下要求人际交往的三大能力。只有具备了这三大能力，才能文明、和谐地进行人际交流。《语文课标》在各学段对这三大能力的培养提出了不同要求，这些能力的培养要求是整体有序的。

2. 口语交际教学为什么强调情境的创设？怎样创设教学情境？

口语交际教学一定要重视情境的创设。没有具体的情境,叙述就不可能承担有实际意义的交际任务,也不可能有双向互动的实践过程。

创设教学情境的方法很多,主要有语言描述创设情境、场面活动创设情境、教学媒体创设情境、模拟表演创设情境等。

3. 口语交际教学过程中需要注意什么?

要让学生学会倾听,学会表达,学会应对。

要把口语交际教学贯穿在语文教学的全过程中。

4. 体态语在口语交际教学中有何作用?

根据美国一项研究表明:在情感、态度交流方面,90%以上的信息是靠声调的高低和面部表情,即非语言来传递的。可见,体态语在口语教学和实际交际中的重要地位。体态语言即通过手势、面部表情、眼神、动作姿态、外表修饰等非语言行为来传情达意的一种交流手段。体态语不仅能代替语言交际功能,而且能扩大交流范围,表现或掩饰内心情感,丰富语言,使语言表达更生动、更形象,简洁明了,提供大量信息,深化表达内容等。口语交际课上老师通过实践探讨适宜学生学习发展需要的体态语教学模式、策略、形式、手段,让学生在大量的交际实践中自主地学习运用体态语,帮助学生提升口语交际能力。

(三)分析示例

苏教版二年级下册第三单元口语交际《学会劝阻》教学设计。

【教学目标】

1. 根据图意和提示,练习说劝告语。

2. 分角色表演,在练习的过程中学习和掌握劝阻的技巧。对别人的说话练习能作一定评价。

3. 面对不正确的行为要勇于用言语去劝阻。对别人正确的批评意见要乐于接受并表示感谢。

【教学重点】 说话练习时要大方、清楚、正确。

【教学难点】 练习劝阻的过程中要把不正确行为所造成的危害说清楚。

【教学准备】 多媒体课件,教材图片,表演道具(风筝、火炮、草堆图片),奖品。

【教学时间】 1课时

【教学过程】

一、观看录像,情境导入

播放教材改编的录像,引入新课、揭示课题。

二、同桌讨论,明确要求

过渡:当我们的同学、朋友有不正确的行为时,我们要及时帮助他。让他成为文明的孩子。现在老师想和大家讨论一个问题,你们想听吗?听好了,劝阻时要注

意哪些问题?（如声音、语言、态度等）

学生讨论、交流。

老师相机板书:语言文明 态度和气 声音响亮 把危害说清楚

三、观察图画,看懂图意

过渡:今天,老师带来了四幅画,现在大家看看这四幅画的内容,思考一下,图上画的是谁和谁,他们在干什么?

交流图意。

四、小组表演,展开训练

过渡:同学们说得很好。大家往回看,这是咱们电视台的记者叔叔,他今天来我们学校,想听听你们是怎样劝阻有不正确行为的同学的。来,和叔叔打个招呼。

现在这些图上的小朋友来到你们小组,你们小组怎样劝阻他们呢? 4人一个小组选一幅图的内容来演一演,愿意吗? 有信心演好吗?

学生表演练习,老师巡视,指导。

五、情景表演,升华训练

过渡:老师发现同学们都很热心,劝得也很努力,现在哪一个组的同学愿意来展示一下你们劝阻的本领? 注意说的时候要……,听的人要……(学生看板书回答)表现好的同学还可以得到奖品哦。我希望你们都能得到"声音响亮奖"、"认真倾听奖"、"最佳评委奖"。

学生表演。

采访。(记者叔叔委托张老师来采访同学几个问题,现在我是记者阿姨,小朋友们好……)

评委:谁表现好? 为什么?

被劝的同学:听了他的劝阻,你有什么想法?（发奖）

再表演、再采访、再发奖。

六、记者采访,延伸训练

平时你身边有没有出现过有不正确行为的同学、朋友?

你是什么态度? 帮助他了吗? 怎么做的? 效果怎么样?

今后再遇到这些现象要怎么做?

(出示图片)记者叔叔在采访中悄悄拍下了这些现象,你们看看,这些行为正确吗?

选定一个学生,师生表演劝阻。

总结:采访结束了,可老师对同学们的要求没有结束。老师希望今后,如果遇到有不正确行为的人大家能够用我们的语言、我们的热心去劝阻他、帮助他。

【板书设计】

学会劝阻

语言文明　　态度和气　　声音响亮
把危害说清楚

附:《学会劝阻》

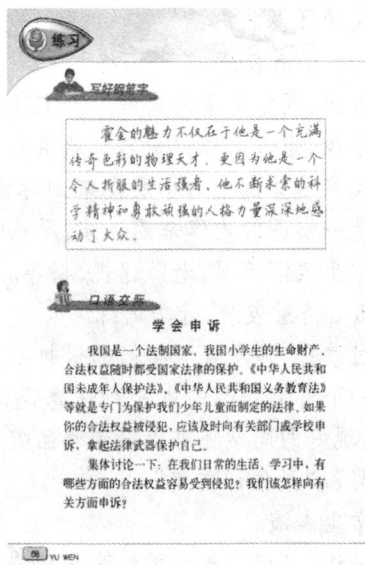

（四）小组活动

1. 小组讨论交流,完成以上工作任务。

2. 分析工作示例:

（1）老师在教学过程中安排了几个环节?

_____

_____

（2）这节课的教学有何创新之处?

_____

_____

（3）这节课的设计上还有什么不足?

_____

_____

（4）这节课的教学效果怎样?

_____

3. 结合【示例2】,请思考:小学生的口语交际能力的形成和提升,有哪些途径?主要的途径是什么?

_____

_____

4. 请你为六年级上册语文《练习3》口语交际"如何申诉"作一份简要设计,并阐述这样设计的目的。

5. 选择以上教学设计中的一个教学环节进行5~7分钟的微格试教。

操作步骤:分小组微格试教,并拍录教学过程。

小组交流试教情况。

修改教案,再次试教、拍录。

工作小结

　　口语交际教学是新时代新课程理念下的新叫法,当然也赋予了教学的新内涵。本项目通过实训,让师范生首先在观念上接受这种教学,并付诸于实际的操作训练中。当然,仅凭这样几个工作任务只能做到基本熟悉和掌握,真正的能力形成还有待于进一步实践和积累。同时,口语交际教学中的新理念,也能帮助师范生提升自身的综合素养。

拓展与巩固

观念先行

请查阅资料后,将答案填写在下面横线上。

1. 大阅读教学观

_____

_____

_____

2. 对话理论

_____

_____

3. 多认少写

_____

_____

_____

4. 自主、合作、探究的学习方式

_____

_____

_____

考察思考

1. 实地考察：选择一所当地小学，了解语文老师在《语文课标》的指引下教学实施情况，形成分析报告。

2. 思考：新课程理念与一线的语文教学之间为什么存在差距？

巩固练习

一、名词解释

1. 分散识字和集中识字

2. 情感体验

3. 有感情朗读

4. 非连续性文本

5. 纪实作文和想象作文

二、填空

1. 语文课程应特别关注_____对学生识字写字、阅读、写作、口语交际和思维发展等方面的影响,在教学中尤其要重视培养_____和_____的能力。

2. 语文学习应注重_____的相互联系,注重语文与生活的结合,注重_____、_____、_____的整体发展。

3. 九年义务教育语文课程,应以_____和_____为指导,深入贯彻落实科学发展观,坚持以人为本。

4. 课程目标_____整体设计。学段目标与内容从_____、_____、_____、_____四个方面提出要求。课程标准还提出了_____的要求。

5. 在发展语言能力的同时,发展_____,学习科学的思想方法,逐步养成_____、崇尚真知的科学态度。

6. 九年义务教育阶段应背诵优秀诗文_____篇(段)。九年课外阅读总量应在_____字以上。

7. 第一学段认识常用汉字_____左右,其中_____个左右会写。

8. 学生能用普通话_____、_____、_____地朗读课文。

9. 第三学段默读有一定的速度,默读一般读物每分钟不少于_____字。

10. 第三学段在理解课文的过程中,体会顿号与_____、_____与_____的不同用法。

11. _____是阅读和写作的基础,是第一学段的教学重点,也是贯穿整个义务教育阶段的重要教学内容。

12. 阅读教学是学生、教师、_____、_____之间对话的过程。

13. 能_____、_____地表达自己的见闻、体验和想法。能根据需要,运用常见的表达方式写作,发展书面语言运用能力。

14. 具有日常口语交际的基本能力,学会_____、_____与_____,初步学会运用口头语言文明地进行人际沟通和社会交往。

15. 能写简单的_____作文和_____作文,内容具体,感情真实。

16. 写作教学应抓住_____、_____、_____、_____等环节,指

导学生在写作实践中学会写作。重视引导学生在_____和_____的过程中提高写作能力。

17. 口语交际是_____的互动过程。教学活动主要应在具体的_____中进行，不宜采用大量讲授口语交际原则、要领的方式。

18. 口语交际的评价，应按照不同学段的要求，综合考察学生的_____、_____和_____。

三、简答

1. 汉语拼音教学的总要求是什么？

2. 识字教学的内容是什么？如何帮助小学生形成识字能力？

3. 识字教学中如何帮助小学生减少错别字？

4. 阅读教学中，老师如何对待学生的个性体验？

5. 怎样理解阅读教学的基本思路？

6. 怎样理解正确、流利、有感情的朗读要求？

7. 你认为学生的写作习惯如何养成？

8. 怎样看待第一学段的写话训练？

9. 如何创设口语交际的互动情境？

10. 口语交际教学和以前的听说读写教学有何不同？

小学语文教学评价技能

引导与准备

编者的话

《语文课标》在"评价建议"部分指出:"语文课程评价的根本目的是为了促进学生学习,改善教师教学。"小学语文教学评价是对老师的语文教学工作和学生的语文学习质量做出客观衡量和价值判断的过程,是小学语文教学过程中必不可少的一个重要环节。它可以提供教学的反馈信息,以便教师及时地调整和改进教学,保证教学目标的实现,是有效进行小学语文教学的必要保证。

在本模块的内容安排中,我们只是从学生语文学习质量的角度来展开对评价的认识和操作。对老师的语文教学工作的评价在模块二里已经通过"听课和评课"等工作任务来完成了。因为小学语文教学评价的核心标准是学生的提高和发展,而学生的提高和发展就是学生学习的质量。以学生为对象的小学语文教学评价,其内容主要是对学生语文学习质量的评价。《语文课标》也是主要针对学生的学习质量提出了具体评价建议。

模块目标

1. 掌握评价的类型和方法。
2. 学会课堂即时评价。
3. 学会制作和使用成长记录袋。
4. 学会书面测试评价。

引导与思考

1. 什么是教学语文教学评价？它在教学中有何功能？

2.《语文课标》对于学生语文学习质量评价实施要求是如何表述的？

识字写字评价：

阅读评价：

写作评价：

口语交际评价：

综合性学习评价：

3. 学生语文学习质量评价的种类有哪些？

工作与技能

项目一　形成性评价技能

要点引导

形成性评价又称过程评价,指的是在语文教学活动中,为了调节和完善语文教学活动过程、保证语文教学目标的顺利达成而进行的、对学生语文学习状况等的评价。"形成性评价关注学习过程,有利于及时揭示问题、及时反馈、及时改进教与学活动。"(《语文课标》)

本项目的训练旨在让学生通过完成任务和进行交流、实践活动来明白教学形成性评价该如何进行,形成初步的形成性评价技能。

工作任务1　掌握即时评价技能

即时评价是指教师在课堂教学中通过自己的语言、语气、表情、动作等方式对学习过程中出现的好的表现和行为进行的针对性评价,这种评价与语文教学的过程结合在一起。《语文课标》指出:"对学生语文学习的日常表现,应以表扬、鼓励等积极的评价为主,采用激励性的评语,从正面加以引导。"

达成目标

1. 了解《语文课标》的评价观。

2. 掌握初步的即时评价的操作技能。

工作过程

(一)工作示例

【示例1】　人教版二年级上册《坐井观天》

老师:同学们,小青蛙听到大家把井外的世界说得这么精彩,它真想跳出井口来看一看。(出示课件:青蛙跳出了井口)说说青蛙跳出井口后,将会怎么样呢?(学生争相发言)

学生:它看到绿绿的小草,还有五颜六色的花儿。

学生:它看到校园里开满了桂花,闻到了阵阵花香。

学生:它看到了果园里挂满了黄澄澄的梨子,红彤彤的苹果,一派丰收的景象!

学生:它会到处逛逛,看看美丽的风景,看看拔地而起的高楼大厦。(正当我倾听于学生对生活的赞美之言时,一位学生忍不住喊着他也想说说)

学生:老师,我觉得青蛙有可能没有看到这么美的景色。

老师:(老师一愣,然后充满好奇疑惑)说说你是怎么想的?

学生:它看到路边垃圾成堆,蝇蚊成群,闻到一阵阵很刺鼻的臭味。(一石激起千层浪,学生众说纷纭)

学生:它看到人们往小河里倒垃圾,河面上还漂浮着鱼的尸体,心里很害怕。

学生:它看到有人大量砍伐树木,鸟儿没有了家。

学生:它看到捕蛙人在大量捕捉它的同伴,残忍地将它的同胞卖给酒店酒楼做下酒菜。

学生:它看到汽车在路上疯狂地飞驰根本就不注意行人,汽车排出的污气让它窒息。

学生:它感觉外面的世界并不像我们说得那么美,它想回到安全的井中去。(老师灵机一动)

老师:那么我们能不能用什么好办法来挽留小青蛙呢?让它安心快乐地和我们生活在一起。(学生思考片刻,跃跃欲试,兴趣盎然)

学生:我们做个广告牌,上面写上"保护动物,人人有责"来告诉人们应该与动物成为好朋友。

学生:发现那些乱砍树,捕杀动物的人要报警,让警察来抓这些坏人。

学生:我们要保护好环境,不能把动物的家弄脏。

学生:我们不仅自己要知道环保知识,还要向同学、家人、朋友宣传要爱护动物,保护环境的知识。

……

老师:同学们说得棒极了!只要大家共同来保护环境,爱护家园,小青蛙就会被我们挽留下来,动物们才会快快乐乐地生活在我们身边!

【示例2】

老师:"春风又绿江南岸"中的'绿'字,作者在作诗过程中曾改过多次,试想想,作者可能用过哪些字?

学生的答案有"吹"、"到"、"来"、"染"、"过"……

老师:把这些字放到诗中读一读,和原文作比较,哪个字用得好?

学生:"染"字比原文用得好。

老师:你也变成个诗人了,不过还是"绿"字用得好。

【示例3】

在"谈天说地"课上,话题围绕《西游记》展开,从"孙悟空大闹天宫"到"孙悟空三打白骨精",教师让学生选择自己感兴趣的人物,谈谈对他(她)的看法。学生说到孙悟空,说到唐僧,说到猪八戒,也有的说到了白骨精。

学生:我觉得,孙悟空不是个好徒弟,唐僧一批评他,他就生气,还要用金箍棒打唐僧,后来还撇下唐僧不管,回花果山了。

老师:可后来孙悟空回到唐僧身边了吗?

学生:孙悟空后来不但回到唐僧身边,最终还帮助唐僧取得了真经。要是没有孙悟空,唐僧不能成功的。

老师:有句话说得好啊,"不怕有错,就怕不改过"。

学生:老师,我看白骨精也有值得赞赏的地方,她为了吃到唐僧,肯动脑筋,有恒心有毅力。(此言一出,有好多学生竟然都纷纷认同)

老师:老师想请问你,白骨精做的是好事还是坏事?

学生:坏事。

老师:白骨精坚持不懈地去做坏事,我们应该佩服她吗?

学生:不应该。

【示例4】

"请你来读第1自然段,你来读第2自然段……"当我叫到一位男同学读第5自然段时,一个极响亮的声音喊着:"老师,别叫他,他是个结巴!"

"对!对!他是个结巴!"一片附和声。

"我不是!我不是!"被称为结巴的男同学极力争辩着。显然,他面对这种局面已经不是第一次了。从他面对同学的嘲讽却只能做无效的争辩中看出,他根本无力保护自己。

"就是!就是!"

"一句话你都读不全!"

"快坐下吧,别浪费时间了!"一片嚷嚷声。

老师站在讲台前,拍了两下手,教室安静下来,大声对同学们说:"老师就请他读!"老师指了指那位学生,示意他走上讲台,"我请你读第1自然段,其余同学依次读2、3段。"

老师拍了拍这位男同学的肩膀,亲切地说:"来,老师请你第一个读,试一试。老师知道你行,我相信,你一定能读好!"

刚才与大家争得面红耳赤的结巴学生落下了眼泪。老师再一次肯定地向他点了一下头,帮他拿好书,鼓励他开始读。他擦了一把眼泪,双手捧着书,一个字一个字地读了起来。

同学们瞪大了眼睛,瞅着他,他的声音是那样洪亮,读得是那样流利,情感是那样饱满。短短的一个自然段刚读完,教室里迸发出一阵热烈的掌声。

(二)出示任务

1. 认真阅读以上4则案例,分别对这4则案例中课堂教学的即时评价进行思考和分析：

案例1：

案例2：

案例3：

案例4：

2. 怎样对待学生中出现的个性体验？是"放羊式"体验还是"价值引导性"体验？

3.《语文课标》指出："应注意将教师的评价、学生的自我评价及学生之间的相互评价相结合。"请阅读相关教学资料，以一个具体的案例来说明。

（三）知识储备

1.《语文课标》对课程评价的功能是如何阐述的？

语文课程评价具有检查、诊断、反馈、激励、甄别和选拔等多种功能，其目的是为了考查学生实现课程目标的程度，检验和改进学生的学习和教师的教学，改善课程设计,完善教学过程。应发挥语文课程评价的多种功能,尤其应注意发挥其诊断、反馈和激励的功能,有效地促进学生的发展。

2. 运用即时评价应注意具备哪些方面?

鼓励性。如"你的观点很有创意"、"相信你能行"、"你读得很有感情"等,这些评价会释放学生的潜能,让学习成为一件充满乐趣和自信的事情。

导向性。课堂里允许学生有异样的声音,但是这样的回答符不符合学生成长中价值观的形成,是否有利于学生健康发展,老师需要对此进行把握和引导。

差异性。每个学生都有不同于他人的素质、长处和不足,即时评价要关注每一个学生学习上的差异,区别对待。

多种评价语言。老师评价的语言要丰富和恰当,甚至无声语言的加入,一个微笑或者轻轻地抚摸,更有意想不到的效果。

(四)小组活动

1. 小组合作,完成工作任务。对即时评价形成自己的认识。

2. 案例点评:

【案例1】 三位老师的三种"坐下"

(1)教师甲:(生气地看着该生)整天上课开小差,结果怎样? 这么简单的问题都不能回答,太笨了! 坐下!

(2)教师乙:(生气,但不表现出来)坐下。谁来帮他?

(3)教师丙:(微笑、和蔼地)别急,回忆一下,我们昨天学过的内容,当时你听得很认真。想想,昨天××同学是怎样回答的?

学生:(思索片刻,说出了与问题答案相关的一句话)

教师丙:(很兴奋)对呀! 看来,你是很棒的!

学生:(体面地坐下,并投入到后面的学习中)

拓展思考
就三位老师不同做法,谈谈你的看法。

_____

_____

_____

【案例2】

一位老师在一次公开课上请同学读课文,部分同学抑扬顿挫中把课文读得正确、流畅而又声情并茂,让人有身临其境之感。这位教师满面微笑、热情洋溢地评价:

"——读得真不错! 听得出你是将自己的理解读出来了!"

"——听你的朗读真是一种享受！"

"——这个句子你读得多好呀！请你再读一遍,让大家仔细听听！"

"——你念得比老师还要棒,老师甘拜下风！"

"——多动听的声音啊,老师觉得,你长大肯定能当一个播音员！"

"——新文章你能读得这么流利,真是武功高强啊,可以收徒弟了！"

拓展思考

你认为这位老师的课堂即时评价好不好？会带来怎样的教学效果？

_____

_____

_____

_____

【案例3】

在作文教学中,老师按学生不同水平分成几个等级组,定出不同的要求和评价标准,学生自动"对号入座"。如 C 组的标准是"语言通顺",符合要求的应给高分.不少学生高兴地说:"以前,我的作文经常不及格,今天老师给打了 100 分,我觉得学好作文还是有希望的！"老师又及时鼓励达标的同学继续向 B 级、A 级组进军。

拓展思考

李老师的做法是否正确？

_____

_____

_____

4. 设计一个教学片段,在试教中尝试恰当运用即时评价。

工作任务2　学做成长记录袋

《语文课标》指出:"应加强形成性评价,注意收集、积累能够反映学生语文学习与发展的资料,可采用成长记录袋等各种方式,记录学生的成长过程。"成长记录袋是新课程理念下的新事物,在学生成长中会起到积极作用。但是成长记录袋是什么模样？到底该怎样去操作？《语文课标》并没有提出明确的做法,这也给老师们留下一个广阔而丰富的操作空间。

达成目标

1. 了解成长记录袋的操作步骤和内容。

2. 学会帮助学生做成长记录袋。

工作过程

(一)出示任务

1. 你认为成长记录袋可以在学生学习中起到怎样的作用?

2. 如何制作成长记录袋? 用现成的袋子如文件袋,可以吗?

3. 在学生的语文学习中如何使用成长记录袋?

4. 在形成性评价里,你认为成长记录袋是否是一个很实用的评价方式?

（二）知识储备

1. 成长记录袋在学生语文学习中有何积极作用？

成长记录袋在学生语文学习中起积极作用，主要体现在：为学生不断确立发展性目标；成为学生相互展示、交流促进的平台；帮助实现师生之间、家长与孩子之间的沟通与交流；成为孩子自我评价、自我反省、自我激励的重要手段。

2. 成长记录袋里应该装什么内容？

成长记录袋里的基本内容是学生作品，这是它与传统评价方式的最大不同，也是它的一个特色。它主要收集学生在学习过程中生成的各种作品，用以展现学生的成就与进步，描述学生学习的过程与方法，反映学生学习的态度与情感。也正是从这一意义上来说，可将成长记录袋理解成为一个无所不装的大口袋，只要是能反映学生发展情况的资料就不分主次地装进去，或者将传统评价中产生的评价结果（如分数单、测验卷、检查表、小红花、奖状等）集中在一起就称为成长记录袋。

其实无论装什么内容，都是要用这些内容来体现一个学生学习语文的过程，反映学生在一段时期内的语文发展情况。

3. 成长记录袋有哪些类型？

成长记录袋的类型有很多，美国南卡罗来纳大学的格雷德勒就以成长记录袋的不同功能为标准，把成长记录袋分为理想型、展示型、文件型、评估型和课堂型五种。我国引用这种评价方式中，形成了三种主要类型：

展示型　收集学生最优秀或最满意的作品，但描述学习过程的作品不包括在内；学生有选择作品的权利，教师不能用自己的标准代替学生选择作品；鼓励学生考虑作品选择的理由；而相关的反省记录也可以装进去；其内容是非结构化的，每个学生的成长记录袋可以不相同。

文件型　所收集的学生作品不仅指结果性作品（如作文的终稿），还包括学生在完成这一作品过程中所产生的过程性作品（如作文的草稿和修改稿）。由教师完成的核查表、教师所做的课堂观察记录、表现性测试的结果、学生的自我评价和反省，或者来自家长的信息等，只要能真实地反映学生的学习过程的资料，都可以收集。

评估型　用于评估学生学习与发展水平的成长记录袋，其内容通常是标准化的，就像其评分过程一样，这种成长记录袋可以作为学生升级、留级的参考，也可用于一定时期的总结报告。

（三）分析示例

【示例1】　个性化的档案袋

（1）每周一篇课外阅读记录或读书卡。

（2）每一次的小测验及反思。

（3）每周一份主题小报。要求图文并茂，制作精美。

（4）每月上交一次语文手工作品，如资料卡、"秋之韵"标本集并配秋的小诗等。

（5）每节语文课前的自由演讲，一周进行一次评定，被评为"小小脱口秀"的同学的证书搜集。课前演讲稿搜集。

（6）学生参加学校或其他社会上举行的语文活动的获奖证书复印件，或参加活动凭证。

（7）每位学生每月上交一份语文手抄报。

（8）每位学生每月上交一份课外自学书名目录。

（9）每周一篇书法作品。

（10）优秀习作。

【示例2】 小学语文测试自我分析表

填表人：

期望得分			班级均分		自己得分		级别	
栏目	题项	得分			失分原因			
字词基础								
语言积累								
阅读								
习作								
自我评价								
今后努力方向								

【示例3】 阅读成长记录袋

（1）设计一份课外阅读记录卡，让学生每阅读完一份读物，就填写一张记录卡，收进阅读成长记录袋，在班内定期开展评比，看谁的记录卡多。

（2）学生每阅读完一份读物，要记录基本信息（文章名称、作者等），记录对课外读物的理解和感受，记录阅读中的词语和优美句段。

（3）写下学生阅读中的自我评价和反省，发现优势与不足，及时改进。

（4）定期举行读书报告会，展示自己一个阶段以来的读书清单，介绍自己最喜欢、收获最大的一本书或一篇文章，并把学生的阅读成长记录袋在教室展出。

（5）阅读成长记录袋过程中，确定一句自己的阅读格言。如："读一本好书，就是和许多高尚的人谈话。""多读好书吧，它会使你变得越来越有智慧。""快乐阅读！快乐成长！""阅读，生命因你而精彩！"

（四）小组活动

1. 小组合作，完成工作任务。

2. 请学习以上示例，然后动手操作：

（1）用一定的材料，制作一个语文学习的成长记录袋。

（2）为上面【示例3】设计一份"阅读记录卡"。

3. 如果你是一个很有思想的老师,你会怎样有效安排成长记录袋的使用? 请设计一份使用方案。

4. 请你到附近学校做调查研究,了解成长记录袋的使用情况,并做一个分析说明。

工作小结

　　形成性评价注重的是学生学习语文的过程,每一个学生的学习过程都是不同的,因而,对于语文老师来说,仅靠即时评价和成长记录袋等评价方式是远远不够。平时老师对学生的一言一行、无意中的一句话、课间的一次交流等都有可能对学生产生积极或者消极的影响。因此,本项目借这两个工作任务,是要形成新课程下的评价观念,并扎扎实实地付诸于教学行动中。

项目二　终结性评价技能

要点引导

　　终结性评价是在教学全程结束以后,为保证教学整体质量而进行的评价,其首要目的是确认学生在语文教学的某个阶段或某个重要部分达到目标的程度。终结性评价关注学习结果,有利于对教学活动作出总结性的结论。

工作任务　编制书面测试卷

　　在教育评价体系中,考试是重要的评价手段,不仅能检测教师的教学质量和学生的学习质量,还发挥了教育指挥棒的作用,关系到教改的发展方向。

　　终结性评价大多数是在阶段教学任务完成时或在期末进行,合理编制终结性测试题,且评分得当,可以为学生提供有关前一阶段学习情况的信息。学生可以从评价结果中获得有用的信息,建立下一阶段或下一学期努力的方向。

达成目标

1. 熟悉编制书面测试卷的过程。

2. 学会编制书面测试卷的方法。

工作过程

(一)出示任务

1. 你认为终结性评价和期末考试是怎样的关系?

2. 书面测试卷的编制经历哪几个步骤?

3. 小组合作编制一份单元测试卷。

(二)知识储备

1. 终结性评价的要求是什么?

终结性评价的概括性水平一般较高,测试内容包括的范围较广,每个题目都包括许多构成该课题的基本知识、技能和能力。因而,一份测试卷也能反映出题者的水平。

2. 一次规范的书面测试包括哪几个步骤?

一次规范的书面测试一般包括以下几步:明确的测试目的和测试内容、要达到的效果、设计双向细目表、编制试题、组合成卷并制定评分标准、施测及评分、分析测试结果、组织讲评等。

3. 编制语文测试卷依据的原则是什么？

编制测试卷，主要依据的原则：一是以小学语文教材为依据；二是体现新课程改革的理念和《语文课标》的要求，侧重基础知识和基本技能，突出评价的激励性、诊断性、过程性和发展性；三是从学生实际出发，注意面向全体学生。

4. 编制语文测试卷时侧重考核什么内容？

语文测试卷一般要围绕知识与能力、方法与过程、情感态度与价值观这三个方面来编制。书面考试主要在于对"知识与能力"的考核，其他两个方面从属于"知识与能力"。从微观角度说，语文学习内容包括：识字与写字、阅读、写作（写话、习作、作文）、口语交际、综合性学习。而口语交际需要有真实的场景方能客观地评价，综合性学习重在方法、过程、情感的考核，所以仅凭试卷不能合理地量化。这样，语文试卷编制的重点也就在"识字与写字、阅读、写作"这三个方面了。

5. 在编制语文测试卷过程中需要注意哪几点？

编制语文测试卷，需要注意以下几点：

（1）语文试卷的编制要紧紧把握《语文课标》的目标要求，一定要符合学生年段的特点。

（2）教材始终是考核的重点，适当进行课外的拓展。课外的拓展1—2年级占10%左右，3—4年级占20%左右，5—6年级占30%左右。课外的拓展与教材有密切的联系，不可无中生有。

（3）题型的编制，以学生常见的为主，适度变化。题目要求表述明确，不要过于创新而使学生迷惑。

（4）试题内容突出基础性。"语文素养"是学生学好其他课程的基础，也是学生全面发展和终身发展的基础。制卷中力求体现其基础性，即基础知识、基本技能、基本能力、基本态度。避开难题、偏题。

（5）命题要充满情趣和差异性，体现人文关怀。

（6）制定出相应的评分标准，评分标准也是完整的试卷的一个组成部分，切不可忽视。

（三）工作示例

【示例1】　双向细目表

小学语文三年级第二学期期中测试卷双向细目表

题项	题目	题号	知识点	考试水平				题型	取材	分值	合计
				知识	领会	运用	分析				
基础积累与运用	我会看拼音写词语	1	1~4单元中，要求会写生字组成的词语	√				客观	课内	4	40
	比一比，再组词	2	根据所学生字，正确辨认并组词	√		√		客观	课内	4	
	我会给多音字组词	3	根据所学课文正确辨认多音字		√			客观	课内	2	
	加偏旁，组新词	4	根据"语文园地三"的学习，主观填词	√	√			主观客观	课内课外	3	
	我会选词填空	5	考查学生对量词的运用	√	√	√	√	客观	课内	4	
	划去不正确的词语	6	平时上课积累的改错符号的运用		√	√		主观	课内课外	4	
	写反义词	7	运用平时积累的反义词	√		√		主观	课内	4	
	我会判断	8	比喻句的判断			√	√	主观	课外	2	
	照样子，换说法	9	反问句改成陈述句			√	√	主观	课内课外	2	
	我会填	10	积累"语文园地"的知识	√		√		客观主观	课内课外	6	
	默写古诗	11	复习学过的古诗	√				客观	课内	5	
阅读积累与运用	一	1	课文的背诵，记忆	√				客观	课内	4	30
		2	如何判断句子			√		客观	课内	4	
		3	能根据内容提取信息			√		客观	课内	3	
		4	认识比喻句			√	√	主观	课内	1	
		5	根据对课文的认识理解	√	√	√	√	主观	课内	3	
	二	1	在文中查找	√				客观	课外	3	
		2	理解文章的内容		√	√	√	主观	课外	4	
		3	反问句的查找	√				主观	课外	2	
		4	能根据内容提取信息	√	√	√		主观	课外	3	
		5	学生的语言表达			√		主观	课外	3	
习作表达	习作	1	积累习作素材，表达个人的独特感受			√	√	主观	课外	30	

【示例2】

苏教版四年级下册语文期末试卷

（满分:100分;答卷时间:100分钟）

第一部分:基础知识积累与运用(35分)

一、看拼音,写汉字,你一定能规范地写出来!(3分)

　　yuān　　　shì　　　jìn　　　yì　　　kuì　　jiù

深（　）　合（　）　沉（　）　便（　）　（　　　）

二、找出错别字画上"＿＿＿＿＿",改正后写在括号里。你一定行!(2分)

a. 老大爷说:"都是河伯取息妇给闹的。"(　)

b. 院中的花草可糟了秧。(　)

三、请将以下的四字词语补充完整,相信你一定能填对!(3分)

全神（　）注　　　津津有（　）　　　没（　）没夜

（　）饥挨饿　　　络（　）不绝　　　郑重（　）事

你一定积累了不少带数字的四字词语(比如"三言两语"),请写出两个你喜欢的、带数字的四字词语吧。(2分)

（　　　　　）　　　　　（　　　　　）

四、选词填空,填完后读一读,检查用词是否恰当。(6分)

1. 清澈　　清洁　　清晰　　清楚　　清新

(1) 他讲话的声音洪亮,大家都听得很(　　　)。

(2) 雨后的空气十分(　　　);雨后的马路特别(　　　)。

(3) (　　　)的小溪里,那数不清的鹅卵石(　　　)可见。

2. 不是……而是……　　不但……而且……　　虽然……但是……

是……还是……

(1) 我们的教室(　　　)宽敞,(　　　)明亮。

(2) (　　　)敌人砍断了他的半边膀子,(　　　)他仍坚强地站着,没向敌人吐半个字。

(3) 真正的强者在困难面前(　　　)畏缩不前,(　　　)知难而进。

五、按要求写句子。(10分)

1. 公园里开着鲜花。(扩句)

_____

2. 红领巾的目光最后落到了我旁边的那位解放军战士的身上。(缩句)

_____

3. 我把包里的东西拿出来一样一样摆好。(变"被"字句)

_____

4. 会上首先是王乐乐第一个发言。(修改被句)

_____

5. 今天,我的作业基本上全做完了。(修改被句)

_____

六、请根据提供的材料把下面的句子补充完整。(4分)

天连水尾水连天　　匹夫有责

明日必有大雨到　　山色空蒙雨亦奇

1. 水光潋滟晴方好,_____。

2. 蚂蚁搬家蛇过道,_____。

3. 雾锁山头山锁雾,_____。

4. 天下兴亡,_____。

七、这学期我们学习过两首与春天有关的古诗,你能默写其中一首吗?别忘了写上作者的姓名哦。(5分)

_____

_____,

_____。

_____,

_____。

第二部分:阅读积累与运用(30分)

一、阅读《古井》后回答问题。(15分)

泉太好了。泉池是差(chā chà)不多见方的,三个泉口偏西,北边便(pián biàn)是条小溪,流向西门去。看那三个大泉,一年四季,昼夜不停,老那么翻滚。你立定呆呆地看三分钟,便觉(jiào jué)得自然的伟大,使你再不敢正眼去看。永远那么( ),永远那么( ),永远那么( ),冒,冒,冒,好像永远不感到( ),只有自然有这样的力量! 冬天更好,泉上起了一片热气,白而轻软,在深绿的长长的水藻上飘荡着,不由你不想起一种似乎神秘的境界。

1. 在括号里填上合适的词语。(1.5分)

2. 给带点的字选择正确的读音画上"○"。(1.5分)

3. 请从文中摘抄一句你认为写得最好的,说说你认为好的理由。(3分)

摘抄:_____

认为好的理由：＿＿＿＿＿＿＿＿＿＿＿＿＿＿＿＿＿＿＿＿＿＿＿＿＿＿

4. 请你根据文中画"＿＿＿"的句子自己提出一个问题,然后自己回答。(3分)

问题：＿＿＿＿＿＿＿＿＿＿＿＿＿＿＿＿＿＿＿＿＿＿＿＿＿＿＿＿＿＿

回答：＿＿＿＿＿＿＿＿＿＿＿＿＿＿＿＿＿＿＿＿＿＿＿＿＿＿＿＿＿＿

5. 本文主要讲了什么事? 告诉了我们什么道理? 请简要回答。(3分)

＿＿＿＿＿＿＿＿＿＿＿＿＿＿＿＿＿＿＿＿＿＿＿＿＿＿＿＿＿＿＿＿＿

6. 读了本文,你想对趵突泉说些什么呢? (3分)

＿＿＿＿＿＿＿＿＿＿＿＿＿＿＿＿＿＿＿＿＿＿＿＿＿＿＿＿＿＿＿＿＿

＿＿＿＿＿＿＿＿＿＿＿＿＿＿＿＿＿＿＿＿＿＿＿＿＿＿＿＿＿＿＿＿＿

二、阅读短文,完成练习。(15分)

星光灿烂的一个夏夜,我和伙伴又在河沿上数星星玩。那阵子,由于天旱,晒了一天的麦叶都有点耷拉着脑袋了。我多么盼望咱家的庄稼长得壮啊! 我就请伙伴在河堤上扒了一个口子,把河水引进了我家的麦田。

可是,就在我撅屁股垒引水道时,背后传来急促的脚步声,还没等我回头看是咋回事,屁股已重重挨了一巴掌,我有点委屈地说:"妈妈,我是给咱家的麦田灌水哩!"

"快把口子给我堵上!"母亲愠(yùn)怒地说,"咱家的地在上面,河里的水不足,得先让下面的人家浇!"我只好一声不响地把口子堵上。母亲这才放心地走了。

过了一会儿,母亲提来一壶水,赏给我们每人一碗甜水。在我们喝水的时候,母亲语重心长地说:"遇事不能先想着自己,你们这群孩子常常仰着脖子数星星,就不看看人家星星,你照着我,我照着他,大家都亮晶晶的,多么美丽啊! 人啊,也该这样!"

望着我们这些喝水的孩子,母亲又说:"别呛着,哎,那水里可藏着星星哩。"我们好奇地瞧着碗里的水,果然,每人碗里的水面上都闪烁着星星。

母亲是一位农村妇女,然而就是她在星星的身上发现了哲理,并用来照亮了我幼小的心灵。

1. 给下列带点的字选择正确的读音,用"＿＿＿"表示。(2分)

河提(dī tí)　　　　数星星(shǔ shù)

一瞅(qiū chǒu)　　　扒口子(bā pā)

2. "我多么盼望咱家的庄稼长得壮啊!"本句中的"盼"字用音序查字法应查＿＿＿,"望"字用部首查字法应查＿＿＿＿,与"盼望"一词义相近的词是＿＿＿＿＿＿＿。(2分)

3. 从文中找出下列词语的近义词:(2分)

经常(＿＿＿＿＿＿)　　　　闪耀(＿＿＿＿＿＿)

4. 这篇短文主要写了什么？你从中想到什么？(4分)

_____

_____

5. 画线句子中母亲发现了什么哲理？(3分)

_____

_____

6. 给短文起个恰当的题目：《_____》。(2分)

第三部分：作文(35分)

一、自己命题作文。(30分)

这次作文不出题目，也不规定内容范围，请你自由写，写大自然秀美山川，各种各样人或事，写自己的快乐或烦恼，或写自己的梦想或希望，都可以。动笔前，认真想一想，自己最想告诉别人的是什么。要把自己最想说的意思写具体，写清楚。注意不要写错别字。写完后加个题目，有不满意的地方修改一下。不少于350字。

二、写梗概。(5分)

本学期，我们还学过如何"写梗概"。写梗概，就是把你读过的一本书或一篇文章的主要内容用简明的语言写下来，它是读书笔记的一种形式。写梗概，能帮助我们记住文章的主要内容，培养自己的分析、概括能力。现在请你从本试卷的两篇阅读短文和你自己完成的习作中，任选一篇，将它的梗概写出来。不超过100字。

(三)小组活动

小组合作，编制一份四年级上册第一单元测试卷。

1. 由组长负责，讨论制定一份"双向细目表"。

2. 小组分工合作，承担每一部分的试题编制。

3. "基础知识"部分制卷训练。

【案例】 三年级"基础知识"试题

一、根据要求完成字词句练习

1. 把句子抄写在方格里，做到正确、工整。

长城，连绵起伏；运河，银光闪闪。

2. 看拼音写字词。

　　zī　　　　　　zī　　　　　　háo　　　　　háo

　(　)源　　　(　)态　　　丝(　)　　　自(　)

3. 用"√"给加点字选择正确的读音。

挨饿(āi　ái)　　　暑假(jiǎ　jià)

湖泊(bó　pō)　　　眼眶(kuāng　kuàng)

4. 根据要求写诗句。

(1)看见壮观的瀑布从高处直流而下,你不禁吟诵道:＿＿＿＿＿＿＿＿＿＿,

＿＿＿＿＿＿＿＿＿＿＿＿＿＿＿＿＿。

(2)"落霞与孤鹜齐飞,＿＿＿＿＿＿＿＿"是才思敏捷的王勃写下的诗句。

5. 读句子,再用带点的词语写一句话。

例:人们没有想到,狼居然是森林和鹿群的"功臣"。

＿＿＿＿＿＿＿＿＿＿＿＿＿＿＿＿＿＿＿＿＿

二、选择正确的答案(填序号)

1. "将军夜引弓"中的"引"意思是＿＿＿＿＿＿。

(1)牵引、拉　　　(2)引导　　　(3)伸着　　　(4)惹

2. 看见汽车的车牌的第一个字就知道它是来自什么地方了。例如:

鲁 A 00732　　　来自＿＿＿＿＿＿。

(1)上海市　　　(2)山东省　　　(3)江苏省　　　(4)宁夏回族自治区

3. 假如你想买足球,要和妈妈商量,最恰当的说法是＿＿＿＿＿＿。

(1)妈妈,我要买足球,快给我买一个!

(2)老师说要买足球,妈,今天就得给我买!

(3)妈妈,我想要一只足球,老师说踢足球是非常好的运动,你看可以吗?

(4)我要一只足球,妈妈,你准备什么时候给我买呀?

4.《争论的故事》让我们懂得了＿＿＿＿＿＿＿。

(1)遇事要谦让　　　　　　(2)做事要爱惜时间,提高效率

(3)争论没有好结果　　　　(4)做事要把握好机会

三、根据课文内容填空

1. 白荷花在这些大圆盘之间＿＿＿＿＿＿＿。有的才展开两三片花瓣儿。有的花瓣儿＿＿＿＿＿＿,露出嫩黄色的＿＿＿＿＿＿。有的还是＿＿＿＿＿＿,看起来＿＿＿＿＿得马上要破裂似的。这段话写了荷花的＿＿＿＿＿＿＿＿＿。(9分)

2.《花瓣飘香》告诉我们要像小女孩一样做个＿＿＿＿＿＿＿＿＿的人;《大作家的小老师》告诉我们对人要平等相待,做个＿＿＿＿＿＿＿＿＿的人;《＿＿＿＿＿＿＿＿＿》告诉我们每个人都有自己的长处,要做个自信的人;《＿＿＿＿＿＿＿＿＿》告诉我们要做个遵守社会公德的人。(6分)

小组讨论:

基础知识题主要应从哪些方面出题? 可以出什么样的题型?

＿＿＿＿＿＿＿＿＿＿＿＿＿＿＿＿＿＿＿＿＿

小组合作:

编制第一单元"基础知识部分"试题。

4."阅读与运用"部分制卷训练。

【案例1】

"读了这篇文章,你对'朋友'这个词有什么感悟和理解? 能联系实际生活来说一说吗?"

——体悟式题型

"米缸里的老鼠在临终前终于见到了来觅食的一个伙伴,它会对伙伴提出什么忠告? 请写一写。"

——对话式题型

"请选择这三位工人中的一位,想象他20年后的样子,用文字为他'画'一幅肖像。"

——解读式题型

【案例2】

《只慢八分钟》是台湾著名女作家龙应台的作品,文章以自己在瑞士的生活经历为材料,写出了瑞士人认真细心、一丝不苟的生活习惯和忠于职守、高效工作的敬业精神,赞扬之意溢满字里行间。

阅读短文,按要求完成相关的读书笔记。

(1)摘抄语句:从文中摘抄一个表现瑞士人闲适、有序生活状态的句子。

(2)概括要求:用几个词简要地概括作者对瑞士人的基本态度。

(3)品味语言:品读文中加横线的语句,说说这些细节描写了瑞士人的什么特点。

(4)抒写感受:用一段话(60字内)写出读完本文的感受。

小组讨论:

结合"示例"中的测试卷和这里的两个案例,讨论阅读题可以设计怎样的题型? 一般设计几个题目为宜? 难易度怎样把握?

_____

_____

_____

小组合作:

编制第一单元"阅读与运用"部分的试题。

小贴吧

阅读文本的选择:低年级、中年级可以选故事类,高年级可以选叙事类和简单的说明文。

文本要适合学生的认知水平,阅读背景知识不宜过多,文本的句子比较简单,生词要少。

5. "习作部分"制卷训练。

【案例1】

题目:给白衣天使的一封信

要求:突如其来的"非典"是一种传染性非典型肺炎,在抢救病人的过程中很多医生和护士都被感染了,他们中有的病倒了,有的甚至牺牲在工作岗位上,但没有人退缩,他们依然坚守在抗击"非典"的第一线。他们是当代最可爱的人,他们是白衣天使。

请给这些白衣天使们写一封,写上你的祝福和尊敬,写一些你最想对他们说的话。

【案例2】

习作:生活中每天都在发生着一些新鲜事。想想你的身边最近发生了哪些事,选择其中一件写下来,要做到内容清楚,语句通顺,300 字左右。

【案例3】

我们每个人都有过许多的第一次,第一次骑自行车,第一次帮妈妈洗衣服,第一次爬山,第一次参加夏令营……

请以"第一次＿＿＿＿＿＿＿＿＿＿＿"为题,写你生活中发生过的事情,要做到内容清楚,语句通顺,400 字左右。

小组讨论:

根据这些案例,你认为习作命题时需要考虑哪些题型? 如何表述? 写作要求如何规定?

_____

_____

_____

小组合作:

编制第一单元"写作"部分的试题。

6. 制卷形式的训练。

【案例1】

亲爱的同学们,一个学期马上就要结束了,你一定非常想了解一下自己的学习情况。下面,老师就出几个小题目考考你。只要你做这份试卷时,能像平时那样开动脑筋,认真思考,那你就是好样的。如果做题时你能轻轻地对自己说上一声"我能行",那你就更棒了!充满自信,轻轻松松做题吧!

【案例2】

六年的小学生活就要结束了,你最想送给同学的赠言是什么?暑假里,你和爸爸来到杭州西湖旁,看到湖中美丽的荷花,你会情不自禁地吟诵到:＿＿＿＿＿＿＿。

【案例3】

一位卖皮鞋的商家为了招揽顾客,打出了这样的广告:"牛皮皮鞋,绝对牛皮。"出人意料的是:几天下来,少有人问津。商家十分纳闷,这是为什么呢?聪明的你,能为老板找到其中的原因吗?

小组讨论:

从这些案例可以看出,制卷语言表述体现了什么特点?体现出怎样的新课程理念?

_____

_____

_____

小组合作:

把以上第一单元的试题汇集成一份完整的试卷,修改语言表述。

小提示
　　语文命题也应体现教师和学生之间的情感对话,体现对学生的人性关怀,命题内容必须放置在学生人性发展的高度。

工作小结

　　小学语文课程评价要体现语文课程的整体性和综合性,全面观察学生的语文素养。因此,仅通过几个工作任务是很难全部掌握小学语文课程评价的要点的,还需要进一步在具体的教学实施中感受和积累。同时,我们通过实训,不仅是为了掌握一定的评价技能,更是为了形成新的评价理念,并积极运用到教学实践中去,让小学生通过老师的多元化评价得到全方面的进步和发展。

拓展与巩固

观念先行

请查阅资料后,将答案填写在下面横线上。

1. 多元评价

_____

_____

_____

_____

2. 定性评价和定量评价相结合

_____

_____

_____

_____

考察思考

1. 实地考察:选择一所当地小学,了解语文老师在形成性评价和终结性评价方面的情况,写出一份分析报告。

2. 思考:成长记录袋是一种质性评价方式,关注学生学习与发展的过程,与教学活动关系本来是十分密切的。但在教学实践中,将成长记录袋看作终结性评价的辅助方式,教学与评价相分离,"为评价而评价"、"为收集而收集"的现象十分普遍。你如何看待这一现象?

巩固练习

一、名词解释

1. 形成性评价

2. 终结性评价

3. 诊断性评价

二、填空

1. 语文课程评价的根本目的是＿＿＿＿＿＿＿＿＿＿＿＿＿＿＿＿＿＿＿＿＿。

2. 语文课程评价具有＿＿＿＿＿、＿＿＿＿＿、＿＿＿＿＿、＿＿＿＿＿和＿＿＿＿＿等功能,其目的是为了考察＿＿＿＿＿＿＿＿＿＿＿＿＿＿,检验和改进＿＿＿＿＿＿＿＿＿＿＿＿＿＿,改善＿＿＿＿＿＿＿＿＿＿＿,完善＿＿＿＿＿＿＿＿＿＿＿＿。

3. 应注意将＿＿＿＿＿＿评价、＿＿＿＿＿＿评价及＿＿＿＿＿＿评价相结合,加强＿＿＿＿＿＿＿评价和＿＿＿＿＿＿＿评价,促进学生主动学习,自我反思。

4. 语文课程评价要体现语文课程目标的＿＿＿＿＿＿＿和＿＿＿＿＿＿＿,全面考察学生的语文素养。

三、简答

1. 在课程评价领域,由于我们习惯于从"知识与能力"方面评价学生的语文学习,所以许多老师总觉得评价"知识与能力"是实的,而评价"情感态度价值观"是虚的,很难把握。你怎样看待这一问题?（请结合一些教学案例来阐述）

2. 在阅读教学中,《语文课标》对"精读"的评价表述非常具体,你觉得老师在教学中是否就能很清楚地评价语文教学的达标程度?

模块五

小学语文教学研究

引导与准备

编者的话

　　随着教育教学改革的不断深入,注重教育科研与教学研究,已成为世界范围内促进教育教学改革的一个新趋势。通过教育科研与教学研究促进教育教学质量和效益的提高,已逐渐成为越来越多教师的自觉选择。作为新世纪的教师、新课程的践行者,除了要出色地完成教书育人的基本任务外,还应自觉地从事教育教学研究,探究教育教学的新途径,从而更有效地推动教育教学的发展。面向新世纪的新课程改革,呼唤着大批研究型教师的出现。一线教师,做个教育教学的草根研究者,教育教学研究,是成功教师的必然选择。

　　小学语文教育教学研究成果表达的形式,包括教学论文、教学随笔、教学叙事、教学反思、教学研究报告等。本模块选择了教学论文的表达形式来进行训练。

模块目标

　　1. 明确教师参与教研活动、撰写论文对教师自身发展的积极意义,树立教科研意识。

　　2. 掌握论文写作的过程与技能,消除"论文恐惧症"。

　　3. 初步学会撰写论文,将研究成果文字化。

引导与思考

1. 有人认为：“教师应该精于备课，长于传授，善于创新，做教学上的'能手'，这样就可以了，根本没必要撰写论文。”你是否认可这种说法？

2. 还有人认为：“语文教师辛苦得不得了，作业批改的量很大，月考、中考、期末考，光批阅卷子就压的老师们喘不过气来，哪有时间撰写论文。”你同意这种说法吗？

3. 更有人认为：“撰写论文是专家学者、特级教师的事，一线教师哪里写得出什么论文，写写年终小结就蛮吃力的。”撰写论文是这样的神秘吗？

4. 也有人认为："撰写论文只要写几条教育学、心理学原理或者引入课程标准的基本理念,再举几个例子就成了。"撰写论文是这样简单吗?

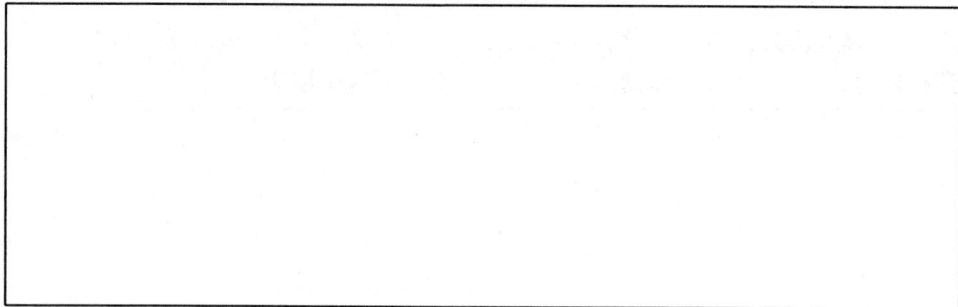

工作与技能

项目一　熟悉教学论文的概念

要点引导

　　教师教育教学行为依托教育教学科研,既是现代教育教学的重要标志,也是实现教育教学现代化的重要前提,这就是"科研兴教"的真正含义。而教育科学理性精神的建构、普及与提高,离不开广大教师自觉地参与教育科研。对于教师来说,如果只教书不育人,那是标准的"教书匠";如果仅仅教书育人而不从事教育科研活动,那么他的教育教学便不会有显著长进。因此,作为新世纪的教师,除了要出色地完成教书育人的基本任务,还应积极从事教育教学研究。凡是自己看到的、听到的教育教学现象,对它思考一番,就是研究;思考之后产生自己的观点、写成文章,就是学问。

工作任务1　分析教学论文的概念、特征及其类型

　　很多教师长期坚持教育教学研究,甚至发表了相当数量的教研短文,但内容大多是经验总结型的,或介绍教学过程中证明有效的操作方式,视野不够开阔,思维还停留于解说事实的层面上。这是因为他们尚不明确教学论文的概念、特征,也就很难撰写出符合要求的论文。

达成目标

1. 明确教育教学论文属于学术论文范畴,具备学术论文的一般特征。

2. 了解小学语文教学论文分类范畴。

工作过程

（一）出示任务

1. 什么是教学论文？和一般教学总结有什么不同？

2. 教师要不要写教育教学论文？写教育教学论文有哪些积极意义？

（二）知识储备

1. 什么是教学论文？

教学论文属于学术论文的范畴。它是教学领域里，以文字的形式对自己的教学实践或教研成果作出的记录，但是，它不是一种简单的记录，而是作者把局部的、零碎的、系统的感悟经验和认识用现代的科学知识和先进的教育理论，以马克思主义哲学为指导，进行总结提高，上升到理论高度，作出科学概括，使之具有条理性、规律性的文章。因此，教学论文的写作过程包含了作者的创造过程。

2. 常见的教学论文一般形式及其类型有哪些？

常见的教学论文形式有以下几种：

（1）心得体会式。这是在理论学习或教学实践中有所感受、体会，有所发现之后所写的一类文章，如《＜海上日出＞赏析》。

（2）分析评价式。这是一种对教学中的各种理论问题和实践问题进行分析、评价的文章，如《一堂别开生面的作文指导课》。

（3）理论探讨式。这是一类旨在对教育教学理论进行深入探讨的文章,如《文体意识:在读与写之间的纠结》。

（4）争辩讨论式。这是对同一类问题发表不同看法的文章,如《课堂教学不宜运用"不求甚解"策略》。

（5）杂感随笔式。这是一类短小精悍的教育教学短文,如《"放胜于禁"——语文素质教育谈片》。

相比之下,心得体会式、杂感随笔式的教学论文较多;而有些论文带有交叉性,很难归类。

由于分类的着眼点不同,又有人把常见的类型分为教学理论研究论文、教材研究论文、教法研究论文、学法研究论文、教学经验论文、教学评价论文等,这种分类形式也是允许的,皆属于教学论文的分类范畴。

（三）小组活动

1. 选择一所小学访问 3~5 位语文教师,请教以上几个问题,并做好记录。

2. 去图书馆翻阅教育教学杂志,对照相关知识,熟悉论文类型。

3. 分组讨论、交流;班级汇报。

工作任务2 明确撰写教学论文的意义和作用

就整个语文教师队伍而言,肯动笔的人毕竟太少,除了编写教案,对于写一些教学经验总结,大多数教师仍处于不动笔的状态,且能安之若素,这种现象是对语文教学认识的一个"误区"。语文教学强调听、说、读、写,语文教师的基本素养更需过硬,方能为人师表。语文教育专家于漪先生多次说过:"语文老师要有一支灵动的笔。"有识之士特别强调,语文教师更应该重视写作的体验,把写作作为一种职业素养。

达成目标

1. 懂得教师撰写教学论文的意义。

2. 尝试探究语文教师怕写论文的原因。

工作过程

（一）出示任务

1. 撰写教学论文的意义有哪些?

2．"教师要有一支灵动的笔"，"灵动的笔"从哪来？

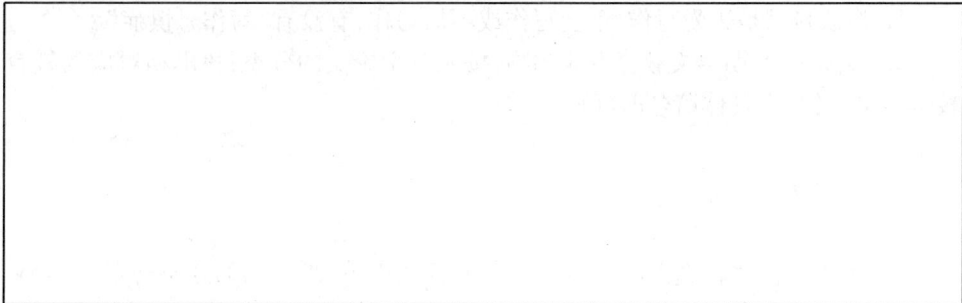

（二）知识储备

1．教师撰写论文有哪些积极意义？

教师撰写论文，既是对其各方面能力的检验，也是不断提高自身素质的一个重要途径。有研究者认为，教师撰写论文有诸多益处：一是可以起到锻炼和提高分析概括能力的作用，有助于扩大眼界，形成严谨的科学态度，把自己原来肤浅、零散的教学经验和认识提高到深刻、系统的理论高度，进而提高自己的理论水平和业务水平。二是教师撰写论文是更新知识、发展能力、提高水平的最佳途径。三是教师写论文不仅有助于解决一些实际问题，还能弥补知识、能力乃至性格上的某些缺陷，从而改变自己的观念，增强从事教学工作的信心和成就感。

2．为什么有人怕写论文？

尽管教师的论文写作有许多积极意义，可现实中为什么有那么多人怕写论文呢？有论者分析，主要有这样几方面原因：一是对论文写作的积极意义缺乏认识，总以为教师教学能力和水平的高低，主要体现在课堂上，而与会不会写论文无关。二是对自己写出较高质量的论文缺乏信心，不敢下手。三是因为对论文写作的基本要求与方法比较陌生，提起笔来往往不知从哪儿下手。四是辛辛苦苦写出论文，投稿后又生怕如泥牛入海或是被无情退稿。五是思想懈怠，总觉得写论文太费力气，于是懒得去动笔。

其实我们不必把论文写作看得过于神秘，对一线教师来说，只要把在教育教学中的一些新的思考、新的发现记录下来，加以整理，就有可能成为一篇不错的论文。

（三）学习名师

全国著名特级教师周一贯先生，是"语文人"中的积极探索者，是不倦的思想者。他15年完成15个研究课题，被人们誉为"杏坛巨臂"、"教坛先锋"；他25年出版154本教学专著，堪称语文教育写作的"珠穆朗玛峰"；他60年发表1300多篇教研论文，让人叹为观止，被人称为"教坛奇才"。在当下的小学语文界，他的写作之勤，著作之丰，创意之新，恐怕还没有人能够超越。

（四）小组活动

1. 谈谈自己是否爱写作、不会写作或不屑写作，有没有"写作恐惧症"？

2. 阅读 3~5 期语文教育专业刊物，按照教学论文的分类，找出相对应的教育教学论文。（写出具体篇名即可）

工作小结

近十年来，在"科教兴国、科研兴教"方针指引下，教育部陆续出台了一系列政策文件，《教师专业标准》的颁布实施，更为新世纪的教育发展注入了新思想、新理念。每一位教师都应站在时代发展的高度，与时俱进，创新发展，要善于把教育教学工作自觉地纳入研究的轨道，有意识地培养自己的研究习惯，学会在研究的状态下工作。

项目二 熟悉撰写教学论文的准备工作

要点引导

要想写好教学论文，必须做好一系列准备工作，一般包括思想准备和材料准备。在思想准备上，要充满自信，始终将自己视为教育教学研究的主体力量。在材料准备上，要有意识地建立起教学、写作资料库。

工作任务1 思想准备

随着语文课程改革的不断深入，注重教育研究已经成为促进语文课程改革的一个新趋势。语文教师撰写教学论文，应该是分内之事。因为语文课程是学生学习运用祖国语言文字的课程。教师要教会学生作文，自己首先要会作文。所以，语文教师写作，对于修炼自身、体验学情、指导教学，都有重要作用。

达成目标

1. 明确一个好教师必须处理好教学与教研的关系，既要善于教学，攻于教学，又要勤于教研，敢于探索。

2. 增强撰写论文的勇气和信心。

工作过程

（一）出示任务

调查研究、讨论交流：

1. 访问 1~2 名特级教师,请教他们写好教学论文要做好哪些思想准备?

2. 同学之间交流,谈谈自己要写好教学论文需要克服哪些思想障碍?

（二）知识储备

1. 增强研究意识,写作应成为语文教师的一种专业素养。只要树立研究意识,并亲自"下水"实践,就一定会取得教育教学研究成果。

2. 教学研究需要第一手活生生的教学资料,小学教师一般都具有丰富的教学经验,这正是一线教师的优势。我们完全可以鼓足勇气、树立信心,根据自己的教学经验和体会,选择具有独创性和新颖性的课题及科学的方法进行研究。

3. 克服心态浮躁、思想懈怠的恶习。改变长期处于"动口不动手"的状态,写作应成为语文教师提高专业素质的硬指标。语文教师要敢写、勤写,教研型教师不是一朝一夕可以造就的,必须通过不懈的努力,勤于学习,勤于思考,勇于探索,善于总结,才能逐步"登堂入室",成为教学研究的行家里手,真正进入成功教师的新境界。

（三）学习名师

名师风采,传递正能量。

南通特级教师李吉林,是三尺讲台上的"常青树",从 18 岁到 75 岁,她在一所校园内执著忠诚地坚守着一门学科。几十年以来,为了丰富教育研究,她如饥似渴地学习教育学和心理学,还阅读了许多中外教育家的论述及教学实验资料,做了不少卡片。多年来,无论是盛夏,还是寒冬,她常常谢绝许多邀请,专心在家伏案写作,撰写教学论文、随笔100余篇。在情境教育的道路上,她苦苦探索了34年,写出360万字的《李吉林文集》,成为情境教育的重要专著,并初步形成了情境教育的理论体系,影响海内外。她的专著论文,先后在全国获得"金钥匙"奖、教育部举办的"全国首届、二届教育科学优秀成果"一等奖。

工作任务2 材料准备

所谓材料的准备,就是要搜集和掌握与自己研究问题有关的所有材料。丰富、翔实的材料是写好教学研究论文的关键。对于一名教师来说,建设自己的教学、写作资料小仓库,是不断积累知识、丰富经验的好方法,是撰写教学论文的具体途径。

达成目标

充分占有材料,尽力抓住有典型意义的、主要的和有用的材料,以题目为中心,再分成很多个小问题,然后按问题把资料摘成卡片。

工作过程

(一)出示任务

结合教学改革发展趋势和动态,确定1~2个教学研究题目,做好材料准备。

思考讨论:

1. 工作之余,你经常阅读哪些语文教学专业期刊和专著,有何收获?

2. 你打算从哪些途径积累资料?建立自己的资料库?

(二)知识储备

教师的教学、写作资料库要储存的资料过多过广也不现实,但有几种资料是必须用心搜集和整理的。

一是藏书方面。书籍是教师的精神财富,藏书主要包括教育专业的书籍和语文教育专著。

二是搜集整理语文教育参考资料。比如教学参考书、典型教案、教学设计、论文、音像等。

三是坚持写教学笔记。记录"教"与"学"的情况,平时注意写一些散记、随记。

四是从语文教育专业期刊上搜集有用资料,做文摘卡片,分门别类装订成册,以便查询。

建立资料库,要长期坚持,处处留心,锲而不舍、积少成多,切忌一曝十寒,时断时续。对积累的资料要归类整理,不然就会杂乱无章,甚至成为废纸一堆,失去作用。

总之,积累资料要做到四勤:勤阅读、勤搜集、勤补充、勤整理。

(三)名师引领

浙江省特级教师周一贯先生对研究资料从储存到运用的全过程,建立了一整套有效的机制,即:资料的储存机制——以"内"取"外";资料的筛选机制——从"博"反"约";资料的组合机制——巧"连"妙"接";资料的调整机制——由"此"及"彼";资料的创造机制——推"陈"出"新"。他积累了三千余张作文教学的研究卡片,经过精心筛选和组合,挑列出各种题材,如在写作题材力求多元方面,出现了"音响作文"、"素描作文"、"照片作文"、"邮票作文"等新经验;在表现体例力求多样方面,出现了"片段作文"、"接龙作文"、"通信作文"等新样式;在训练方法力求多样方面,出现了"征题作文"、"幻想作文"、"游戏作文"、"自由作文"等新思路;在教学功能力求多用方面,出现了"快速作文"、"换题作文"、"再生作文"、"创造作文"等新探索。从上述组合中,找到了作文教学改革的走向,周先生便写成了《多样化:当代作文教学改革走出低谷》长篇论文。我们从中得到的启发是:教学研究资料应以搜集、储存为基础,以创新、应用为目的。

🔍 工作小结

无论是思想准备还是材料准备,都是为教学论文的撰写前期铺垫的。准备得充分不充分、材料翔实不翔实,特别是能否掌握一线的教学资料等,都会影响到论文写作的后续工作,甚至影响论文的质量。

项目三　掌握撰写教学论文的一般程序

要点引导

一篇教学论文的产生,大致需要经历"提炼材料,选定论文的题目"、"合理布局,拟写提纲"、"写成初稿,修改定稿,准备投稿"三个阶段。

工作任务1　提炼材料,选定论题

在写作论文前,大量占有材料是十分必要的,在提炼材料的过程中,切忌只选符合自己看法的材料,而忽视那些有不同看法的材料,从而保证材料的客观性。

论文的选题非常重要,它不仅决定着论文的价值,而且还关系到自己的知识和能力的充分发挥。人们常说"题好文一半",就是这个意思。

达成目标

1. 掌握提炼材料的一般方法。

2. 明确在选定题目时要注意的事项。

工作过程

(一) 出示任务

1. 在广泛搜集材料的基础上动笔行文时,初学写作者常常有材料过多的苦恼。全部用上的话,文章篇幅太长,舍弃一些,又不忍心,你认为怎样选择材料?

2. 论文的题目是论文不可缺少的有机组成部分,文章的作者和报刊的编辑都十分重视"题目"的制作,你觉得如何选定论文的题目?

（二）知识储备

1. 怎样收集写作素材？

在搜集材料的时候,作者应冷静地判断:哪些材料最具典型性和代表性,哪些材料可有可无,对搜集来的材料进行由此及彼,由表及里,去伪存真,去粗取精的加工提炼。在搜集提炼材料时,常常发现这样一个问题:有些观点恰好是自己要表达的感受,但别人早已写过,并且写得比自己考虑的要更深刻,那么,还有没有必要继续写呢？研究者认为完全有必要写。首先,可以根据自己的独特感受用不同的思考方法,不同的表达方式,重新论证,进一步丰富别人的观点。其次,可受别人的启发,在原有观点的基础上有所发展,有所创新。

2. 如何克服教研中的畏难情绪？

长期以来,一线教师之所以对教研有畏难心理,主要是因为教研课题过大、过难造成的。小课题研究从根本上改变了课题研究的高大面孔,使得一线教师有机会成为研究主体,可自主选择工作中的小问题来进行切实的研究。有研究者提出:"小课题最突出的特征表现在以下三个方面:一是研究微观问题。小课题研究的对象是每一位教师身边的教育问题,是在教育教学过程中教师亲身体会到的具体真实、有价值的问题。二是周期短且灵活。小课题研究可以根据研究过程的需要及时调整时间,周期短、见效快。三是成果形式多样。在小课题研究中,研究者所解决问题的结果就是成果,这一成果主要是学生和教师的成长和发展。"小课题研究能够及时地发现教育教学实践中的问题并迅速做出反应,是切实有效的行动研究,对于教师个人及团队的成长和进步都有促进作用。

3. 如何选定论文题目？

初次撰写教学论文的教师,选定的题目要小而实,即角度要小,要新颖,"切口"要小,可从以下几方面探究:

一是找盲点。虽然教育报刊林立,稿源充足,但仍有一些颇有潜力的课题未被读者关注,成为选题的盲点,如果善于捕捉新的信息,练就一双独具视角的慧眼,就能准确发现选题中的盲点。

二是描热点。回首十年语文教学改革和发展,人们可以发现很多令人瞩目的"闪光点",给人的启发是:改革发展迅猛,热点问题凸现,值得关注。

三是寻疑点。总结十年来语文课程改革成就的同时,也应清醒认识到,新课标改革中同样存在不少问题,不少语文教师面对层出不穷的新观念,无所适从,许多话题需要我们用理性的态度、辩证的思维去思考、去探索。

四是取逆向。文章想出新出彩,往往要采取逆向法,别人从这个角度来论述,你可以从相反的角度来论述。还可以作立意的逆向,就是提出与别人完全相反的观点。运用时要讲究科学性,言之有理,持之有据。

五是拾芝麻。撰写教学论文,要立足于"人弃我取",在"小生意"中另辟蹊径。现代许多教育杂志特别欢迎"短、平、快"的文章,这就决定了选题范围越来越小。因此,能撰写大篇幅文章固然好,但很多情况下,作者面对的课题往往不是"西瓜"而是"芝麻"。

六是寻夹缝。小学语文分为很多板块,板块中有着很多"夹缝市场"。由于众多作者在不同的"板块市场"上竞争,对身旁的"夹缝市场"往往疏于关注,所以不少"夹缝市场"还是处女地。它们虽然容量不大,但对于毗邻的大型板块来说,因为竞争对手较少,所以比较容易开发,也很少有"翻船"的危险。

七是拾边角。所谓边角,是指不属热点,往往被人忽视或遗忘的地方。初次撰写论文,相当多的教师努力于开发"大市场",而对"边角市场"不屑一顾。这时,如有人拾遗"经营",就可通过开发"边角市场"避开竞争对手,取得"营销"效应。

八是攻冷僻。近年来各种教育报刊从总体上看,栏目设计可以说是应有尽有,研究的课题也是越来越丰富,但仍有一些课题因未被众多作者发现和重视而造成稿源不足,处于冷僻状态。还有一些报刊具有求僻心理,他们以办出特色为目的而优选课题,非常欢迎一些冷僻稿件。

(三)小组活动

翻阅小学语文专业杂志如《小学语文教学》、《语文教学通讯》、《小学语文教师》,对照以上提供的选择课题的 8 个方面的途径,分析各杂志选择的特点。

要求:就以上每一个选题的途径,写出具体的题目。

工作任务2 拟写提纲,写成初稿

拟写论文的提纲,是论文写作中很重要的一步。提纲是论文写作的设计图,是全文骨架,起到疏通思路,安排材料,形成结构的作用。

达成目标

1. 明确拟写提纲的要求,克服拟写提纲易犯的毛病。

2. 掌握一篇教学论文组成部分。

工作过程

(一)出示任务

1. 自己选定一篇教学论文的题目,练习拟定提纲。

2. 选择一篇比较典型的教学论文,分析其是由哪几部分组成的。

(二) 知识储备

一般来说,一篇教学论文由论文题目、引言、本论、结论等几个部分组成。

1. 论文题目

题目要求用最少的文字告诉读者自己所要阐述的是什么问题,使人一目了然。具体要求:一是能准确表达论文的内容,恰如其分地反映研究的范围和深度,因此题目要醒目、得体;二要简洁、精炼,如题目过长,删掉一些字后又表达不清,可分做主标题和副标题两部分来处理;三是便于分类,要使人从题目中就能看出它属于哪种类型的论文。

2. 引言

引言又称为序言、前言等,写在正文之前。引言用来说明本课题研究的理由,想解决什么问题,有何意义和目的,并提出论文的中心论点。读者可以从引言中看出作者研究水平的高低。

3. 本论

本论是对研究内容进行阐述和论证,它在论文中占主体地位。它围绕论文的中心论点,通过对收集的数据、事实进行理性的抽象分析,从而揭示其问题的本质。在写这部分内容时,既要防止材料的机械罗列,又要防止假大空的思辨分析。

4. 结论

它是扼要说明根据自己的研究以及参考前人的结果而作出的结论,结论是整个研究过程的结晶,是全篇论文的精髓,是作者独到见解之所在。写作论文时,要措辞严谨,逻辑严密,文字精确,不能使用"大概"、"可能"之类的词。不能得到明确结论时,要指明在哪些方面有待进一步探讨。

(三) 工作示例

写作教学要在"真"字上下工夫

王志强

2012 年新的《语文课标》明确地提出:"写作是运用语言文字进行表达和交流的重要方式,是认识世界、认识自我、创造性的表述过程。写作能力是语文素养的综合体现。写作教学应贴近学生实际,让学生易于动笔,乐于表达,应引导学生关注现实,热爱生活,积极向上,表达真情实感。"大文豪苏轼也曾说:"腹有诗书气自华。"阅读是学生学习的情感体验,更是写作表达的基础。课程改革近二十年间,在语文课程改革的大背景下,母语教学更是紧紧抓住阅读的积累,以大量的存储语言与人文资源为主要目的,针对语文基础中的词汇、句子、段落、篇章和对文章的技巧、逻辑修辞等语言生成的关键处,来注重积累真实的语言材料。语文学习的外延与生活相等,写作也不例外。作文言之无物,内容空洞,其根本原因是教师让作文的主体——学生,远离了文章的源泉——生活。因此,教学中不要把学生限制在单一的读书学习上,而是创造条件让学生向生活靠拢,融入生活,多参加各种社会实践活动,体验生活中的各种情感,并不断积累生活中真实的情感体验,从而让学生的写作不仅言之有物,而且能动有"真"情。

一、释放真实情感,唤醒写作兴趣

在日常教学中很多时候学生对于写作,还是存在不喜欢、害怕的心理。于是便应付了事,总是随意编造,或是抄抄摘摘,或是胡乱拼凑。导致写出来的文章内容不合情理,语言缺乏逻辑,老师在讲评的时候也是捉襟见肘。久而久之,学生对于习作再也提不起兴趣,致使写作训练事倍功半,收效甚微。在每学年 16 次左右的习作练习中,我发现有些习作题目学生完成得不错,这是因为学生胸中有这方面的积累,命题的内容是学生经历过的,由于题目出到了学生的心上,所以人人都有话说,写出了真情实感。

《文心雕龙·物色》中说:"岁有其物,物有其容,情以物迁,辞以情发。"人们首先是由于触"物"才生了"情",有了写作的动机与欲望,再加上平时的积累,才能写出好的文章来。实践中,让学生多写一些随感而发的文章,没有刻意的字数要求,有话就多说,无话就不说或少说,但要用心去写,要体现自己的真实感情。不要说大话、空话,在每节语文课前 5 分钟,按学号顺序安排两名同学谈谈自己昨天的真实见闻,讲的都是自己身边发生的真事、时事。开始的时候,学生对于这样的形式,感觉陌生和羞涩,但是随着真实的情感流露,他们渐渐愿意表达心境,随着时间的推移,学生就自己所见的、所想的、所感受的,互相交流,个人积累,做到了一个"勤"字。鲁迅先生说得好:"文章该怎么做,我说不出来,因为自己的作文,是由于多看或练习,此外并无心得或方法。"由此可见,学生要想作文写得好,最直接的途径就是多积累、多表达、多修改。教师应让学生从各种习作规则中彻底释放出来,让他们敞开心灵之窗,自由呼吸,随意吐纳,说真话、实话。就算是想象作文,也要有真实的依据,表达真实感受,而不是"无病呻吟"。让习作流淌真情,闪耀人性至纯的光辉,因为"真实"才是学生习作的生命。因此让习作教学成为师生积极的生命互动,让学生"写自己想说的话","乐于书面表达,增强写作自信",才能唤起学生对习作的兴趣。

二、捕捉真实生活,积累写作素材

1. 接龙随笔,捕捉精彩

新课程倡导合作的学习方式,它能培养学生的团队合作精神和竞争意识,把这一方式运用到"接龙随笔"的活动中来,能有效地提高学生的写作质量。叶老说过

"文章必须从真实生活里产生出来",由此可见,重要的是引导学生积极参与生活。如:要在家庭生活、校园生活以及各类活动中去创造写作素材,让学生先"有所为"再"有所作"。另外,要教育学生做生活的有心人,留心观察自己身边发生的每一件事,善于回味亲身经历的每一件事,大胆想象自己不曾经历的事情,可视大千世界的花草树木、鸟兽虫鱼为自己的伙伴,培养热爱大自然的美好情操,从而积累丰富的写作素材。四年级上学期,我在班级开展"接龙随笔"活动,要求各小组六个同学合作,周一至周六每天轮流写一篇随笔。后面的同学要先欣赏前几位同学的日记,再自己写。老师每天及时批改,并组织学生利用早读或课前三分钟进行评赏。每周评出优胜小组。这样,为了夺取"优胜小组"这个目标,学生们积极寻找材料,尽力地捕捉生活中的精彩镜头,随笔本在学生中传递,写作的灵感在互动中萌生。如生日和节日的庆贺、运动会的场面、课间的游戏情景、各种调查实践活动等,都成为习作的源头活水。此间学生们也逐渐学会了合作的学习方式,同一个小组的同学聚在一起或是想办法,出点子,找写作材料,或是对同伴的习作进行修改,或是共同帮助习作有困难的同伴。当他们互相倾听伙伴们的意见时,当他们共同探讨一篇习作时,他们的习作能力在提高,合作的意识在增强。每周获得"优胜小组"的同学,在教师鼓励性的评价中,在同学们钦佩的目光中,体验到成功的喜悦,更激发了他们习作的热情,习作中精彩镜头不断涌现。

2. 每周印足迹,我手写我心

周记的形式有利于学生从一周的经历中筛选出最感兴趣的内容写下来,培养选择材料的能力。四年级下学期开始到五年级,学生写作训练进入周记形式。每周利用一节课进行周记交流。每位学生可以阅读四人小组中的其他三篇周记,对其中的一篇周记进行书面点评,要标出优美词句,并写出评语,注明点评者。四人小组中的"最佳作品"和"进步最大作品"将发表在班级习作集《春苗》里,评语和点评者也一起发表。这样一来,为了赢得点评者的好评,学生就要认真写周记;点评者为了写出恰如其分的评语,也必然非常仔细地阅读同学的周记。可贵的是,学生们在老师的指导下学会了用欣赏的眼光去看待同学的作品,懂得了欣赏的方法:如标出好词好句;发现与众不同的材料能积极向老师和同学推荐;感受到同学文章中的创新思维,能真诚地向他们学习等。在相互阅读中发现和借鉴,学生在生活中捕捉到越来越多的精彩镜头,他们的思维广度、深度也得到拓展。如在查找"中国传统文化"时,同学们有了这样的发现:"中国传统文化就像无边无际的星空,古代建筑就像其中一颗灿烂的星星……"

通过多种形式捕捉生活点滴,使学生们很快就发现了,写作就是生活,为真情而写,为兴趣而写,为需要而写,为自己的酸甜苦辣、喜怒哀乐而写。可以自由选择,写自己关心的、相信的和想说的话。当生活丰富多彩了,习作中的精彩镜头也多了起来。

三、阅读真实感悟，丰富写作情感

1. 注重课内知识的积累

教材本身就是学生写作的典型范例。如果学生能对学过的知识进行积累，这无疑是一笔很丰厚的财富。因为精选入内的课文都是名篇佳作，文质兼美，都有其独特的一面。在阅读时他们可以领会到某些词语的巧妙及修辞的精彩，但在写作中却存在一个问题：有些学生一遇到写作就头痛，认为无话可说，一下子就把话说完了。正如一位学生所说："如老母鸡生蛋，久久不能生出一个字来。"如此艰难写出的文章自然是平铺直叙，平淡无奇。之所以出现这种情况，究其主要原因是他们的词汇量过于贫乏。因为"贫乏"搜肠刮肚也没有用。即使"搜刮"出来也不会是好的、精彩的东西。这种情形一旦写起作文来，自然是"巧妇难为无米之炊"。由上可知，提高学生语言表达能力的关键是：增加词汇量。美国的沃尔夫说过，"词汇量可能比文体模式更重要"。小学正是积累大量词汇的好阶段，针对这一点，我提议学生用文摘本把课内课外遇到的自己认为用得巧妙，用得好的字、词、句、段抄到本子上，积累一些生字，区分一些近义词，仔细揣摩别人写得好的地方。一学年后，许多学生的词汇量都丰富了，写作技巧也得到提高。对比以前的作文，写同样的景物、同样的事情，却显得生动逼真、用词贴切得多，进步较为明显。从表情达意到巧妙运用再到内涵深远，这中间需要一个过程，需要有步骤地去实施。而积累了丰富的词汇，在写作时自然能有选择地、得心应手地运用。譬如：文章精彩的、细腻的景物描写，作者匠心独运的材料安排等都值得学生学习、借鉴、运用。新教材里面有一个很突出的地方，那就是注重学生对喜欢的文段的摘抄、背诵。作者遣词造句都有其内在的含义，我们要在理解的基础上去掌握、运用，就一定要在教学中重视这一方面的训练。教师对学生要有具体的要求和指导，使之真正为学生今后的习作打下坚实的基础。

2. 加强课外延伸阅读

重视学生课外阅读，古人云："书读百遍，其义自见。"教师应根据教学大纲的要求、教材内容和学生的兴趣爱好帮助学生选择读物，同时开展形式多样的活动，促进学生的阅读。首先，在阅读教学中，教师要结合教材的特点，以落实重点训练项目的课文为"主"，以优秀课外读物为"辅"，促进学生知识的迁移，使课内外相互补充，相得益彰。其次，让学生的课外阅读与写作、听说相结合。教师可以经常要求学生阅读课外书籍后，做适当地摘抄，也可用日记、读后感的形式对文章的内容发表自己的见解、想法，大量的课外阅读为学生提供了良好的"智力"背景，引发学生积极思维，以读促思，以读助写。再次，为提高学生课外阅读活动的效率，教师还要经常组织学生进行展览、评比等活动，以调动学生阅读的积极性；或者开展小小故事会,把在课外书中看到的精彩片断讲给同学听;或者举行写读书心得交流会,保证读有所获;或者举行班级演讲比赛,为学生创设表现自我的舞台,让学生在活动中体会到读书的成功喜悦。

3. 提高阅读的感悟能力

朗读不仅能增强记忆,更有助于理解。宋代理学家朱熹就曾强调:"凡读书,……须要读得字字响亮,不可误一字,不可少一字,不可多一字,不可倒一字,不可牵强暗记,只是要多诵数遍,自然上口,久远不忘。"当学生的感悟能力提高,在习作中就会很自然地把心中所想的淋漓尽致地表达出来。从古到今,有成就的文学家哪一个不在"读"字上下工夫?把阅读培养成一种习惯,一种促使人向上奋进的能力,这也是我们积累到的最大的一笔财富。

曾获得诺贝尔文学奖的捷克诗人塞费尔特曾在回答记者采访时说过"写作是因为感到自由,感到欢乐"。建构新型的教学环境,营造和谐的写作氛围,让学生无拘无束,敢于表达自己的真实感受,他们才会对写作充满兴趣,才会"自由"和"不受束缚",他们的作品才会精彩无限。只要指导方法得当,习作的起步,也可以这样精彩。小学阶段的习作教学,就像一座塔的塔基,它的每一个部分都应该扎扎实实,越发到了顶端才越发神奇诱人。所以,在习作教学中,教师要善于从不同的角度去指点学生掌握和运用学过的知识,使之转化成一种能力,一种在习作当中运用自如的能力,达到真正写作的要求。

正如陶行知先生所说:"真正教育必须培养能思考,会创造的人。"在课程改革的今天,语文教学成为基础学科的基础要首先变革自身的不足,尤其是对于写作教学,写作教学的目的,重在培养学生的创新意识。通过对学生的能力迁移,让学生动手、动口,使学生在生活积累的基础上对已有的知识进行再创造,从而培养学生的创新意识和创新能力。学习即生活,作文即做人。学生的写作应浸润童真,流淌童趣,不要被所谓的立意所束缚,过早地被成人的观点所淹没。唯有真诚的体验创意、人格、个性,学生的写作才会洋溢真实生命鲜活的色彩。

(四) 小组活动

1. 分析《写作教学要在"真"字上下工夫》的论文题目、引言、本论、结论各有什么特点,有哪些需要改进的地方?

2. 小组交流,写好发言提纲。

工作任务3 确定标题,修改锤炼

一篇论文最先和读者见面的是"标题",它是论文的有机组成部分,也是论文的眉眼,具体说来,"题"是前额,"目"是眼睛,前额和眼睛都是人身体最显眼、不可缺少的有机组成部分。同样,论文的标题也是论文不可缺少的、最显眼的有机组成部分。

达成目标

1. 重视文章标题的选定和制作。

2. 熟悉论文常用的基本形式。

工作过程

（一）出示任务

1. 文章作者和报刊编辑为什么都十分重视标题的创作？

2. 论文的标题形式较多，你知道的常用形式有哪些？

（二）知识储备

1. 论文标题有哪些形式？

论文标题的形式较多，常用的基本形式有以下几种。

（1）正标题

正标题又叫总标题，这是与副标题、小标题相对而言的。正标题的形式为单行标题。如《试论素质教育中的小学语文教学》、《小语创新教育教学模式体系初探》。

（2）副标题

副标题常用以具体说明论文的内容、范围。这种标题形式起着对正标题进行补充、说明或加以限制的作用。如《抓积累重训练——浅谈学生口语交际能力的培养》、《小学语文教学在反思中攀升——2000 年小学语文教学改革和发展回眸》。

（3）小标题

小标题又称分题或插题,它是分别穿插在论文中的小题,具有使论文层次清楚、重点突出、更加醒目、减少过渡文字和缩短篇幅的作用。内容丰富、篇幅较长的论文,多在某些段落前面加一个小标题,以对这些内容作一概括。

例如:《小学语文教学在奋力前行——1999 年小学语文教学改革和发展述评》一文的小标题是:"热门话题深层思考"、"革故鼎新寻求良策"、"教学模式层出迭现"、"学术争鸣各抒己见"、"地方教材竞相媲美"。这五个小标题使该文脉络清楚、重点突出。

标题制作有什么要求?

论文标题制作的基本要求是贴切、醒目、简洁、新颖。

（1）贴切是指拟定标题要切合论文的主题或内容,反映论文的精神实质。标题是论文的"眼睛",如果作者通过"眼睛"能透出论文的"灵魂"来,那么这样的标题就是贴切的。如《情感是语文教学之"气"》、《直面社会,构建语文教育的大思路》。

（2）醒目是指引人注目,给人以一见难忘的印象。要使标题醒目,应当使标题生动、鲜明地表现论文的内容,使标题具有时代特色和较强的视觉冲击力。如《研读:一个正向我们走来的课题》、《定准"靶心",箭箭入靶》、《"理性"、"感性"、"灵性"和"创新"》。在不影响内容真实的前提下,可以调动各种表达方法(如修辞格),使标题增色,达到醒目的效果,如《真诚感:让教学语言成为接通心灵的桥梁》、《形象化:让教学语言通"电"代"磁"》。

（3）简洁是要求标题尽量精炼、要有高度概括性。只要能表达论文的思想内容,运用词语、短语、成语的标题都行,不一定强求使用完整的句子。如《积累·感悟·创造》、《把握"读",体会"境"》。

（4）新颖是指大胆创新,不落俗套,给人以新鲜感。这主要是要求标题的形式要新,构思要巧,表达要奇。请看特级教师周一贯在他的优课论系列文章所制作的一组标题:《"一语天然万古新"——优课的"解题"艺术》、《"未成曲调先有情"——优课的"导入"艺术》、《"何愁没处下金钩"——优课的"提问"艺术》、《"能探风雅无穷意"——优课的"讲解"艺术》、《"不及林间自在啼"——优课的"讨论"组织艺术》、《"要把金针度与人"——优课的"作业"设计艺术》、《"似曾相识燕归来"——优课的"结课"艺术》。这一组标题不知道周老师怎么想得出来的,真是太妙,太巧了。

论文的标题,从确定到写成论文保留下来固然好,但是,根据实践经验,往往是执笔开始定下的题目,到全部脱稿后又有了变化,这种改变是为了更准确地概括论文的内容。

（三）标题设计艺术赏析

"花香蜂自来,题好文一半"
——周一贯语文教育论著"标题"设计艺术赏析

江苏镇江高等专科学校丹阳师范学院　戴正兴

25 年出版 154 册语文教育专著,60 年发表 1300 多篇语文教研专论,被语文界誉为"杏坛巨臂、教坛先锋"的周一贯先生,不仅是撰写语文教育论著的"奇才",也堪称是"标题"设计的高手。笔者从周先生近年来出版的专著和发表的论文中撷取几例供大家赏析。

1. 用"以生为本"的课程理念设计标题,以彰显语文教育主流价值观

如:《"生本课堂"像田野一样朴实、芬芳》(《语文教学通讯》2010.1)、《"还学于生":期盼语文课堂的智慧转身》(《语文教学通讯》2008.11)等。这类文题集中体现了周先生对当前语文教育的主体关怀,表现出强烈的尊重学生的语文教育"生本观"和以学定教的"课程观"。

2. 以唯物辩证的哲学思想设计标题,以突出语文教育生命观

如:《教育:开发生命的事业》(《人民教育》2006.10)、《一分为三:让对立的"二"和合于生命发展之"三"》(《小学语文教学·人物》2009.2)等。这类标题,周先生从哲学的角度审视语文教育的本源,表达了这样一个观点:语文教育应当统一于人的生命开发,和谐融通于人的生命活动。

3. 巧用比喻拟题,以形补神

如:《落在儿童心灵上的桃花雨》(《小学语文教学·人物》2009.2)、《有效交往:测定好课的"天平"》(《中国小学语文教学论坛》2004.10)、《多元感悟:像雾像雨又像风》(《中国小学语文教学论坛》2005.5)、《名师文化:小语界不落的彩虹》(《语文教学通讯》2006.9)、《课堂设计要让"小马"自己"过河"》(《阅读教学设计论》2000 年,宁波出版社)、《思想缺位:作文教学"脑瘫症"》(《小学语文》2008.10)等。这类文题巧借比喻拟题,显得生动活泼、生动形象。

4. 运用"反常思维"拟题,引人深思

如:《语文教师"懒"亦有道》(《小学语文教学》2009.6)、《课堂:"抓而不紧"是"善抓"》(《小学语文教学》2008.12)、《课堂教学应"悠着点"》(《小学语文教学》2008.5)等。周先生善于在纷繁的教学现象中发现问题,通过"反常"的思考,提出有价值的话题,进行敏锐的判断,在思辨中修正。这种运用"反常思维"拟题的方法,也不失是一种成功的设题艺术。

5. 活用诗句拟题,气韵生动

如:《"一语天然万古新"——优课的"解题"艺术》、《"未成曲调先有情"——优课的"导入"艺术》、《何愁没处下"金钩"——优课的"提问"艺术》、《"能探风雅无穷意"——优课的"讲解"艺术》、《"不及林间自在啼"——优课的"讨论"组织艺术》、《"似曾相识燕归来"——优课的"结课"艺术》(以上均引自《语文教学优课论》)。语文课堂教学的优化,现状是不尽如人意的。周先生致力于优化课堂教学的理论研究,结合特级教师创作的优课教例,作了实证性的探索,为实现教学过程最优化,提供了极好的范式。周先生关于"优课的教程运作"的系列文章均引用诗句为题,文学色彩浓厚,巧妙地表达了文章的主题。

6. 利用俗语、歌词、广告语拟题,鲜活灵动

如:《"不通则病":阅读教学要把课文读通》(《小学语文教学》2011.8)、《语文课堂:须"常回家看看"》(《小学语文教师》2005.11)、《本色语文:不要问我从哪里来》(《小学语文教师》2006.10)、《作文:套声依旧之痛》(《新作文》2005.11)、《观摩评教,路在何方》(《语文教学通讯》2008.4)、《"交流"好,才是真的好》(《小学语文教学》2005.5)。这类文题活用耳熟能详的俗语、歌词、广告语,使人感觉亲切,常常能激发人们阅读的兴趣。

7. 利用"主题词"连接"中心句"拟题,借题求文

如:《课堂倾听:师生的心灵之约》(《中国小学语文教学论坛》2002.11)、《体验:语文教学的倾心追寻》(《教学月刊》2002.12)、《朗读:语文教学呼唤回归》(《小学教学》1995.8)、《课堂:警惕流行的软暴力》(《小学语文教学》2010.3)等。这类文题的共同点是:撷取"主题词"连接"中心句"构成题目,使主题词成为连通文意的入口,具有很强的引领作用,让读者借题求文。

8. 择用一组"关键词"拟题,简洁醒目

如:《主角·主线·主题》(《小学教学》1995.4)、《花潮·人潮·心潮》(《福建教育》1986.1)、《得真·得趣·得情》(《小学生天地》1988.67期)、《控珠·串线·结环》(《河北教育》1996.4)等。此类文题常用三个精辟的词语对文章的内容和主旨作富有特色的浓缩和概括,文题精炼整齐匀称,给人耳目一新的感觉。

周先生不仅精心设计大标题,对小标题的拟定也尽显魅力。特选取两例供赏析。

(1)"课感"是一个内涵很丰富的概念,虽貌若玄奥,但教师可自我修炼。《我为课狂:教师"课感"的自我修炼》(《中国小学语文教学论坛》2004.10)一文,周先生用了七个小标题连缀全文:

"关注学情"是产生"课感"的原点

"自思得失"是形成"课感"的基点

"引导生成"是获得"课感"的重点

"质疑解难"是领悟"课感"的原点

"节外生枝"是锤炼"课感"的捌点

"灵光一现"是捕捉"课感"的难点

"观摩优课"是升华"课感"的亮点

七个小标题,也就是教师课感自我修炼的七个策略。周先生对每个策略作了富有特色的浓缩和概括,由点成线,由线成面,将内容串联成篇,使读者领悟了"课感"内在生成机制。

(2)周先生发表在《语文教学通讯》2007年10期的《公开课:坚守"家常课"的优良品质》,小标题是:

真诚——"但写真情与实境"

自然——"琢雕自是文章病"

务实——"文章功用"应"经世"

简约——"冗繁削尽留清瘦"

朴实——"清水""芙蓉"去"雕饰"

周先生用五个小标题,概括了"家常课"的优良品质,简要明白,活用诗句助典雅,巧妙地表达了文章的主题,给人耳目一新的感觉。

"标题"是论文不可缺少的有机组成部分,正因为如此,文章的作者和报刊的编辑都十分重视"标题"的制作。周先生的标题设计艺术,来源于他先进的教育理念,博采众长的学术智慧,丰富的人文积淀。他的成功,为我们设计标题提供了极好的范式。

(四)小组活动

1. 翻阅小学语文专业报刊,思考以上问题。

2. 分组交流,班级汇报。

3. 下面是一组实习生的论文写作题目,请点评:

《语文学习习惯的培养》

《小学识字教学的重要性、现状分析及对策研究》

《浅谈多媒体技术在小学语文教学中的灵活运用》

《小游戏,大收获》

《浅谈小学生课外阅读》

《如何提高小学生的阅读能力》

点评：

_____

_____

_____

工作任务4　掌握结构,规范成文

论文旨在说"理",只要把这个"理"琢磨透了,梳理通了,顺着这个"理"的道路讲下去,自然而然即可化为文章。俗话说:"顺理成章"。没有"理",不成文章;理不通也不成文章;顺理而说,自成文章。所以写理论文章要"依理定形","形"要服务于"理"的表现。

达成目标

1. 了解教育论文结构形式和论证方法。

2. 懂得如何实现事例和论点的高度统一。

工作过程

（一）出示任务

1. 提出问题、分析问题和解决问题,这是一种常见的结构形式,是否也是唯一的形式?

\
\
\
\
\
\

2. 不少教师写的论文总是这样一种模式:第一段,提出论点。第二段,举例。第三段,小节全文。这种模式要不要打破? 如何打破?

\
\
\
\
\
\

（二）知识储备

许多小学教师写的论文中使用的说理方法较为单调,大部分只会用归纳法和演绎法。方法的单调，必然带来研究视野的狭窄和思维上的陈旧，使教师的论文写作总是"似曾相识"，没有"云破月来"感觉。表现在写作上，往往就是讲一两个教例，然后得出一个结论，或者先提出论点，再举一两个教例，始终摆脱不了"论点＋事例"的模式。能比较熟练地运用议论表达方式，学会对事实论据的点化，这是撰写理论文章必备的能力之一。可是不少教师对此却不重视，写的论文总是这样一种模式：第一段，提出论点；第二段，举例；第三段，小结全文。其实，这是一种不妥的模式。如果不打破这种模式，不但影响思维的深化和扩散，而且也得不到编辑和读者的关注。

也许有人会说，举例不同样是论证的方法吗？诚然，运用实例可以证明观点，但这种证明不会是深刻的证明。理论文章的质量，不仅要看文章采用的材料多少，更要重视其理论上的分析是否深刻。运用材料是记忆性的，理论分析是思辨性的，思辨是逻辑思维推导的表现，反映出来的是智能。如果在议论中仅举例，不做说理分析，即使材料再丰富，也不能说论证得很透彻，因为它不能体现作者在写作上的智力因素。

要打破"论点＋事例"的模式，平时要做哪些准备呢？

1. 加强对理论文章的结构形式和论证方法的认识

分析问题、提出问题和解决问题，这是一种常见的结构形式，但不是唯一的形式。论证的结构还有横式（总分式）、纵式（逆进式）等。谈到论证方法，更是多种多样。除事实论证，还有比喻论证、类比论证、引用论证等。在一篇文章中，穿插运用不同的论证方法进行论证，不但可以增强说服力，而且还可以使文章生动活泼，增强感染力。

2. 加强事例和论点的高度统一

事例一般都有一个主旨，用它作为论据的证明论点时，其主旨与论点一定要完全吻合，水乳交融，切不能形同皮毛或貌合神离。有些材料，原本的主旨论点就是统一的，但比较多的材料是原来的主旨与论点并不完全吻合，有的甚至风马牛不相及。对主旨与论点不完全吻合或相距甚大的材料，在运用时，一定要重新改造，使其主旨与论点完全合拍。

3. 加强对事实论据的点化

石灰用于砌墙，要掺水熔化；事实作为论据，用以证明论点时必须注意点化。点化，即对事例作以客观的科学的评价。有这样一则教例：

著名特级教师斯霞备《刘胡兰》一课，自己先反复朗读，边读边体会，晚上伴着孤灯读到深夜。第二天一大早在校园里自读自听，特别是课文中刘胡兰回答敌人的话，她读了一遍又一遍，越读越有力量。刘胡兰不屈不挠的革命斗争精神，像一股强大的气流猛烈地冲击她的胸膛，她恨不得马上飞跑进教室，把自己的感受传达给学生。课堂上,斯霞老师带着感情朗读,情真意切,字字千钧,孩子们被深深打动了。

有人在撰写《备课一定要备读》一文时,用了这一教例,并对它做了点化:其一,斯霞老师能把教材中思想感情自然地传给学生,产生优异的教学效果,这是她把自己融进课文里的结果。其二,每一个语文教师都必须学会以身传情,以情动人,激发学生引起情感的共鸣,使审美的主体和客体融为一体。其三,"入境"是感情朗读的基础,没有这个基础,朗读就没有真感情。

对材料的点化,就要学会因事述理、借事论理,学会如何去探求材料的内蕴,学会探求材料隐喻实质的方法,就可以力避就事论事的简单思维,而迅速把握材料的主旨。

(三)小组活动

1. 下面是一篇师范生的毕业论文,分析其题目、思路和结构形式,按以上知识点进行讨论、点评。

导入在语文教学中的运用艺术

镇江高专丹阳师范学院 普文07班 韩俊

【论文摘要】语文课堂导入就是教学流程中的启动环节,具有重要的作用与意义。在目前小学语文教学中,导入还存在这样一些问题:比如导入时问题难度较大、导入时教师过于追求新鲜、导入脱离课文内容、导入的形式单一等等。所以教师在设计导入应该遵循以下几点导入原则:一要依据学生的认知水平、生活阅历;二要考虑教材的内容、特点和要求;三要考虑老师个人文化素质情况。最重要的是要根据不同年级、不同学生,选择不同的导入方法。同时使用直接导入、课题导入、设疑导入、图片导入、故事导入、音乐导入等语文教学的导入方法,以营造气氛、调动情感、激发兴趣,使学生充分发挥主体作用,积极投入到学习中去。

【关键词】语文 课堂导入 运用艺术 注意点

语文教学是一门艺术,而课堂导入更是艺术中的艺术。一堂精彩生动的小学语文课一定有一个别出心裁的导入,正所谓"良好的开端是成功的一半",这里的开端就是导入。

一、语文导入的作用与意义

导入不仅为教学过程定下基调,确定学生学习的方向,而且也是激发学生学习兴趣,调动学生学习积极性和主动性的关键一步。语文导入既是一种艺术,又是一种创造。语文导入设计得好就能优化知识结构、调动课堂气氛、消除学生对课文的畏惧情绪、培养学生的审美情绪、挖掘学生的潜能、迸发新颖的创造性思维,使他们带着一种放松和快乐的心情去感悟和体会课文。著名特级教师于漪说:"在课堂教学中培养、激发学生,首先应该抓住导入新课的环节,一开始就把学生牢牢吸引住。"所以我们教师在备课时,必须针对学生的学习情况、年龄特点、心理特征,从教学实际出发,引入或创设与教学内容相适应的场景或氛围,引起学生的情感体验,帮助他们迅速而正确地理解教学内容,促进学生的心理机能和谐地发展,提高教学效率。

二、导入存在的一些问题

导入是课堂教学的起始环节,有些教师却对此认识不足。不少教师把导入新课的功效局限于激励、唤醒、鼓舞,实际操作时只注意发挥它由课间活动导入到课堂教学的过渡作用,这样的导入即浪费了课堂时间,又没有达到预期的效果。一般导入的问题存在这几种:导入时问题难度较大、导入时教师过于追求新鲜、导入脱离课文内容、导入的形式单一等等。我在实习期间听过几堂课,觉得有些导入存在以下问题。

1. 导入问题时难度较大

曾听一个老师上三年级课文《日月潭的传说》,教学前,这个老师让学生每人准备一个童话故事在班内讲。可是因为受条件的限制,许多同学没有书,也没有故事可讲;有的同学准备的是那种长长的而又不是童话的故事。让同学们讲故事时,谁也不愿意上台讲,老师只好点名,这样课堂气氛很尴尬,许多同学因为没有故事而心里发慌,准备特别长的故事的同学,老师又不好阻止他们停下,生怕打击了他们的积极性,因此没有完成教学任务。通过这次听课,我觉得教师在设计导入新课的学习活动时,要照顾到班上大多数学生的学习水平,尽量让大部分学生都有成功的机会,不能一开始就把学生问倒了,难住了。学生一开头就碰了壁,要让他再进入积极参与的状态往往需要付出更大的努力。

2. 导入时过于追求新鲜

一位教师在教学《蝙蝠和雷达》一课,在导入新课时有这样一个片断:

师:同学们,今天我们先来做个游戏,好不好?

生:好!

(师用手帕蒙住两个学生的眼睛,分别让他们来"贴鼻子"。结果,一个学生把鼻子贴到了嘴巴上,另一个则贴到了眉梢上。同学们笑得前仰后合,课堂上乐成一团。)

在后面听课时,我发现由于开头的那个游戏使学生在接下来的整节课上都很兴奋,不能静下心来专心听讲,导致这堂课的纪律很差,老师频频停下来维持课堂纪律。由此可见,课前的导入可以追求新鲜,给学生营造一种轻松的学习氛围,但是这种新颖应该把握得当,尤其是对小学低年级学生。

3. 导入脱离课文内容

课堂教学的导入应与课文紧密联系在一起,有些教师选择的导入与课文内容脱节,这样的导入很容易把学生带入到一个错误的情境中,不知道这节课应该学什么。

比如一个老师在上二年级一篇课文《学棋》时是这样导入的:"你们见过哪些棋? 说给老师听一听。"这样的导入与下面的课文内容并没有很大的联系,反而会让学生混淆课文内容,抓不住课文主旨。

所以不管采用哪一种导入,都要为全课的教学目标和教学重点服务,不能脱节,要紧密结合。虽然导入的方法多种多样,但作为教师,应该选择最适合自己、最适合学生以及最符合教学内容的方法。

三、选择导入方法的原则

那么作为老师怎样选择最合适的导入方法呢? 下面我根据自己的学习和实践来谈一谈。

导入方法的选择,一要依据学生的认知水平、生活阅历;二要考虑教材的内容、特点和要求;三要考虑老师个人文化素质情况。同时,因为学生的年龄不同,认知结构等都有差异,所以,要根据不同年级、不同学生,选择不同的导入方法。一般来说,低年级的学生因为思维有一定的局限性,所以在设计导入时最好以具体、形象为主,直观性强一些,这样可以在最短的时间内激发学生的求知欲。例如,可以采用唱歌导入、讲故事导入、游戏导入等。中年级课堂教学的导入应在低年级的基础上,适当增加一些方法,如联系生活实际导入、对比导入、设置悬念导入等。高年级的学生,由于他们的知识阅历都比较丰富了,有了一定的知识基础,他们对于一些简单的事物都能很快地接受和理解,所以在设计导入时可以更理性一些。

无论采取哪种导入方式都不能脱离教学实际,都要在老师认真钻研了教材、了解了学生的实际情况后再决定采用哪种导入方法。只有采用最合适的,学生最容易接受的导入方式,才能取得事半功倍的效果。

四、导入的方法与运用艺术

实习的四个多月中,在听指导老师上课和外出参加镇江其他小学教师教研活动中,我学习了很多比较新颖有效的导入方法,自己也在教二年级学生学习课文时运用到一些导入教学的方法。通过总结,我来谈一谈自己学习到的和上课运用到的几种导入的方法。

1. 直接导入

直接导入是最简单、最常用的导入新课的方法。一般在教学的时候,老师利用和学生自由谈话,运用简单的语言直接地交代出课文的主要内容,并向学生提出具体的要求,明确学习方法。实习期间,在镇江中山路小学听课时,老师教六年级的一篇课文《夜晚的实验》。老师开头第一句话就是："今天让我们一起走进一篇新的课文——《夜晚的实验》，让我们一起浏览全文，看看作者写了一个怎么样的实验。"这种"开门见山"的导入，能使小学生思维迅速定向，明确教学目的，进入主题探求，有效提高了课堂效率。

2. 课题导入

利用课题导入，即利用课文题目中的关键词或根据课文题目提出一个问题来导入新课的一种教学方法。这种教学方法的特点是可以引导学生初步了解课文的主要内容，从而把握立意的中心。比如我在教学二年级《晚上的"太阳"》这篇课文时是这样导入的："同学们，今天我们学习一篇新的课文，题目叫做《晚上的"太阳"》。（板书课题）同学们，我们都知道太阳只有白天才有，那么这篇课文的题目怎么是晚上的太阳呢？那么现在我们就带着这个问题来快速地朗读课文，回答这个问题。"这样的导入法，提高了学生的求知欲，让他们开动脑筋从课文中找答案，使课堂气氛鲜活起来。

3. 设疑导入法

学习新课文前先设置疑问，这样能吸引学生注意，引发思考。我在教学二年级课文《"黑板"跑了》时是这样导入的："同学们，你们见过黑板跑吗？为什么课文中的黑板会跑呢？带着疑问阅读课文，找出答案，这，是一块怎样的黑板？"我觉得这样的导入既点明了题意，造成悬念，又唤起了想象。学生由于急于想找出答案，产生了极大的探索热情，学习兴趣油然而生。

4. 图片导入法

通过图片导入新课，可以增强直观教学效果，激发小学生的学习兴趣。在外校听老师上过一堂五年级的新课《郑和远航》，上课之前，老师先用PPT打出一张郑和远航时的图片，提问学生，他是谁？为中国做出了怎样的贡献。用图片引入，直观形象，既给学生留下清晰的表象，又能以图激发学生回答的积极性，收到"以图导情，以言达意"的效果。教学中运用教学图示把学生引入"佳"境，增强了讲课的感染力。

5. 故事导入

利用讲故事导入是调动学生积极性的一种最好的方法。这种方法尤其适用于低年级的语文教学。通过讲故事来激发学生的求知欲，引起他们的学习兴趣，促使学生主动学习。我在教学二年级课文《沉香救母》这个故事时，先把沉香妈妈爸爸怎么相遇、相知、相爱以及妈妈怎么被压在华山脚下的故事说给孩子们听的。学生们对故事的情节充满好奇心，这样学习的积极性就被调动起来了，然后抓住时机揭示课题，即能顺利地导入新课的学习。利用"故事导入法"让学生在专心致志地听讲中，初步领会本节课要讲的内容，有利于启发学生的思维和想象力。

6. 音乐导入法

托尔斯泰说过:"音乐的魅力,足以使一个人对未感受的有所感受,对理解不了的事有所理解。"用适宜的音乐导入新课对营造气氛、激发学生情感起到了很好的作用。我记得在听二年级一个老师上《母亲的恩情》这篇课文时,老师在上课之前,就一直在放一首我们耳熟能详的歌曲《世上只有妈妈好》,在上课时老师叫同学们跟着音乐轻轻地哼唱。我当时坐在后面观察,看见每一个孩子都很认真,感情非常投入,似乎他们都在脑海里想着自己的妈妈,所以我觉得这个老师的导入是成功的,她首先就把孩子们的感情抓住了。

除了以上导入方法外,还有许多导入法,比如:回顾导入法、悬念导入法、情境导入法、诗词对联导入法诗、游戏导入法等。

五、导入方法运用的注意点

正如上面列举,语文课堂的导入方法有很多,各式各样。导入方法的运用也有一些需要注意的地方。首先导语设计不能刻板单一,应力求花样翻新,多彩多姿。这些导入方法,既可以单一的使用,也可以结合起来交替使用。这一切都要根据教材内容的特点以及教师对教材内容的理解和认识而定。其次,同样一篇课文,每个老师的思路不同、着眼点不同,所以选择的导入方法也就会不同。语文课堂导入艺术需要在认真分析教学内容的基础上,找准突破点,运用有利的方法,再配合教者的艺术美感。一个成功的导入,对于一节课来说起到非常重要的作用,所以我们在设计教学方案时,不可以忽视导语的设计。既要注意长期积累,又要注意导语的艺术性。

任何一门艺术都是一门精深的学问,导入艺术的方式各种各样,绝不是简单的罗列和归纳就能包容的。一个好的导入是师生间建立感情的第一座桥梁,它既能引起学生的兴趣,又能激发学生的求知欲,为整节课的学习打下良好的基础,使整个教学活动进行得生动、活泼、自然。

点评:

_____

_____

_____

2. 论文论证的方法多种多样,有事实论证、比喻论证、类比论证、引用论证等。阅读语文教育报刊,选择典型的教育论文,研究其是用哪一种论证的方法。

3. 自己撰写一篇教学论文,选用其中一种论证的方法。

4. 小组交流、班级汇报。

小贴吧

★论文参考选题

1.《科学识字,魅力无穷》

2.《让词语教学变得精彩起来》

3.《走进走出,让阅读教学尽显风采》

4.《坚持起步,快乐起航:三年级起步作文思考与实践》

5.《朗读:摒弃矫情做法,实现自然有情》

6.《从精批细改的泥淖中突围》

7.《实现从"教课文"向"教语文"转身》

8.《让板书成为语文课堂的点睛之笔》

9.《对拓展热的冷思考》

10.《让阅读与练笔比翼双飞》

★小学语文教学专业刊物

《小学语文教学》(山西)、《小学语文教师》(上海)、《教学月刊(小学版)》(浙江)、《语文教学通讯》(山西)、《小学语文》(北京)、《小学语文教与学》(北京)、《小学教学》(郑州)、《小学教学参考(语文版)》(广西)、《七彩语文·教师论坛》(南京)、《教育研究与评论》(南京)

★论文投稿须知

1. 内容要求:观点鲜明,资料翔实准确,说服力强。

2. 字数要求:1000~6000 字

3. 格式要求:

(1) 文题(20 字以内,可带副题);(2) 姓名(可多人署名);(3) 单位名称,邮政编码;(4) 摘要(100~200 字,左顶格);(5) 关键词(3~5 个,以";"号隔开,左顶格);(6) 文题英译;(7) 姓名汉语拼音(姓全大写,名首字母大写,复名字间以"-"隔开);(8) 摘要英译(左顶格);(9) 关键词英译(左顶格);以上各项英译不便者本刊可代译;(10) 中图分类号;(11) 文献标志码;以上两项本刊可代查;(12) 文章编号(本刊编制);(13) 正文(小标题 3 级以内,其中 1 级标题 15 字以内,左顶格单独占行,二、三级标题以 1.1 或 1.1.1 逐级编码;引文于结束处以阿拉伯数字加[ ]号编码,同出处引文采用相同序号,简短文献加括号直接标注于引文后,如《荀子·劝学》);(14) 参考文献(按引文编号加[ ]左顶格排序,著录格式要求:①专著:作者、书名[M]、出版地:出版者、出版年;②期刊:作者、题名[J]、刊名,年、卷(期):起止页码;③报纸:作者、题名[N]、报名、出版日期);(15) 收稿日期 (本刊编

小贴吧

制）；此外如属基金项目请于文章首页页脚注明项目名称编号等。

4. 尽量避免采用图表，确需附图不超过6幅，表格尽量采用"三线表"格式。

5. 作者简介：附于文章首页页脚，介绍内容仅限：姓名（出生年月），性别（民族，汉省略），籍贯，职称学位，主要研究方向。

6. 务请将第一作者详细通讯地址、邮政编码和联系电话注于来搞首页顶部。

7. 投稿方法：word格式电子邮件，或信函寄送文本，传真亦可；条件所限确需手写者，字迹务求工整易识。

工作小结

论题的选择，是撰写论文的第一步，选题得当，便有可能左右逢源、势如破竹，迅速形成论文并且有可能获得发表的机遇。论文的题目确定后，丰富、翔实的材料是写好论文的关键。题目选定了，材料也准备好了，拟写提纲可以帮助我们从全面着眼，建立全篇的骨架，从而保证通篇连贯。材料准备充分，提纲又非常清晰，那么，写作初稿就不会有多大困难了。初稿完成后，接着就是修改定稿，好文章不是一次完成的，而是要经过多次修改。

拓展与巩固

考察思考

1. 去小学了解语文老师的论文写作情况，形成分析报告。

2. 翻阅各种期刊，了解专业刊物的类型、级别和创办特点，明确自己的投稿方向。

巩固练习

一、名词解释

1. 课题

2. 论文

3. 教学叙事

二、简答题

1. 为什么要进行教育教学研究？

2. 如何才能拟定一个好题目？

3. 一篇论文的基本格式是怎样的？

4. 如何才能写好论文？

附录 A

《义务教育小学语文课程标准（2011 年版）》义务教育语文课程标准

第一部分　前　言

语言文字是人类最重要的交际工具和信息载体,是人类文化的重要组成部分。语言文字的运用,包括生活、工作和学习中的听、说、读、写活动,以及文学活动,存在于人类生活的各个领域。当今世界,经济全球化趋势日渐增强,现代科学和信息技术迅猛发展,新的交流媒介不断出现,给社会语言生活带来巨大变化,对中华民族优秀传统文化的继承,对语言文字运用的规范带来新的挑战。时代的进步要求人们具有开阔的视野、开放的心态、创新的思维,对人们的语言文字运用能力和文化选择能力提出了更高的要求,也给语文教育的发展提出了新的课题。

语文课程致力于培养学生的语言文字运用能力,提升学生的综合素养,为学好其他课程打下基础;有利于学生形成正确的世界观、人生观、价值观,形成良好个性和健全人格;促进学生的全面发展和终身发展。语文课程对继承和弘扬中华民族优秀文化传统和革命传统,增强民族文化认同感,增强民族凝聚力和创造力,具有不可替代的优势。语文课程的多重功能和奠基作用,决定了它在九年义务教育中的重要地位。

一、课程性质

语文课程是一门学习语言文字运用的综合性、实践性课程。义务教育阶段的语文课程,应使学生初步学会运用祖国语言文字进行交流沟通,吸收古今中外优秀文化,提高思想文化修养,促进自身精神文化成长。工具性与人文性的统一,是语文课程的基本特点。

二、课程基本理念

（一）全面提高学生的语文素养

九年义务教育阶段的语文课程,必须面向全体学生,使学生获得基本的语文素养。

语文课程应激发和培育学生热爱祖国语文的思想感情,引导学生丰富语言积累,培养语感,发展思维,初步掌握学习语文的基本方法,养成良好的学习习惯,具有适应实际生活需要的识字写字能力、阅读能力、写作能力、口语交际能力,正确运用祖国语言文字。语文课程还应通过优秀文化的熏陶感染,促进学生和谐发展,使他们提高思想道德修养和审美情趣,逐步形成良好的个性和健全的人格。

(二)正确把握语文教育的特点

语文课程丰富的人文内涵对学生精神世界的影响是广泛而深刻的,学生对语文材料的感受和理解往往又是多元的。因此,应该重视语文课程对学生思想情感所起的熏陶感染作用,注意课程内容的价值取向,要继承和发扬中华优秀文化传统和革命传统,体现社会主义核心价值体系的引领作用,突出中国特色社会主义共同理想,弘扬以爱国主义为核心的民族精神和以改革创新为核心的时代精神,树立社会主义荣辱观,培养良好思想道德风尚,同时也要尊重学生在语文学习过程中的独特体验。

语文课程是实践性课程,应着重培养学生的语文实践能力,而培养这种能力的主要途径也应是语文实践。语文课程是学生学习运用祖国语言文字的课程,学习资源和实践机会无处不在,无时不有。因而,应该让学生多读多写,日积月累,在大量的语文实践中体会、把握运用语文的规律。

语文课程应特别关注汉语言文字的特点对学生识字写字、阅读、写作、口语交际和思维发展等方面的影响,在教学中尤其要重视培养良好的语感和整体把握的能力。

(三)积极倡导自主、合作、探究的学习方式

学生是学习的主体。语文课程必须根据学生身心发展和语文学习的特点,爱护学生的好奇心、求知欲,鼓励自主阅读、自由表达,充分激发他们的问题意识和进取精神,关注个体差异和不同的学习需求,积极倡导自主、合作、探究的学习方式。教学内容的确定、教学方法的选择、评价方式的设计,都应有助于这种学习方式的形成。

语文学习应注重听、说、读、写的相互联系,注重语文与生活的结合,注重知识与能力、过程与方法、情感态度与价值观的整体发展。综合性学习既符合语文教育的传统,又具有现代社会的学习特征,有利于学生在感兴趣的自主活动中全面提高语文素养,有利于培养学生主动探究、团结合作、勇于创新的精神,应该积极提倡。

(四)努力建设开放而有活力的语文课程

语文课程的建设应继承我国语文教育的优良传统,注重读书、积累和感悟,注重整体把握和熏陶感染,同时应密切关注现代社会发展的需要。拓宽语文学习和

运用的领域,注重跨学科的学习和现代科技手段的运用,使学生在不同内容和方法的相互交叉、渗透和整合中开阔视野,提高学习效率,初步养成现代社会所需要的语文素养。

语文课程应该是开放而富有创新活力的。要尽可能满足不同地区、不同学校、不同学生的需求,确立适应时代需要的课程目标,开发与之相适应的课程资源,形成相对稳定而又灵活的实施机制,不断地自我调节、更新发展。

三、课程设计思路

1. 九年义务教育语文课程,应以邓小平理论和"三个代表"重要思想为指导,深入贯彻落实科学发展观,坚持以人为本,继承我国语文教育的优良传统,汲取当代语文教育科学理论的精髓,借鉴国外母语教育改革的经验,遵循语文教育的规律,努力提高学生的语文素养,为弘扬民族精神、增强民族创造力和凝聚力、培养德智体美全面发展的社会主义建设者和接班人,发挥积极的作用,同时为学生的终身发展奠定基础。

2. 语文课程应注重引导学生多读书、多积累,重视语言文字运用的实践,在实践中领悟文化内涵和语文应用规律。

3. 课程目标九年一贯整体设计。课程标准在"总目标"之下,按 1—2 年级、3—4 年级、5—6 年级、7—9 年级四个学段,分别提出"学段目标与内容",体现语文课程的整体性和阶段性。各个学段相互联系,螺旋上升,最终全面达到总目标。

4. 学段目标与内容从"识字与写字"、"阅读"、"写作"(第一学段为"写话",第二、第三学段为"习作")"口语交际"四个方面提出要求。课程标准还提出了"综合性学习"的要求,以加强语文课程内部诸多方面的联系,加强与其他课程以及与生活的联系,促进学生语文素养全面协调地发展。

5. 课程标准的"实施建议"部分,对教学、评价、教材编写,以及课程资源的开发与利用等提出了实施的原则、方法和策略,也为具体实施留有创造的空间。

第二部分　课程目标与内容

课程目标从知识与能力、过程与方法、情感态度与价值观三个方面设计。三者相互渗透,融为一体。目标的设计着眼于语文素养的整体提高。

1. 在语文学习过程中,培养爱国主义、集体主义、社会主义思想道德和健康的审美情趣,发展个性,培养创新精神和合作精神,逐步形成积极的人生态度和正确的世界观、价值观。

2. 认识中华文化的丰厚博大,汲取民族文化智慧。关心当代文化生活,尊重多样文化,吸收人类优秀文化的营养,提高文化品位。

3.培育热爱祖国语言文字的情感,增强学习语文的自信心,养成良好的语文学习习惯,初步掌握学习语文的基本方法。

4.在发展语言能力的同时,发展思维能力,学习科学的思想方法,逐步养成实事求是、崇尚真知的科学态度。

5.能主动进行探究性学习,激发想象力和创造潜能,在实践中学习和运用语文。

6.学会汉语拼音。能说普通话。认识3500个左右常用汉字。能正确工整地书写汉字,并有一定的速度。

7.具有独立阅读的能力,学会运用多种阅读方法。有较为丰富的积累和良好的语感,注重情感体验,发展感受和理解的能力。能阅读日常的书报杂志,能初步鉴赏文学作品,丰富自己的精神世界。能借助工具书阅读浅易文言文。背诵优秀诗文240篇(段)。九年课外阅读总量应在400万字以上。

8.能具体明确、文从字顺地表达自己的见闻、体验和想法。能根据需要,运用常见的表达方式写作,发展书面语言运用能力。

9.具有日常口语交际的基本能力,学会倾听、表达与交流,初步学会运用口头语言文明地进行人际沟通和社会交往。

10.学会使用常用的语文工具书。初步具备搜集和处理信息的能力,积极尝试运用新技术和多种媒体学习语文。

二、学段目标与内容

第一学段(1—2年级)

(一)识字与写字

1.喜欢学习汉字,有主动识字、写字的愿望。

2.认识常用汉字1600个左右,其中800个左右会写。

3.掌握汉字的基本笔画和常用的偏旁部首,能按笔顺规则用硬笔写字,注意间架结构。初步感受汉字的形体美。

4.努力养成良好的写字习惯,写字姿势正确,书写规范、端正、整洁。

5.学会汉语拼音。能读准声母、韵母、声调和整体认读音节。能准确地拼读音节,正确书写声母、韵母和音节。认识大写字母,熟记《汉语拼音字母表》。

6.学习独立识字。能借助汉语拼音认读汉字,学会用音序检字法和部首检字法查字典。

(二)阅读

1.喜欢阅读,感受阅读的乐趣。养成爱护图书的习惯。

2.学习用普通话正确、流利、有感情地朗读课文。学习默读。

3. 结合上下文和生活实际了解课文中词句的意思,在阅读中积累词语。借助读物中的图画阅读。

4. 阅读浅近的童话、寓言、故事,向往美好的情境,关心自然和生命,对感兴趣的人物和事件有自己的感受和想法,并乐于与人交流。

5. 诵读儿歌、儿童诗和浅近的古诗,展开想象,获得初步的情感体验,感受语言的优美。

6. 认识课文中出现的常用标点符号。在阅读中体会句号、问号、感叹号所表达的不同语气。

7. 积累自己喜欢的成语和格言警句。背诵优秀诗文50篇(段)。课外阅读总量不少于5万字。

(三)写话

1. 对写话有兴趣,留心周围事物,写自己想说的话,写想象中的事物。

2. 在写话中乐于运用阅读和生活中学到的词语。

3. 根据表达的需要,学习使用逗号、句号、问号、感叹号。

(四)口语交际

1. 学说普通话,逐步养成讲普通话的习惯。

2. 能认真听别人讲话,努力了解讲话的主要内容。

3. 听故事、看音像作品,能复述大意和自己感兴趣的情节。

4. 能较完整地讲述小故事,简要讲述自己感兴趣的见闻。

5. 与别人交谈,态度自然大方,有礼貌。

6. 有表达的自信心。积极参加讨论,敢于发表自己的意见。

(五)综合性学习

1. 对周围事物有好奇心,能就感兴趣的内容提出问题,结合课内外阅读共同讨论。

2. 结合语文学习,观察大自然,用口头或图文等方式表达自己的观察所得。

3. 热心参加校园、社区活动。结合活动,用口头或图文等方式表达自己的见闻和想法。

第二学段(3—4年级)

(一)识字与写字

1. 对学习汉字有浓厚的兴趣,养成主动识字的习惯。

2. 累计认识常用汉字2500个左右,其中1600个左右会写。

3. 有初步的独立识字能力。会运用音序检字法和部首检字法查字典、词典。

4. 能使用硬笔熟练地书写正楷字,做到规范、端正、整洁。用毛笔临摹正楷字帖。

5. 写字姿势正确,有良好的书写习惯。

(二)阅读

1. 用普通话正确、流利、有感情地朗读课文。

2. 初步学会默读,做到不出声,不指读。学习略读,粗知文章大意。

3. 能联系上下文,理解词句的意思,体会课文中关键词句表达情意的作用。能借助字典、词典和生活积累,理解生词的意义。

4. 能初步把握文章的主要内容,体会文章表达的思想感情。能对课文中不理解的地方提出疑问。

5. 能复述叙事性作品的大意,初步感受作品中生动的形象和优美的语言,关心作品中人物的命运和喜怒哀乐,与他人交流自己的阅读感受。

6. 诵读优秀诗文,注意在诵读过程中体验情感,展开想象,领悟诗文大意。

7. 在理解语句的过程中,体会句号与逗号的不同用法,了解冒号、引号的一般用法。

8. 积累课文中的优美词语、精彩句段,以及在课外阅读和生活中获得的语言材料。背诵优秀诗文50篇(段)。

9. 养成读书看报的习惯,收藏图书资料,乐于与同学交流。课外阅读总量不少于40万字。

(三)习作

1. 乐于书面表达,增强习作的自信心。愿意与他人分享习作的快乐。

2. 观察周围世界,能不拘形式地写下自己的见闻、感受和想象,注意把自己觉得新奇有趣或印象最深、最受感动的内容写清楚。

3. 能用简短的书信、便条进行交流。

4. 尝试在习作中运用自己平时积累的语言材料,特别是有新鲜感的词句。

5. 学习修改习作中有明显错误的词句。根据表达的需要,正确使用冒号、引号等标点符号。

6. 课内习作每学年16次左右。

(四)口语交际

1. 能用普通话交谈。学会认真倾听,能就不理解的地方向人请教,就不同的意见与人商讨。

2. 听人说话能把握主要内容,并能简要转述。

3. 能清楚明白地讲述见闻,说出自己的感受和想法。讲述故事力求具体生动。

(五)综合性学习

1. 能提出学习和生活中的问题,有目的地搜集资料,共同讨论。

2. 结合语文学习,观察大自然,观察社会,用书面或口头方式表达自己的观察所得。

3. 能在教师的指导下组织有趣味的语文活动,在活动中学习语文,学会合作。

4. 在家庭生活、学校生活中,尝试运用语文知识和能力解决简单问题。

第三学段(5—6 年级)

(一)识字与写字

1. 有较强的独立识字能力。累计认识常用汉字 3000 个左右,其中 2500 个左右会写。

2. 硬笔书写楷书,行款整齐,力求美观,有一定的速度。

3. 能用毛笔书写楷书,在书写中体会汉字的优美。

4. 写字姿势正确,有良好的书写习惯。

(二)阅读

1. 能用普通话正确、流利、有感情地朗读课文。

2. 默读有一定的速度,默读一般读物每分钟不少于 300 字。学习浏览,扩大知识面,根据需要搜集信息。

3. 能联系上下文和自己的积累,推想课文中有关词句的意思,辨别词语的感情色彩,体会其表达效果。

4. 在阅读中了解文章的表达顺序,体会作者的思想感情,初步领悟文章的基本表达方法。在交流和讨论中,敢于提出看法,作出自己的判断。

5. 阅读叙事性作品,了解事件梗概,能简单描述自己印象最深的场景、人物、细节,说出自己的喜爱、憎恶、崇敬、向往、同情等感受。阅读诗歌,大体把握诗意,想象诗歌描述的情境,体会作品的情感。受到优秀作品的感染和激励,向往和追求美好的理想。阅读说明性文章,能抓住要点,了解文章的基本说明方法。阅读简单的非连续性文本,能从图文等组合材料中找出有价值的信息。

6. 在理解课文的过程中,体会顿号与逗号、分号与句号的不同用法。

7. 诵读优秀诗文,注意通过语调、韵律、节奏等体味作品的内容和情感。背诵优秀诗文 60 篇(段)。

8. 扩展阅读面。课外阅读总量不少于 100 万字。

(三)习作

1. 懂得写作是为了自我表达和与人交流。

2. 养成留心观察周围事物的习惯,有意识地丰富自己的见闻,珍视个人的独特感受,积累习作素材。

3. 能写简单的纪实作文和想象作文,内容具体,感情真实。能根据内容表达的需要,分段表述。学写读书笔记,学写常见应用文。

4. 修改自己的习作,并主动与他人交换修改,做到语句通顺,行款正确,书写规范、整洁。根据表达需要,正确使用常用的标点符号。

5. 习作要有一定速度。课内习作每学年 16 次左右。

(四) 口语交际

1. 与人交流能尊重和理解对方。

2. 乐于参与讨论,敢于发表自己的意见。

3. 听人说话认真、耐心,能抓住要点,并能简要转述。

4. 表达有条理,语气、语调适当。

5. 能根据对象和场合,稍作准备,作简单的发言。

6. 注意语言美,抵制不文明的语言。

(五) 综合性学习

1. 为解决与学习和生活相关的问题,利用图书馆、网络等信息渠道获取资料,尝试写简单的研究报告。

2. 策划简单的校园活动和社会活动,对所策划的主题进行讨论和分析,学写活动计划和活动总结。

3. 对自己身边的、大家共同关注的问题,或电视、电影中的故事和形象,组织讨论、专题演讲,学习辨别是非、善恶、美丑。

4. 初步了解查找资料、运用资料的基本方法。

第四学段(7—9 年级)

(一) 识字与写字

1. 能熟练地使用字典、词典独立识字,会用多种检字方法。累计认识常用汉字 3500 个左右。

2. 在使用硬笔熟练地书写正楷字的基础上,学写规范、通行的行楷字,提高书写的速度。

3. 临摹名家书法,体会书法的审美价值。

4. 写字姿势正确,有良好的书写习惯。

(二) 阅读

1. 能用普通话正确、流利、有感情地朗读。

2. 养成默读习惯,有一定的速度。阅读一般的现代文,每分钟不少于 500 字。能较熟练地运用略读和浏览的方法,扩大阅读范围。

3. 在通读课文的基础上,理清思路,理解、分析主要内容,体味和推敲重要词句在语言环境中的意义和作用。

4. 对课文的内容和表达有自己的心得,能提出自己的看法,并能运用合作的方式,共同探讨、分析、解决疑难问题。

5. 在阅读中了解叙述、描写、说明、议论、抒情等表达方式。

6. 能够区分写实作品与虚构作品,了解诗歌、散文、小说、戏剧等文学样式。

7. 欣赏文学作品,有自己的情感体验,初步领悟作品的内涵,从中获得对自然、社会、人生的有益启示。对作品中感人的情境和形象,能说出自己的体验;品味作品中富于表现力的语言。

8. 阅读简单的议论文,区分观点与材料(道理、事实、数据、图表等),发现观点与材料之间的联系,并通过自己的思考,作出判断。阅读新闻和说明性文章,能把握文章的基本观点,获取主要信息。阅读科技作品,还应注意领会作品中所体现的科学精神和科学思想方法。阅读由多种材料组合、较为复杂的非连续性文本,能领会文本的意思,得出有意义的结论。

9. 诵读古代诗词,阅读浅易文言文,能借助注释和工具书理解基本内容。注重积累、感悟和运用,提高自己的欣赏品位。

10. 随文学习基本的词汇、语法知识,用来帮助理解课文中的语言难点;了解常用的修辞方法,体会它们在课文中的表达效果。了解课文涉及的重要作家作品知识和文化常识。

11. 能利用图书馆、网络搜集自己需要的信息和资料,帮助阅读。

12. 学会制订自己的阅读计划,广泛阅读各种类型的读物,课外阅读总量不少于 260 万字,每学年阅读两三部名著。背诵优秀诗文 80 篇(段)。

(三) 写作

1. 写作要有真情实感,力求表达自己对自然、社会、人生的感受、体验和思考。

2. 多角度观察生活,发现生活的丰富多彩,能抓住事物的特征,有自己的感受和认识,表达力求有创意。

3. 注重写作过程中搜集素材、构思立意、列纲起草、修改加工等环节,提高独立写作的能力。

4. 写作时考虑不同的目的和对象。根据表达的需要,围绕表达中心,选择恰当的表达方式。合理安排内容的先后和详略,条理清楚地表达自己的意思。运用联想和想象,丰富表达的内容。正确使用常用的标点符号。

5. 写记叙性文章,做到表达意图明确,内容具体充实;写简单的说明性文章,做到明白清楚;写简单的议论性文章,做到观点明确,有理有据;根据生活需要,写常见应用文。

6. 能从文章中提取主要信息,进行缩写;能根据文章的基本内容和自己的合理想象,进行扩写;能变换文章的文体或表达方式等,进行改写。

7. 根据表达的需要,借助语感和语文常识,修改自己的作文,做到文从字顺。能与他人交流写作心得,互相评改作文,以分享感受,沟通见解。

8. 作文每学年一般不少于 14 次,其他练笔不少于 1 万字,45 分钟能完成不少于 500 字的习作。

（四）口语交际

1. 注意对象和场合,学习文明得体地交流。

2. 耐心专注地倾听,能根据对方的话语、表情、手势等,理解对方的观点和意图。

3. 自信、负责地表达自己的观点,做到清楚、连贯、不偏离话题。

4. 注意表情和语气,根据需要调整自己的表达内容和方式,不断提高应对能力,增强感染力和说服力。

5. 讲述见闻,内容具体、语言生动。复述转述,完整准确、突出要点。能就适当的话题作即席讲话和有准备的主题演讲,有自己的观点,有一定说服力。

6. 讨论问题,能积极发表自己的看法,有中心、有根据、有条理。能听出讨论的焦点,并能有针对性地发表意见。

（五）综合性学习

1. 自主组织文学活动,在办刊、演出、讨论等活动过程中,体验合作与成功的喜悦。

2. 能提出学习和生活中感兴趣的问题,共同讨论,选出研究主题,制订简单的研究计划。能从书刊或其他媒体中获取有关资料,讨论分析问题,独立或合作写出简单的研究报告。

3. 关心学校、本地区和国内外大事,就共同关注的热点问题,搜集资料,调查访问,相互讨论,能用文字、图表、图画、照片等展示学习成果。

4. 掌握查找资料、引用资料的基本方法,分清原始资料与间接资料的主要差别,学会注明所援引资料的出处。

第三部分　实施建议

一、教学建议

（一）充分发挥师生双方在教学中的主动性和创造性

学生是语文学习的主体,教师是学习活动的组织者和引导者。语文教学应在师生平等对话的过程中进行。

语文教学应激发学生的学习兴趣,培养学生自主学习的意识和习惯,引导学生掌握语文学习的方法,为学生创设有利于自主、合作、探究学习的环境。应尊重学生的个体差异,鼓励学生选择适合自己的学习方式。

教师应确立适应社会发展和学生需求的语文教育观念,注重吸收新知识,不断提高自身的综合素养。应认真钻研教材,正确理解、把握教材内容,创造性地使用教材;积极开发、合理利用课程资源,灵活运用多种教学策略和现代教育技术,努力探索网络环境下新的教学方式;精心设计和组织教学活动,重视启发式、讨论式教学,启迪学生智慧,提高语文教学质量。

(二)教学中努力体现语文的实践性和综合性

教师应努力改进课堂教学,整体考虑知识与能力、过程与方法、情感态度与价值观的综合,注重听、说、读、写之间的有机联系,加强教学内容的整合,统筹安排教学活动,促进学生语文素养的整体提高。

重视学生读书、写作、口语交际、搜集处理信息等语文实践,提倡多读多写,改变机械、粗糙、繁琐的作业方式,让学生在语文实践中学习语文,学会学习。善于通过专题学习等方式,沟通课堂内外,沟通听说读写。增加学生语文实践的机会,充分利用学校、家庭和社区等教育资源,开展综合性学习活动,拓宽学生的学习空间。

(三)重视情感、态度、价值观的正确导向

培养学生正确的思想观念、科学的思维方式、高尚的道德情操、健康的审美情趣和积极的人生态度,是与帮助他们掌握学习方法、提高语文能力的过程融为一体的,不应该当做外在的附加任务。应该根据语文学科的特点,注重熏陶感染,潜移默化,把这些内容渗透于日常的教学过程之中。

(四)重视培养学生的创新精神和实践能力

语文教学要注重语言的积累、感悟和运用,注重基本技能训练,让学生打好扎实的语文基础。尤其要注重激发学生的好奇心、求知欲,发展学生的思维,培养想象力,开发创造潜能,提高学生发现、分析和解决问题的能力,提高语文综合应用能力。

(五)具体建议

学生生理、心理以及语言能力的发展具有阶段性特征,不同内容的教学也有各自的规律,应该根据不同学段学生的特点和不同的教学内容,采取合适的教学策略。

1. 关于识字、写字与汉语拼音教学

识字、写字是阅读和写作的基础,是第一学段的教学重点,也是贯串整个义务教育阶段的重要教学内容。

低年级阶段学生"会认"与"会写"的字量要求有所不同。在教学过程中要"多认少写",要求学生会认的字不一定同时要求会写。本标准附有"识字、写字教学基本字表",建议先认先写"字表"中的 300 个字,逐步发展识字写字能力。

识字教学要注意儿童特点,将学生熟识的语言因素作为主要材料,结合学生的生活经验,引导他们利用各种机会主动识字,力求识用结合。

要运用多种识字教学方法和形象直观的教学手段,创设丰富多彩的教学情境,提高识字教学效率。

按照规范要求认真写好汉字是教学的基本要求,练字的过程也是学生性情、态度、审美趣味养成的过程。每个学段都要指导学生写好汉字。要求学生写字姿势正确,指导学生掌握基本的书写技能,养成良好的书写习惯,提高书写质量。第一、二、三学段,要在每天的语文课中安排10分钟,在教师指导下随堂练习,做到天天练。要在日常书写中增强练字意识,讲究练字效果。

汉语拼音教学要尽可能有趣味性,宜多采用活动和游戏的形式,应与学说普通话、识字教学相结合,注意汉语拼音在现实语言生活中的运用。

2. 关于阅读教学

阅读是运用语言文字获取信息、认识世界、发展思维、获得审美体验的重要途径。阅读教学是学生、教师、教科书编者与文本之间对话的过程。

阅读是学生的个性化行为。阅读教学应引导学生钻研文本,在主动积极的思维和情感活动中,加深理解和体验,有所感悟和思考,受到情感熏陶,获得思想启迪,享受审美乐趣。要珍视学生独特的感受、体验和理解。教师应加强对学生阅读的指导、引领和点拨,但不应以教师的分析来代替学生的阅读实践,不应以模式化的解读来代替学生的体验和思考;要善于通过合作学习解决阅读中的问题,但也要防止用集体讨论来代替个人阅读。

阅读教学应注重培养学生感受、理解、欣赏和评价的能力。这种综合能力的培养,各学段可以有所侧重,但不应把它们机械地割裂开来。

在理解课文的基础上,提倡多角度、有创意的阅读,通过阅读期待、阅读反思和批判等环节,拓展思维空间,提高阅读质量。但要防止逐字逐句的过深分析和远离文本的过度发挥。

各个学段的阅读教学都要重视朗读和默读。各学段关于朗读的目标中都要求"有感情地朗读",这是指,要让学生在朗读中通过品味语言,体会作者及作品中的情感态度,学习用恰当的语气语调朗读,表现自己对作者及其作品情感态度的理解。朗读要提倡自然,要摒弃矫情做作的腔调。

应加强对阅读方法的指导,让学生逐步学会精读、略读和浏览。有些诗文应要求学生诵读,以利于丰富积累、增强体验、培养语感。

在阅读教学中,为了帮助理解课文,可以引导学生随文学习必要的语文知识,但不能脱离语文运用的实际去进行"系统"的讲授和操练,更不应要求学生死记硬背概念、定义。

要重视培养学生广泛的阅读兴趣,扩大阅读面,增加阅读量,提高阅读品位。提倡少做题,多读书,好读书,读好书,读整本的书。关注学生通过多种媒介的阅读,鼓励学生自主选择优秀的阅读材料。加强对课外阅读的指导,开展各种课外阅读活动,创造展示与交流的机会,营造人人爱读书的良好氛围。

3. 关于写作教学

写作是运用语言文字进行表达和交流的重要方式,是认识世界、认识自我、创造性表述的过程。写作能力是语文素养的综合体现。写作教学应贴近学生实际,让学生易于动笔,乐于表达,应引导学生关注现实,热爱生活,积极向上,表达真情实感。

关于"写作"的目标,第一学段定位于"写话",第二学段开始"习作",这是为了降低学生写作起始的难度,重在培养学生的写作兴趣和自信心。

在写作教学中,应注重培养学生观察、思考、表达和创造的能力。要求学生说真话、实话、心里话,不说假话、空话、套话,并且抵制抄袭行为。

为学生的自主写作提供有利条件和广阔空间,减少对学生写作的束缚,鼓励自由表达和有创意的表达。鼓励写想象中的事物,加强平时练笔指导,改进作文命题方式,提倡学生自主选题。

写作教学应抓住取材、构思、起草、加工等环节,指导学生在写作实践中学会写作。重视引导学生在自我修改和相互修改的过程中提高写作能力。

要重视写作教学与阅读教学、口语交际教学之间的联系,善于将读与写、说与写有机结合,相互促进。要关注作文的书写质量,要使学生把作文的书写也当作练字的过程。

积极合理利用信息技术与网络的优势,丰富写作形式,激发写作兴趣,增加学生创造性表达、展示交流与互相评改的机会。

4. 关于口语交际教学

口语交际能力是现代公民的必备能力。应培养学生倾听、表达和应对的能力,使学生具有文明和谐地进行人际交流的素养。

口语交际是听与说双方的互动过程。教学活动主要应在具体的交际情境中进行,不宜采用大量讲授口语交际原则、要领的方式。应努力选择贴近生活的话题,采用灵活的形式组织教学。

重视在语文课堂教学中培养口语交际的能力,鼓励学生在各科教学活动以及日常生活中锻炼口语交际能力。

5. 关于综合性学习

综合性学习主要体现为语文知识的综合运用、听说读写能力的整体发展、语文课程与其他课程的沟通、书本学习与生活实践的紧密结合。

综合性学习应贴近现实生活。联系生活中的实际问题开展学习活动,在实现语文学习目标的同时,提高对自然、社会现象与问题的认识,追求积极、健康、和谐的生活方式,增强抵御风险和侵害的意识,增强在与自然、社会和他人互动中的应对能力。

综合性学习应突出学生的自主性,重视学生主动积极的参与精神,主要由学生自行设计和组织活动,特别注重探索和研究的过程,要加强教师在各环节中的指导作用。

综合性学习应强调合作精神,注意培养学生策划、组织、协调和实施的能力。

综合性学习的设计应开放、多元,提倡与其他课程相结合,开展跨领域学习。跨学科学习,也应以提高学生语文素养为目的。

积极构建网络环境下的学习平台,拓展学生学习和创造的空间,支持和丰富语文综合性学习。

6. 关于语法修辞知识

本标准"学段目标与内容"中涉及语音、文字、词汇、语法、修辞、文体、文学等丰富的知识内容。在教学中应根据语文运用的实际需要,从所遇到的具体语言实例出发进行指导和点拨。指导与点拨的目的是为了帮助学生更好地识字、写字、阅读与表达,形成一定的语言应用能力和良好的语感,而不在于对知识系统的记忆。因此,要避免脱离实际运用,围绕相关知识的概念、定义进行"系统、完整"的讲授与操练。

本标准通过所附的"语法修辞知识要点(本书略)"对相关内容略加展开,大致规定教学中点拨的范围和难度;这一部分提到有关的名称,则便于教师在引导学生认识语言现象和问题时称说。关于语言结构和运用的规律,须让学生在具有比较丰富的语言积累和良好语感的基础上,在实际运用中逐步体味把握。

二、评价建议

语文课程评价的根本目的是为了促进学生学习,改善教师教学。语文课程评价应准确反映学生的学习水平和学习状况,全面落实语文课程目标。应充分发挥语文课程评价的多重功能,恰当运用多种评价方式,注重评价主体的多元与互动,突出语文课程评价的整体性和综合性。要根据不同年龄学生的学习特点,按照不同学段的课程目标,抓住关键,突出重点,采用合适方式,提高评价效率。语文课程评价应该改变过于重视甄别和选拔的状况,突出评价的诊断和发展功能。

(一)充分发挥语文课程评价的多种功能

语文课程评价具有检查、诊断、反馈、激励、甄别和选拔等多种功能,其目的是为了考查学生实现课程目标的程度,检验和改进学生的学习和教师的教学,改善课程设计,完善教学过程。应发挥语文课程评价的多种功能,尤其应注意发挥其诊断、反馈和激励的功能,有效地促进学生的发展。

（二）恰当运用多种评价方式

形成性评价关注学习过程，有利于及时揭示问题、及时反馈、及时改进教与学活动。终结性评价关注学习结果，有利于对教学活动作出总结性的结论。形成性评价和终结性评价都是必要的。应加强形成性评价，注意收集、积累能够反映学生语文学习与发展的资料，可采用成长记录袋等各种方式，记录学生的成长过程。对学生语文学习的日常表现，应以表扬、鼓励等积极的评价为主，采用激励性的评语，从正面加以引导。

要坚持定性评价和定量评价相结合，全面反映学生语文学习的状态及水平。评价方法除了纸笔测试以外，还有平时的行为观察与记录、问卷调查、面谈讨论等。语文学习具有重情感体验和感悟的特点，更应重视定性评价。学校和教师要对学生的成长记录和考试结果进行分析，评价结果的呈现方式除了等级或分数以外，还可用代表性的事实客观描述学生语文学习的进步，并提出建议。

各种评价方法都有其一定的适应性，在评价的客观性和深刻性上也各有差别。因此，评价设计要注重可行性和有效性，力戒繁琐，防止片面追求形式。

（三）注重评价主体的多元与互动

应注意将教师的评价、学生的自我评价及学生之间的相互评价相结合，加强学生的自我评价和相互评价，促进学生主动学习，自我反思。评价要理解和尊重学生的自我评价与相互评价。要尊重学生的个体差异，有利于每个学生的健康发展。

根据需要，可让学生家长、社区、专业人员等适当参与评价活动，争取社会对学生语文学习的更多关注和支持。

（四）突出语文课程评价的整体性和综合性

语文课程评价要体现语文课程目标的整体性和综合性，全面考查学生的语文素养。应注意识字与写字、阅读、写作、口语交际和综合性学习五个方面的有机联系，注意知识与能力、过程与方法、情感态度与价值观的交融、整合，避免只从知识、技能方面进行评价。

（五）具体建议

1. 关于识字与写字的评价

汉语拼音学习的评价，重在考查学生认读和拼读的能力，以及借助汉语拼音认读汉字、讲普通话、纠正地方音的情况。

识字的评价，要考查学生认清字形、读准字音、掌握汉字基本意义的情况，以及在具体语言环境中运用汉字的能力，借助字典、词典等工具书查检字词的能力。第一、二学段应多关注学生主动识字的兴趣，第三、四学段要重视考查学生独立识字的能力。

写字的评价，要考查学生对于要求"会写"的字的掌握情况，重视书写的正确、端正、整洁,在此基础上,逐步要求书写流利。第一学段要关注学生写好基本笔画、基本结构和基本字,第二、三学段还要关注学生的毛笔书写,第四学段还要关注学生基本行楷字的书写和对名家书法作品的临摹。义务教育各个学段的写字评价都要关注学生写字的姿势与习惯,引导学生提高书写质量。第三学段要求学生会写2500个字。对学生写字学习情况的评价,当以本标准附录5"义务教育语文课程常用字表(本书略)"为依据。

评价要有利于激发学生识字、写字的兴趣,帮助学生养成写规范字的习惯,减少错别字。

2. 关于阅读的评价

阅读的评价,要综合考查学生阅读过程中的感受、体验和理解,要关注其阅读兴趣与价值取向、阅读方法与习惯,也要关注其阅读面和阅读量,以及选择阅读材料的能力。重视对学生多角度、创意阅读的评价。语文知识的学习重在运用,其概念不作为考试内容。

能用普通话正确、流利、有感情地朗读课文,是朗读评价的总要求。根据阶段目标,各学段的要求可以有所侧重。评价学生的朗读,可从语音、语调和语气等方面进行综合考查,评价"有感情地朗读",要以对内容的理解与把握为基础,要防止矫情做作。

诵读的评价,重在提高学生的诵读兴趣,增加积累,发展语感,加深体验和领悟。在不同学段,可在诵读材料的内容、范围、数量、篇幅、类型等方面逐渐增加难度。

默读的评价,应从学生默读的方法、速度、效果和习惯等方面进行综合考查。

精读的评价,重点评价学生对阅读材料的综合理解能力,要重视评价学生的情感体验和创造性的理解。第一学段可侧重考查对文章内容的初步感知和文中重要词句的理解、积累;第二学段侧重考查通过重要词句帮助理解文章,体会其表情达意的作用,以及对文章大意的把握;第三学段侧重考查对文章表达顺序和基本表达方法的了解领悟;第四学段侧重考查理清思路、概括要点、探究内容等方面的情况,以及读懂不同文体文章的能力。

略读的评价,重在考查学生能否把握阅读材料的大意。浏览的评价,重在考查学生能否从阅读材料中捕捉有用信息。

文学作品阅读的评价,着重考查学生感受形象、体验情感、品味语言的水平,对学生独特的感受和体验应加以鼓励。第一学段侧重考查学生能通过朗读和想象等手段,大体感受作品的情境、节奏和韵味;第二学段侧重考查在阅读全文基础上对重要段落和语句的细致阅读,具体感受作品的形象和语言;第三、四学段,可通过考查学生对形象、情感、语言的领悟程度,以及自己的体验,来评价学生初步鉴赏文学作品的水平。

评价学生阅读古代诗词和浅易文言文,重点考查学生的记诵积累,考查他们能否凭借注释和工具书理解诗文大意。词法、句法等方面的概念不作为考试内容。

要重视学生课外阅读的评价。应根据各学段的要求,通过小组和班级交流、学习成果展示等方式,了解学生的阅读量和阅读面,进而考查其阅读的兴趣、习惯、品位、方法和能力。

3. 关于写作的评价

写作的评价,应按照不同学段的目标要求,综合考查学生写作水平的发展状况。第一学段主要评价学生的写话兴趣;第二学段是习作的起始,要鼓励学生大胆习作;第三、四学段要通过多种评价,促进学生具体明确、文从字顺地表达自己的见闻、体验和想法。对于作文的评价还须关注学生汉字书写的情况。

写作的评价,要重视学生的写作兴趣和习惯,鼓励表达真情实感,鼓励有创意的表达,引导学生热爱生活,亲近自然,关注社会。

写作材料准备过程的评价,不仅要具体考查学生占有材料的丰富性、真实性,也要考查他们获取材料的方法。要引导学生通过观察、调查、访谈、阅读等途径,运用多种方法搜集材料。

重视对作文修改的评价。要考查学生对作文内容、文字表达的修改,也要关注学生修改作文的态度、过程和方法。要引导学生通过自改和互改,取长补短,促进相互了解和合作,共同提高写作水平。

评价结果的呈现方式,根据实际需要,可以是书面的,口头的;可以用等级表示,也可以用评语表示;还可以采用展示、交流等多种方式。

提倡学生在成长记录中收存有代表性的课内外作文和有价值的典型案例分析,以反映写作的实际情况和发展过程。

4. 关于口语交际的评价

口语交际的评价,须注重提高学生对口语交际的认识和表达沟通的水平。考查口语交际水平的基本项目可以有讲述、应对、复述、转述、即席讲话、主题演讲、问题讨论等。

口语交际的评价,应按照不同学段的要求,综合考查学生的参与意识、情意态度和表达能力。第一学段主要评价学生口语交际的态度与习惯,重在鼓励学生自信地表达;第二、三学段主要评价学生日常口语交际的基本能力,学会倾听、表达与交流;第四学段要通过多种评价方式,促进学生根据不同的对象和内容,文明地进行人际沟通和社会交往。评价宜在具体的交际情境中进行,让学生承担有实际意义的交际任务,并结合学生在日常生活和学习活动中的表现,综合考查学生真实的口语交际水平。

5. 关于综合性学习的评价

综合性学习的评价,应着重考查学生的语文综合运用能力、探究精神与合作态度。主要着眼于学生在综合性学习过程中的表现,如是否能积极参与活动,是否能主动提出问题,还有搜集整理材料、综合运用语文知识探究问题、展示与交流学习成果等方面的情况。第一、二学段要较多地关注学生参与语文学习活动的兴趣与态度。第三、四学段要多关注学生在语文活动中提出问题、探究问题以及展示学习活动成果的能力。各个学段综合性学习的评价都要着眼于促进学生提高语文水平的效率,并有助于他们扩大视野,更好地掌握学习语文的方法。

评价要尊重和保护学生学习的自主性和积极性,鼓励学生运用多种方法,从不同的角度进行探究。要充分注意学生解决问题的思路和方法。对有新意的思路和表达以及有特点的展示方式,尤其要给予足够的重视。除了教师的评价之外,要多让学生开展自我评价和相互评价。

三、教材编写建议

1. 教材编写应依据课程标准,全面有序地安排教学内容,设计教学活动,并注意体现基础性和阶段性,关注各学段之间的衔接。

2. 教材应体现时代特点和现代意识,关注现实,关注人类,关注自然,理解和尊重多样文化,有助于学生树立正确的世界观、人生观、价值观。

3. 教材要注重继承与弘扬中华民族优秀文化和革命传统,有助于增强学生的民族自尊心和爱国主义感情。

4. 教材应符合学生的身心发展特点,适应学生的认知水平,密切联系学生的经验世界和想象世界,有助于激发学生的学习兴趣和创新精神。

5. 教材选文要文质兼美,具有典范性,富有文化内涵和时代气息,题材、体裁、风格丰富多样,各种类别配置适当,难易适度,适合学生学习。要重视开发高质量的新课文。

6. 教材应注意引导学生掌握语文学习的方法,养成良好的学习习惯。课文注释和练习等应少而精,具有启发性,有利于学生在探究中学会学习。

7. 教材内容的安排要避免繁琐,简化头绪,突出重点,加强整合,注重情感态度、知识能力之间的联系,致力于学生语文素养的整体提高。

8. 教材的体例和呈现方式应灵活多样,避免模式化。设计的体验性活动和研究性专题要体现语文特点,内容适量,便于实施。

9. 教材要有开放性和弹性。在合理安排基本课程内容的基础上,给地方、学校和教师留有开发、选择的空间,也为学生留出选择和拓展的空间,以满足不同学生学习和发展的需要。

10. 教材编写应努力追求设计的创新和编写的特色。要重视现代教育技术在语文课程中的运用。编写语言应准确、规范。

四、课程资源开发与利用的建议

1. 语文课程资源包括课堂教学资源和课外学习资源,例如:教科书、相关配套阅读材料、其他图书、报刊、工具书、教学挂图,电影、电视、广播、网络,报告会、演讲会、辩论会、研讨会、戏剧表演,生产劳动与社会实践场所,图书馆、博物馆、纪念馆、展览馆,布告栏、报廊、各种标牌广告,等等。

自然风光、文化遗产、风俗民情、方言土语,国内外的重要事件,日常生活的话题等也都可以成为语文课程的资源。

2. 各地都蕴藏着多种语文课程资源。学校要有强烈的资源意识,认真分析本地和本校的特点,充分利用已有的资源,积极开发潜在的资源,特别是人的资源因素和在课程实施过程中生成的资源因素。

3. 学校应积极创造条件,努力为语文教学配置相应的设备;还应当争取社会各方面的支持,与社区建立稳定的联系,给学生创设语文实践的环境,开展多种形式的语文学习活动。

4. 语文教师应高度重视课程资源的开发与利用,创造性地开展各类活动,增强学生在各种场合学语文、用语文的意识,通过多种途径提高学生的语文素养。

项目训练评价表

项目	自我评价		组评价	老师评价
	任务完成情况	技能形成情况		
项目一				
项目二				
项目三				
综合				
等级				

注：1. 每一个模块教学中，学生根据实训内容完成表格。

2. 评价方式主要是质性评价，以语言表述为主。在综合评价里，最终需要在总评价后给定一个等级。等级设置为 A(90 分~100 分)，B(80 分~89 分)，C(70 分~79 分)，D(60 分~69 分)，E(60 分以下)。

3. 表格中的项目数根据每一模块的项目训练数调整。

4. 表格在实训中发放给学生及时填写，及时上交。

5. 一学期汇总一次，形成 60% 的总评分。

参 考 文 献

[1] 中华人民共和国教育部：《全日制义务教育语文课程标准》（实验稿），北京师范大学出版社，2001年。

[2] 张庆：《我的小学语文观》，江苏教育出版社，2000年。

[3] 教育部基础教育司：《走进新课程——与课程实施者对话》，北京师范大学出版社，2002年。

[4] 王晓辉，等：《新课程：语文教育怎样改革》，四川大学出版社，2003年。

[5] 杨再隋，等：《〈全日制义务教育语文课程标准〉学习与辅导》，语文出版社，2001年。

[6] 张华，钟启泉：《课程与教学论》，上海教育出版社，2000年。

[7] 谢亚非：《写作》，华东师范大学出版社，2001年。

[8] 吴立岗：《吴立岗作文教学研究文集》，广西教育出版社，1990年。

[9] 钟启泉：《为了中华民族的复兴为了每位学生的发展——〈基础教育课程改革纲要（试行）解读〉》，华东师范大学出版社，2001年。

[10] 王荣生：《新课标语"语文教学内容"》，广西教育出版社，2004年。

[11] 倪文锦：《小学语文新课程教学法》，高等教育出版社，2003年。

[12] 王松泉，等：《语文教学心理学基础》，社会科学文献出版社，2002年。

[13] 董蓓飞：《小学语文课程与教学论》，浙江教育出版社，2003年。

[14] 钱理群：《语文教育门外谈》，广西师范大学出版社，2003年。

[15] 周一贯：《语文教学优课论》，宁波出版社，2003年。

[16] 任苏民：《教育与人生——叶圣陶教育论著选读》，上海教育出版社，2004年。

[17] [捷克]夸美纽斯：《大教学论》，教育科学出版社，1999年。

[18] 张楚廷：《课程与教学哲学》，人民教育出版社，2003年。

[19] 杨九俊，姚烺强：《小学语文新课程教学示例与导引》，南京大学出版社，2005年。

[20] 张中原，徐林祥：《语文课程与教学论新编》，江苏教育出版社，2007年。

［21］章熊:《中国当代写作与阅读测试》,四川教育出版社,2000 年。

［22］叶澜,等:《教师角色与教师发展新探》,教育科学出版社,2001 年。

［23］黄麟生,倪文锦:《先进教育思想高超教学艺术——著名语文特级教师研究》,广西师大出版社,1991 年。

［24］近几年的各类教学期刊:

《小学语文教学》、《小学教学研究》、《语文学习》、《小学语文教学论坛》、《小学各科教与学》、《中学语文教与学》(初中刊、高中刊)、《语文建设》、《课程·教材·教法》……